2010 年教育部人文社会科学研究青年基金项目“以道德情感为中心取向的小学德育校本教材编制研究”（项目批准号：10YJC880007）研究成果
2008 年东北师范大学校内青年基金项目“小学道德教材内容体系建构·小学生活教材内容体系建构”（项目批准号：08QN019）研究成果

基于情感主义的小学德育校本教材编写

The Textbooks Research on Moral Education in Primary School Based on the Emotionalism

卜庆刚　著

吉林大学出版社

图书在版编目(CIP)数据

基于情感主义的小学德育校本教材编写/ 卜庆刚 著.
-长春：吉林大学出版社，2014. 12
ISBN 978-7-5677-2730-4

Ⅰ. ①基… Ⅱ. ①卜… Ⅲ. ①德育-教材-编写-研究-小学 Ⅳ. ①G621

中国版本图书馆 CIP 数据核字(2014)第 293174 号

书　名：基于情感主义的小学德育校本教材编写
作　者：卜庆刚 著

责任编辑：朱进　责任校对：王嘉莉　封面设计：美印图文
吉林大学出版社出版、发行　北京兴星伟业印刷有限公司　印刷
开本：787×1092 毫米　1/16　2015 年 3 月 第 1 版
印张：14. 75　字数：180 千字　2015 年 3 月 第 1 次印刷
ISBN 978-7-5677-2730-4　定价：36. 80 元

社址：长春市明德路 501 号　邮编：130021
发行部电话：0431-89580026/28/29
网址：http://www. jlup. com. cn
E-mail：jlup@ mail. jlu. edu. cn

自　序

我是一名小学老师。

我是一名希望能对小学生德性修养的提升有所作为的小学老师。

我喜欢康德墓碑上更富浪漫主义色彩的铭文："有两种东西，我们愈是时常愈加反覆地思索，它们就愈是给人的心灵灌注了时时翻新，有加无已的赞叹和敬畏 ——头顶的星空和心中的道德法则。"

我更喜欢来自休谟的现实主义的教导："可以举任何一个被认为是罪恶的例子，比如故意杀人。从各个方面考察它，看看你是否能找到称之为恶的事实或真实性存在……你从来没有找到过，直到你反观自己的内心，并且发现一种在你内心升起的、谴责这一行为的感情。这就是事实，但它是情感的对象，而不是理性的。"

我为理性主义，特别是启蒙运动之后的理性主义、理性之光驱散人类世界的黑暗，把人们引向光明而感叹！特别是后来由法国哲学家笛卡尔所创立的理性主义，经由启蒙运动的发展，与社会政治实践相结合，主宰了其后几个世纪中人类行事、思索的思维。至今，不可否认的是，我们仍然生活在一个理性主义思维主宰人类的时代。

我同时也更加仰慕被理性主义巨大光辉所遮蔽掉的"苏格兰学派"。在哲学上，这个学派表现出了强烈的经验主义和反唯理论的特色，并且常常与心理学和认知理论联系密切；在社会理论上，这个学派重视个人知识在形成人类秩序中的作用，也更加重视个人的局部经验（哪怕是错误的）在社会演化中的重要性；在经济理论上，它主张自由放任主义。哈奇森的道德情感主义、休谟的怀疑论、里德的常识哲学、斯密的自由放任经济理论、弗格森的演化社会思想……所有这些都与大陆哲学影响下的理性主义启蒙学说有相当大的不同。

我曾经也为近几十年来我国的"道德滑坡"如同一个高明的医生一样开出"传统道德"的药方，极力倡导回归我们所谓伟大的传统文明。

但是，看多了真实的道德教育实践，这剂药方的药效也就慢慢地显现了。用这种观点来指导的实践，带来的更多的是令所有人都厌倦了的“假、大、空”。我们动辄就上升到“助人为乐，舍己为人”等高尚情操的理想层次，让人对“做个好人”望而生畏，遥不可及。回归传统，本质上就是回归了一种规范伦理，外表漂亮，内在腐朽。

我现在更加喜欢日耳曼人或者盎格鲁萨克逊人对待文明的“咀嚼”态度。他们的历史同样悠久，但是他们从来没有标榜过自己的所谓的“国学”。他们更喜欢做的是疯狂浏览世界上一切的智慧、洞见，整合进当代的自然科学、社会科学等各种领域。实际上，我们传统的道德教育智慧，只有被现在、当代哲学、社会学、心理学、伦理学等诸多现代科学咀嚼、吞噬、吸收并重新整合进自己的身体之后，对于现代才真正地有意义。

我虽然仅仅是一位小学教师，不是什么智者，但是我自信我有一颗热切地想改进学校道德教育的心，我有着还算能接纳的心态。我希望从我的嘴中，将我国传统道德教育的智慧、康德的智慧、休谟的智慧、亚当斯·密的智慧等尽量地吃进来，拉出没有用的屎，然后在体内生长出符合这个时代的新的有用的思想。虽然与伟人对话是一件艰难的事情，想吸收他们的营养是一件更难的事情，想让他们的思想为我所用而生长出新的思想更是难上加难的事情，但我还是愿意尝试。“虽不能至，然心向往之”，我做了，就足够了，即使不能真正到达目的地。

我在上面做了那么多貌似高深的“形而上”的赘述，进行了这么久冗长的前奏，就是为了实实在在的“形而下”小学道德教材的编写。我期待着我“形而上”的理解能带给自己“形而下”的教材编写实践更多的“实惠”。多年前曾与一同学聊天，同学非常自信地告诉我：“我在我们县教育局的安排下，在校长的安排下，利用两周的时间，利用从网上下载的方式编了六册道德校本教材。”不知道这样的故事情节是否在其他时间、地点或者其他的学科被重复演绎。但是，我希望我的研究，能成为对这种做法的一种最强烈抗议！

目　录

第一章　小学德育校本教材编写的情境分析

评估情境是校本课程开发的前提，只有对校内外的各种情境进行科学的分析，才能开发出适合学校发展的课程。

——靳玉乐《校本课程开发的理念与策略》

在道德教材开始编写之前，首先要搞清楚的问题就是是否需要立足学校校本编写道德教材的问题。这是一个前提基础性的问题，换句话说，就是教材编写的“合法性”问题。假如从理论上进行论证，道德本身就是不可教的、社会发展不需要、学校发展不需要，那“教材编写”本身就缺乏了存在的“合理性”。

本章的核心观点认为，德性在一定限度范围内可教，为编写小学德育教材提供了理论的可能性基础；价值多元化社会的现实性存在为编写道德教材提供了社会情境；学校中学生的发展需要为编写道德教材提供了必要性前提。

是选择在学校中“教德性”还是“不教”，不是根本性的核心问题，关键性的问题在于一个“共同体”的文明素养基础。文明素养高的社会共同体，作为其细胞构成的“家庭组织”，都自然地具有很高的文明修养，那单纯依靠家庭的道德力量已经足够；相反，在另一个共同体中，连最基本的“家庭组织”其文明修养都极其不合时宜，再加之社会文化氛围、价值导向都相对恶劣，那学校就成为“教德性”的最后堡垒，对于学校来说已经不是讨论能不能教的问题，而是怎样“教好德性”的问题。在这种情景下，学校教好德性，是一种内在的责任和义务。因此，需要教德性，必然要有一个基本的载体——教材。①

① 在此要特别强调的是：有教材是一回事。而把教材作为核心，奉为神明地去用，还是仅仅是“用教材去教”，去引导讨论，又是另一个层面的问题。不能因为现实中容易出现“教教材”的偏离而直接否定教材存在的必要性。这是必须要引起重视的基础性问题。

一、道德在一定限度内可教

（一）哲学研究在逐渐证明道德在一定限度内可教

中外教育的历史上，“德性是否可教”的命题就是一些非正式讨论以及形而上学讨论的核心。“道德是否可教”是关系道德教育尤其是“直接的道德教学”之合法性的前提性命题。“直接道德教学”是否具有合法性也直接决定了专门德育教育教材存在的合法性。

关于这个问题的回答，欧美国家的哲学家们自从苏格拉底开始至今，无数学者都曾涉及，不同的学者之间观点也基本可以分为两个阵营，充满了学术讨论的意蕴。但是从柏拉图提出这一命题开始，其中历经无数学者的讨论，到现在为止，欧美普遍认为：直接的道德教学是有必要的，道德在一定的限度内是可教的。但是同时需要兼顾考虑间接的道德教育的重要作用。

而我国恰恰相反，从孔子开始，对这一问题的回答都呈现出了“大一统”的局面和特色，包括现实的实践都鲜有论战、纷争，所持的立场都较为一致，对道德可教所持有的态度非常乐观。我国的传统教育，从广义上来说就是一种伦理道德教育①，所以，在我国的传统上，传统伦理道德教育的实践就反应出来了道德的可教性。

讨论“道德是否可教”，涉及什么是“道德”、什么是“教”、“可教”的标准是什么等问题。对于这三个问题的不同解读，使得不同的学者得出了、持有了不同的结论和立场。基本上可以分为对立的两大阵营。

1．美德可教的阵营

“美德即知识。”最早从伦理学角度展开探讨的是古希腊哲学家苏格拉底的命题——“美德即知识”。在柏拉图的对话录中，美诺向苏格拉底请教：人的道德自何而来？道德是教来的，是自然所赋，还是人以别的方式得来的？苏格拉底认为美德就是知识或智慧，人作恶是出于对善的

① 东方社会的道德观具有着强烈的规范性，而这些价值的规范却是由权力所主宰着，容易受到国家或者“有心人士”的操纵与控制，以实现其野心。而规范的道德条目或者实践方针，实际上是偏离了德性的内涵，即正义与善。如日本二战时期所宣扬的效忠天皇的美德，最终使得日本臣民具有了效忠本国天皇的美德，但是却是以侵略、杀戮别的民族国民为代价，而臣民们在杀戮别国国民时内心只有效忠，没有“不道德”的感觉。这是东方社会以道德规范来教育学生最容易发生的问题。

知识的无知。知识可教，因此美德可教。

“美德像母语。”普罗塔哥拉（Protagras）认为，美德可教，但不需要专门的老师来教，可以像学习母语一样向生活中的任何人学习。

“美德像技能。”亚里士多德（Aristotle）也采用了类比的方法，德性就像技能一样，不能通过记诵等方式获得，而必须通过现实的活动才能获得。[①]

“美德通过实践可教。”包尔生（Friedrich Paulsen）理解的德性之“教”是实践与理性训练的结合，把德性定义为“旨在提高个人和集体幸福的意志习惯和行为方式”，而“冲动是德性的基础”[②]。他说：“德性是可以靠教育获得的吗？……我们的回答与亚里士多德相同：当然可以，但是，像所有的美德一样，它首先必须被实践……当然，实践能够也必须随后以理论指导来补充，道德能力的培养也和身体的灵活性及技能的训练一样需要理论指导。”[③]

“假如教被理解成日常生活中的潜移默化，那道德可教。”分析哲学家赖尔（GilbertRyle）认为品德不能分解，有知必然有情有行，有情必然有知。他要求人们一定要避免“把知看成是一个部分，意志是另一个部分，而情又是另一个部分”[④]。赖尔认为，这里所谓的教有两种。第一，有意识地为儿童树立好的榜样的教。这样的教因为其虚情假意、装腔作势而难以起作用。第二种是潜移默化的教。假如将教理解为这种意义的教，道德就是可教的。

“性相近，习相远。”孔子从“性相近，习相远”出发，认为人都具有一些先天的向善性。人生下来就具有诸如“仁”“知”“直”“信”“勇”“刚”等德行的倾向。但是，这些倾向性只是可能性而已，人的德行主要是后天形成的。后天的影响因素，则主要是教育，最终体现在个人身上，就是学习。“性相近，习相远”的命题，通过对学习的论述，表达了道德的可教性。学习，就是要学伦理道德规范，就是学习如何形成完全的人格，如何行“仁”，成为君子。学习，实质上是知“道”并行

① 亚里士多德. 尼各马科伦理学［M］. 北京：中国人民大学出版社，2003：26.

② 包尔生. 何怀宏，廖申白译. 伦理学体系［M］. 北京：中国社会科学出版社，1988，405.

③ 包尔生. 何怀宏，廖申白译. 伦理学体系［M］. 北京：中国社会科学出版社，1988，407-408.

④ Ryle. Can Virtue BeTaught?［M］. London：1972，442-444.

“道”，知“礼”并行“礼”。

“人皆可以为尧舜。”孟子的性善论是孔子“性相近”思想的发展，他从其主观唯心主义哲学出发，提出人生来就有不学而能的“良能”和不虑而知的“良知”。仁、义、礼、智等都是人原有的本性。孟子从其“性善论”出发，提出了教育目标是“人皆可以为尧舜。”学生个人只有经过思考、反省，才能找到自己内心固有的善性，不用心思考就得不到。

“涂之人可以为禹。”荀子提出了与孟子截然相反的性恶论思想。“性恶论”从概念上把人性与道德内涵区别开来，提出“性伪之分”的命题。荀子说，与生俱来的本能是“性”，而后天习得的则是“伪”。他认为，人的本性是恶的，而人的善德则是后天习得的。荀子认为，必须注意个体努力、教育和环境作用的协调一致。教育、环境、个体努力共同的作用，“化性起伪”，就能达到“涂之人可以为禹”的目标。

“中民可教。”董仲舒对先秦儒家的人性论进行了扬弃，他糅合性善、性恶说，提出了性三品说：人性可分三种，“圣人之性”“中民之性”和“斗筲之性”。有“圣人之性”的人，外在的教化是多余的；有“斗筲之性”，是难以教化的纯恶之徒，只有法律能对他们起作用。而只有“中民之性”的人，才是在道德上可教的。董仲舒依据宗法社会复杂的人伦关系概括出五种基本关系，根据自己的人性论基础，把君臣、父子、夫妇这三伦绝对化、神圣化，归结为“三纲五常”，即“君为臣纲，父为子纲，夫为妻纲”。封建社会一以贯之的纲常伦理就此以“中民可教”的人性基础正式确立。

王阳明以为，良知生而具有，愚夫愚妇与圣人同，只要去欲存理致良知，则人皆可以为尧舜。

2. 美德不可教的阵营

“德性如意欲，道德教育和劝诫毫无用处。”把道德归结为意志的叔本华（Schopenhauer）则认为，“德性和天才一样，都不是可以教得会的”①。他认为德性仅仅是个“意欲”（道德感情和意志）的东西，与道德认识无关。叔本华认为道德教育和劝诫毫无用处。

杜威（John Dewey）等人对道德价值的直接教授进行了批判。

① 叔本华. 作为意志和表象的世界［M］. 北京：商务印书馆，1982，404.

从上述两个阵营来看，双方基本上都是各执一词。但是到了近现代，尤其是到了现代，哲学家们对于是否可教的问题产生了更加中立性的观点，认为直接的道德教学与间接的道德教学同样重要。

到了近现代，有关道德是否可教的问题争论向两个方向发展：

强调直接教学要以培养道德思维为核心，要与间接教学相结合；

直接的道德教学要注重情感、意志、行为的培养。

前者，如柯尔伯格（L. Kohlberg）和威尔逊（JohnW ilson）。柯尔伯格早年强调道德认知，道德教育仅着眼于个体内部道德思维的直接教学，后来他不仅注意到学校的隐蔽课程与道德气氛在道德教育中的作用，而且身体力行展开了相关的学校道德教育实验。① 威尔逊则认为，在现行的学校道德教育中，直接方法与间接方法同时存在，但是两者是分离的。其结果是学生从直接教学或学术环境中学到的东西无法转化为实际的行为，而从非学术环境或间接方法中虽然获得了某种行为方式，却无法理解其中的“理由”和“原则”，因此，需要将直接方法与间接方法有机地结合起来。② 后者如麦克菲尔（PeterMcPhail）、纽曼（Fred Newmann）和诺丁斯（N. Noddings）等人，他们主张的直接教学的内容主要的是情感和行为的培养。同时，以美国在20世纪最后十年出现的品格教育运动为代表，当代西方在道德的直接教学上又逐渐恢复了传统德育中价值观教学的内容。

但是，在逐步肯定“直接的道德教学”的作用的同时，不代表所有的问题都已经澄清了。正如学者黄向阳先生所言，关于道德是否可教问题的阐述，很多学者、先哲们的阐释通过分析可以发现，大家对“什么是美德（道德）”的伦理学相关问题充满异议；对直接的或者间接的道德教学应该“教什么”存在着教学论分歧；对什么是“教”、“到何种程度才算可教”的意义理解意见不一。

比如对于什么是“教”，“教”的内涵存在着语言学的分歧。语言学的分歧较之前两个视角的分歧而言并不大，主要集中于关于“教”的内涵界定上。对于“教”的内涵来说，究竟是将其定义为意向之“教”，还是成功之“教”？我们既可以从成功的意义上把某种活动称作为

① 柯尔伯格. 魏贤超、柯森译. 道德教育的哲学［M］. 杭州：浙江教育出版社，2003，122.

② JOHN. A New Introduction to Moral Education［M］. Cassell Educational Limited，1990，223.

“教”，也可以从教育者努力去教的意向意义上把某一活动称作为“教”①。关于这一分歧其实较为容易解决，只要在讨论问题时，澄清“教”的用法和含义，语言上的障碍就可以很容易扫清。

对于“教什么”，根据不同的伦理学基础，学者们在教育学立场上，尤其是教学论立场上，认为直接的道德教学②应该教的内容上存在着分歧。持有“美德即知识”的人倡导教学实际上是在教给学生有关美德的知识；有行为主义观点的人倡导技能的学习，在技能的学习上，除了“知什么”的问题之外，还包括着“如何知”的问题。

当然，只有在基本的路向上澄清了“道德是在一定限度内可教的，直接的道德教学是和间接的道德教育同样需要的”这个基本问题，上述所说的一些分歧就是一些更下位的问题了。这只需要我们在编写直接的道德教学所需要的教材时，注意处理好这些问题就可以了。

（二）自然主义伦理学在逐步证明德性可教

其实对于上述从古至今的言论，无论东方与西方，如果对其进行一个共同点的寻求，那么这个最核心、最统一的共同点就是“人的道德可教性的见解基本属于思辨性的猜测”。这种思辨性猜测还都是从“教者”的视角去分析问题，其中缺乏“受教育者”的主体。其实道德是否可教，道德是什么、教什么等问题固然重要，但是“受教者”本身生理、心理上是否具有道德上的可教性问题，即“人是否具有在道德上的可教性”的问题也同样重要。

在哲学社会科学之外，一些现代学科对意识问题的研究不断借助自然科学的技术途径而获得突破，涉及对人类道德的研究所取得的不俗成果对此问题的解答深有启发。这些研究结论不囿于德性诸要素的探讨，而是从整体上为道德具有生物学基础和传承机制提供了佐证，间接肯定了人在道德上的先天可能性和可教性。③

比如现代动物学家在对非人类的灵长目动物的研究中证实了动物道

① 意向之教是完全不理会学生学习效果的。

② 持有道德教学观点的学者，前提是都认可道德在一定意义上是可教的。

③ 其实，现代自然化伦理学的相关研究，是将“道德是否可教”的问题转化成了“道德是否可学”的问题。要解决“道德是否可教”都必须首先回答“人在道德上是否具有可教性”或“人接受道德教育的基础是什么”这一症结性问题。只要解决了人接受道德教育的基础，那么“道德是否可教”的问题只不过是一个“场域”的问题而已。

德的存在；进化伦理学重新肯定了达尔文关于人类道德源于动物道德并通过群体自然选择发展的观点；生物学家根据突生理论提出人类心灵的道德框架源自灵长类动物的亲社会能力，在符号语言、文化和宗教的影响下得以变形。①

“现在，从进化生物学、神经科学、实验心理学等以及融合的系列证据显示，德是以人脑为基础的。”② 比如借助解剖技术、放射技术、分子生物学技术，神经科学家发现了道德活动的神经网络区域。③ 下面，我们仅以神经伦理学的研究为例，解释现代伦理学的自然主义研究倾向。

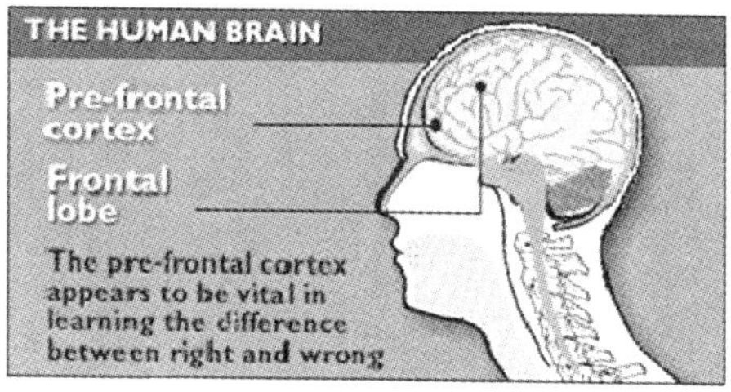

哲学与科学的碰撞从未像今天一样激烈。神经伦理学（neuroethics）就是生物伦理学（bioethics）与认知神经科学（cognitive neuroscience）交叉中诞生的一门新兴学科。认知神经科学通过现代生命科学技术对大脑功能的研究来解释人的社会行为。神经科学“科学实验”的研究成果促使跳出“思想试验”的樊笼，重新认识伦理价值以及我们的道德观念。

英国 BBC 广播所报道的一则最新研究显示，“学习道德和社会规则的脑区的损坏可能引起儿童长大后成为一位不负责任的成年人甚至犯罪”。

“受到影响的脑区叫作前额叶皮质（pre-frontal，如上图）④，这个区域主要影响社会行为，而对一般的智力是没有影响的。它的功能是通过

---

① DEACON, WESLEY. From biology to consciousness to morality [J]. Zygon: Journal ofReligion and Science, 2003, 806-810.

② 柯尔伯格. 魏贤超，柯森译. 道德教育的哲学 [M]. 杭州：浙江教育出版社，2003，122.

③ JOHN. A New Introduction to Moral Education [M]. Cassell Educational Limited, 1990, 223.

④ 前额叶皮质（prefrontal cortex，以下简称前额叶）是位于大脑前部的皮质结构，恰好位于我们脑门的“后方”。从进化上来讲，前额叶是最晚发展的皮质结构之一，人类尤其发达。人类的前额叶约占大脑皮质总面积的三分之一，直到青春期才渐趋成熟。前额叶与其他脑部结构的纤维非常复杂，功能繁多，但大致说来，前额叶参与部分记忆功能（工作记忆等，如记电话号码），主要负责高级认知功能，比如注意、思考、推理、决策、执行任务等。

一个名叫 Phineas Gage [①]的铁路工人所提供的非常经典的案例得到解释的。除了这个案例之外，美国爱荷华大学的神经科学家还对两位小时候前额叶受过伤害的人做了研究。一位是女孩，她在出生 15 个月时被一辆汽车撞倒。另一位是 23 岁的男士，曾经在三个月的时候接受过脑外科手术。两个孩子恢复得很好，并且在父母都很有教养的中产阶级家庭里受到了很好的教育。但是当他们步入青春期的时候，他们的行为急剧地改变了：他们撒谎、变得自私、懒惰、深具破坏性、开始打架、偷钱。他们变得滥性、忽视自己的父母。

在这两个例子中，脑的智力、认知功能，如阅读、写作并没有受到影响。受到影响的是明白错误行为的社会后果和执行道德推理的能力。

研究小组还注意到，在儿童时期脑曾经受伤和成年期脑受伤之间存在着不同。成年的病人懂得道德和社会规则，但是在他们自己的生活中他们是不懂得怎么去应用。而在小时候就受到伤害的，他们似乎不能学习规则，他们更可能展现出精神错乱的行为，如偷窃和行为暴力。”[②]

现在的功能磁共振成像技术（fMRI）[③] 已经检测到脑中前额皮质在一个人在道德两难沉思和非道德两难的沉思时的越来越多的激活证据。这样的证据显示出大脑皮质区在个人道德判断中发挥着作用。Elisa Ciara-

① Gage 是神经科学里一个响当当的人物。1848 年 9 月 3 日的下午，他在美国 Vermont 州 Burlington 镇遇到了严重的事故，一根 1.1 米长，3 公分厚的钢条从他的脸部插入，从额骨上穿出。伟大的 Gage 却并没有被这么严重的外伤所击垮，他居然还说了几句话，并因不断涌出的鲜血而不得不找个大夫。接诊 Gage 的医生是 John Martin Harlow，Harlow 做了一件很简单的事情，也许每一个工作在临床一线的医生都可以做到的，他注意到了 Gage 受伤以后性格的变化。没有受伤以前，Gage 本来是一个很受人尊敬的好工人，他甚至被推举为工头。然而受伤以后，Gage 成了一个暴躁、冲动、下流的家伙。他不能控制自己的情绪和行为——这种性格改变让他完全变成了另外一个人。他时常用最粗野的语言（这不是他以前的习惯），傲慢而放纵，但对同事没有什么不适应，当与之希望相抵触时，他没有耐心进行劝告或制止，他常常十分固执，而且反复无常和犹豫不决。在 Gage 以前，人们对大脑的认识，尚停留在很肤浅、很简单的水平，是 Gage 的不幸，让人们认识到额叶皮质对人行为和情绪控制的重要性。Gage 死后，他的颅骨被捐献到哈佛医学院的 Warren 解剖博物馆。在那里，人们精确地定位了 Gage 大脑损伤的部位——Left and right prefrontal cortices 这一发现，让人们对大脑区域与认知的联系有了直接的证据。

② http：//news. bbc. co. uk/2/hi/science/nature/479405. stm Tuesday，October 19，1999 Published at 12：57 GMT 13：57 UK2010-12-28 下载

③ 功能磁共振成像（fMRI）就是大脑成像技术。fMRI 在“观察活动中的大脑”时，不仅时间分辨率更高，就连空间分辨率也可达到毫米水平。借助 fMRI，对大脑的研究便可扩展至记忆、注意力、决定……在某些情况下，fMRI 技术甚至能够识别研究对象所见到的图像或者阅读的词语。对个人内心世界的这些揭示不禁让人期待在大脑中鉴别谎言这种复杂状态的可能性。

melli，Michela Muccioli 等人组成的研究小组利用 fMRI，测试了 7 位脑中侧前额皮质受过伤害的病人和 12 位健康的正常人，测试主要是通过对客观的道德两难和非道德两难问题的回答，在两难情境中展开。与对比组对比显示，在客观的道德两难情境中，有脑损伤的病人被试们更倾向于将个人道德上的不雅行为作为可以接受的行为，他们可以做出更快的选择。而相反，他们在非道德两难情境选择却是犹如对比组。这些结果显示，脑中侧前额皮质对于反对个人道德不雅行为是必不可少的，可能通过早期预防、自我聚焦、情绪反应等方式对道德选择和行为产生非常强的影响力。① 另外，W. D. 嘉士伯认为，新的神经科学和道德心理学的证据表明，人们如何作出道德决定更接近亚里士多德哲学，而不是康德和穆勒的哲学。② 格林尼颇有影响的研究结果是令理性主义哲学家们惊讶的论断："道德判断更多是感情和直觉影响的事情，而不是深思熟虑的推理。"③ 而 J. 海特依据神经伦理学家 J. 格林尼对道德判断的功能磁共振成像（functional magnetic resonance imaging）研究，认为休谟的道德直觉说更符合认知神经科学的成果，伦理学中的理性主义与直觉主义之争到了重新评估、整合的时候。④

当然，对于上述基于神经科学的研究，美国现代著名的神经科学家安东尼奥·R·达马西奥认为，"我相信伦理行为应该依赖于特定脑系统的调节，但是这些特定的脑系统并不是行为的中心——我们的脑并没有一个或几个'道德中心'。甚至前额叶内侧也不能被看作是道德控制中心。而且，支持伦理行为的脑系统可能并不只负责伦理行为，它们还负责生物调节、记忆、决策和创造性。伦理行为是其他行为美妙的且最有用的副产品。但是我在脑中没有发现道德中心，甚至也没有发现这种道

① Moll J, de Oliveira-Souza R, Eslinger PJ. Morals and the human brain: a working model [C]. Neuroreport: 3 March 2003, 299-305.

② W. D. Casebeer, Moral cognition and its neural constituents. Nature Reviews. Neuroscience [J]. 2003, 841-847.

③ J. Greene、J. Haidt. How (and where) does moral judgment work?. Trends in Cognitive Science [J]. 2002, 517.

④ J. Haidt, The emotional dog and its rational tail: Asocial intuitionist approach to moral judgment. PsychologicalReview [J]. 2001, 814-834.

德系统”①。

达马西奥的观点不得不给我们敲响一个警钟——虽然我们现在的自然主义倾向化的伦理研究已经取得了相关的证据，但是这种研究结论并不能在“脑的某一核心部位及其控制功能”和“某一道德行为及其受控”之间建立起简单的联系。某道德行为的做出并不必然是某一脑器官中某一核心组织为生理基础，而是利用这一器官在“情感”或者“理性”等方面发挥的机能，再加上行为人的阅历、家庭背景、文化环境等各个方面的因素综合分析，去观察一个道德行为。更甚者，可能是大脑某几个部位的系统综合与其他方面的联结构成了道德行为的生理基础。总之，神经伦理学相关自然化的研究有其优势，当然其局限性也是一目了然。

美国的桑塔菲研究所（Santa Fe Institute）组织了12位富有经验的人类学、经济学、文化学、社会学等领域的学者，进行了一项历时10年的大规模跨文化研究——“寻找理性人”。在实验中，这些专家在五大洲的12个国家，从16个经济文化环境悬殊的小规模社会（其中包括3个狩猎—采集社会，6个刀耕火种的农耕社会，4个游牧群体，3个小规模定居的农业社会）中招募被试者，通过“最后通牒博弈”“公共品博弈”和“独裁博弈”进行了大规模的跨文化研究，结果证明了人类社会中合作和利他行为的普遍存在。

综上所述，在以孔子、苏格拉底开启的“美德可教”的“思想实验”及其后续的反对派的争论与辩驳中，在神经伦理学、生物学、进化伦理学等“科学实验”的另一个路径探测中，“美德是否可教”的问题研究在不断深化，即使目前所正在进行的“科学实验”尚处于起步阶段，但是一系列的证据表明，最起码美德从受教的对象上来说是具有可教的生理基础的。目前的问题仅仅是“受教的场域”而已。而关于道德是否在课堂场域内可教，笔者将在后续章节中，通过自身不断的教学尝试、后续观察等一系列的教学实验去验证。总之一句话：美德在课堂场域内是具有相当可教性和必要可教的，问题只是出在方式方法上！（即你是选择用灌输的方式方法？还是价值澄清的方式方法？抑或对话？抑或情感

① ［美］Antonio R. Damasio. 孙延军译. 寻找斯宾诺莎：快乐、悲伤和感受着的脑［M］. 教育科学出版社，2009，104.

的因素?)

二、应对价值多元化社会的时代挑战

"全球化"是人类文明进入21世纪之后遭遇到的一个最基本课题。经济的发展绕不开全球化，政治的发展绕不开，同样道德教育甚至微观化到更加具体的教材编写领域，更加绕不开全球化这个基本的语境和前提。还仅仅困于道德价值的绝对主义立场上呼吁一元化的价值认同已经变成了不可能完成的任务，因为21世纪，真的是"时过境迁"。我们必须把当代中国道德教育纳入到宏大的全球化视野之中加以考察。道德教材的编写必须立足于全球化背景的现实语境，把握好基本的"文化立场"，兼顾考虑、处理好"普遍性与特殊性"之间的关系，即"理想的全球人类状况，是可能一方面存在对社会独特性的强调，另一方面存在对人类共同性的同等强调"①。道德教材的编写比较兼顾考虑人类普遍共同所认同的基本价值，同时不能丧失基本的民族、文化独立性。在日趋全球化的世界中，编写道德教材处理好"异质性和多样性"的关系是全球化理论不可缺少的部分。

（一）全球化带来了文化多元、价值多元

全球化②是个极具煽动性的词汇，拥护者憧憬它会给整个世界带来空前的进步和繁荣，批评者断言它会给发展中国家带来贫困、战争甚至文化灭绝。虽然受到当今世界上诸多势力的批评、反对或否定，全球化在当代人的经验世界里已经变成了不可否认的事实性存在。现在的人已经不仅仅是一个民族国家的国民，他同时还有着"地球村村民"的身份。

在100年前梁启超时代，知识分子讨论"西学东渐"。在100年后的今天，所谓"西学"已经不是一个"渐"不"渐"的问题，它已经从大门、窗子、地下水道，从门缝里头全面侵入，已经从纯粹的思想跟抽象

① 〔美〕罗兰·罗伯森．梁光严译．全球化：社会理论和全球文化［M］．上海：上海人民出版社，2000：188-189．

② 全球化至今还没有统一的定义，一般讲，从物质形态看，全球化是指货物与资本的越境流动，经历了跨国化、局部的国际化以及全球化这几个发展阶段。货物与资本的跨国流动是全球化的最初形态。在此过程中，出现了相应的地区性、国际性的经济管理组织与经济实体，以及文化方式、生活方式、价值观念、意识形态等精神力量的跨国交流、碰撞、冲突与融合。http：//wiki. mbalib. com/wiki/%E5%85%A8%E7%90%83%E5%8C%96

的理论深入到生活每一个细节，成为你呼吸的世界。

全球化自身应用范围最广的是经济学意义上的，即经济全球化、经济一体化等。这种最初形态的建立在工业革命基础上的全球化，也可以称为“旧全球化”，它是借助于资本主义的生产方式而产生的“世界的普遍联系”。“旧全球化”的发生使得仅仅限于某一个国家的历史开始与世界发生联系，变成世界历史。“旧全球化”大概发生于16世纪初期，一直到20世纪中叶第二次世界大战结束。这个阶段的显著特征就是外显的经济殖民、资本的扩张和世界市场的拓展。强国、大国对弱小国家进行压迫、奴役、剥削、发动战争是通常采用的经济全球化扩张手段。

而从二战结束之后，随着殖民地和半殖民地国家通过革命的方式相继独立，走上自由发展的道路，全球化开始以“经济全球化”为核心推动力量，从经济领域向其他领域扩展，出现了新全球化的发展趋势。

二战之后的全球化表现出的特征首先是以经济的全球化为核心推动力量。在当前的具体表现就是世界上几万个跨国公司控制了全世界1/3的生产，掌握了全世界70%的对外直接投资和2/3的世界贸易。跨国公司成了当前经济全球化的主要推动力。①

另一个推手就是“全球问题的出现”。人类面临的诸多如全球能源危机、环境恶化、生态破坏、恐怖主义等问题，不单单是靠单个国家的政府就能解决了的，必须是全球各民族、各国家统一、协调、配合起来解决问题。

第三个推手就是“信息社会的到来”。信息化社会的持续深入发展使人类社会日渐超越“工业社会”的世界体系，成为新全球化的主导力量。信息全球化正在取代资本全球化的核心。新全球化不仅仅是经济意义上的全球化，更是文化意义上的全球化。在殖民化时期形成的以中心国家和边陲国家为特征的经济、政治格局，或者说发达国家与第三世界国家之间的不平等关系也没有因殖民体系的终结而消解，只不过这种不平等关系不再寄寓于由宗主国和附属国所构成的殖民化格局中，而是以经济、技术的较量为轴心，全面地渗透在世界体系的政治、文化等各个层面。②

① ［美］罗兰·罗伯森．梁光严译．全球化：社会理论和全球文化［M］．上海：上海人民出版社，2000：188-189.

② 阎孟伟．全球化背景下的后殖民文化批判［J］．广东社会科学，2004，(5)：62.

这一阶段的全球化不再是赤裸裸的抢劫，而是从政治、军事、经济等各个方面拓展到文化领域。文化的全球化使得全球化中强势文化和弱势文化之间的新的不平等关系开始形成。

文化的全球化产生的直接的结果就是文化的多元化。而价值多元又与文化多元紧密联系在一起。人们的社会行为发生在一定的文化环境中，不同文化背景对人的塑造和规定可能是很不一样的。反映在道德价值的领域，则表现出了多种价值传统或者并行，或者冲突。并行表现为多元的价值中其中某一种价值构成社会价值的主干，起主导作用，另外几种价值起辅助作用，共同形成一种有主有从的社会价值格局。

而冲突则表现在多种道德文化传统之间的冲突。人类在自己的文明史上创造了多种道德传统，诸如佛教道德、基督教道德、伊斯兰教道德、印度教道德、锡克教道德、耆那教道德及各种世俗道德等。由于全球化、地球村带来的面对面地接触、肩并肩地生活，使本来极少接触的各种道德观念在同一时空点出现，从而彰显出彼此之间的巨大差异，并使各种道德实践者之间不可避免地发生冲突。比如伊斯兰银行与西方银行冲突的出现，作为一种经济现象，其实背后就是一种道德价值的冲突。按《古兰经》规定，穆斯林是不允许收取利息的，[①] 因为利息被认为是一种不劳而获的收入，这就与起源于西方的世俗银行制度发生冲突。为解决这一矛盾，20 世纪 70 年代，在一些伊斯兰国家出现了伊斯兰银行，这类银行在借贷和投资时没有利息往来，受到穆斯林群众和宗教界的欢迎。[②] 再比如说关于剩余价值的认识。[③] 伊斯兰认为把生产劳动的剩余物质全部成为私人占有，是有罪的行为，因为从伊斯兰的信仰和法律上，剩余的

① 伊斯兰教的《古兰经》有数节经文严厉禁止放高利贷。“吃利息的人，要像中了魔一样，疯疯癫癫地站起来。这是因为他们说：‘买卖恰像利息。’安拉准许买卖，而禁止利息。奉到安拉的教训后，就遵守禁令的，得已往不咎，他的事归安拉判决。再犯的人，是火狱的居民，他们将永居其中。”“穆圣诅咒吃利息者、付利息者、书写利息者及作证人。”“明知故犯地吃一个金币的利息，比通奸三十六次更为严重。”

② 在伊斯兰世界，人们认为剩余价值应当与别人分享。他们认为许多动物寻找食物，都是当天吃光用尽，不储存，明天等待真主新的恩赐。人有生产能力，创造发明各种生产机器，每个人的劳动成果和价值都有剩余。西方的资本主义说，创造多余的财富全归个人所有，法律“保护私有财产神圣不可侵犯”。真主启示他的使者教诲信士们，“他们问你（先知穆圣）应该施舍什么，你说：‘你们施舍剩余的吧。’”真主启示信士们说：“他们确信幽玄；谨守拜功，并分舍我所给予他们的。”引自刘小彪．全球化下伊斯兰文明与西方文明的冲突 [J]．阿拉伯世界，2002，02.

③ http://blog.sina.com.cn/s/blog_5e79a63b0100c9jk.html 伊斯兰经济学认识基础

生产物质和财富中有一部分属于贫穷的民众，真主用以考验生产者的质量和灵魂。而西方资本主义倡导的则是创造多余的财富全归个人所有，法律“保护私有财产神圣不可侵犯”。

（二）文化多元存在着诸多潜在的危险

全球化究竟给我们带来了什么？

1. 经济的价值霸权的危险

全球化的基础是经济全球化，经济全球化的核心是资本的全球化。在全球化的浪潮中，资本的重要性、经济发展水平的重要性在最广阔的范围内以最直观的形式凸显，它使经济问题和经济发展成为各民族特别是那些处于发展中的国家生存攸关的课题。全球化所产生的外部压力和内部推动，在伦理发展和道德教育中都可能存在一种现实的价值偏向：将本来在文明体系中处于基础地位、在国家发展中处于优先地位的经济，在文明理念和价值体系中不恰当地夸大，成为价值霸权，所谓“经济的价值霸权”。

在伦理和经济的关系方面，价值霸权集中表现为伦理虚无主义、道德虚无主义。它将“经济决定伦理”的本体论的思维方式机械地移植到价值观中，在单一的经济标准下使伦理沦为经济的附属和附庸。在文明观和价值观方面，价值霸权否认经济与伦理在价值上的平等的和互动关系，以经济价值为价值体系和文明体系的核心，甚至以经济价值消解和取代伦理价值。

价值霸权对现代中国的伦理发展和道德教育产生了严重的不良影响，突出表现为物质主义、享乐主义、利己主义，以及由知识与德性分离而造成的人格的畸形发展，直至导致人文精神尤其是伦理精神的失落。价值霸权不消解，这些问题就难以在理论上和现实中得到真正解决。①

2. “被文化殖民”的危险

资本和技术的全球化背后是文化价值的全球化扩展。虽然说“文化殖民”本身不是文化价值的全球化扩展的本质所在，但是不得不承认的一个事实是：文化的全球化是一个有利于推进文化殖民的“温床”。

理论界的学者们往往用“后殖民主义”来概括现代文化多元所带来

① 樊浩. 应对“全球化”的价值理念及其道德教育难题［J］. 教育研究，2002，05

的这种潜在的威胁。这种“文化殖民”与前殖民时代依靠军事、暴力殖民的方式不同，它在形式上继承了殖民主义，在手段上则类似于“水煮青蛙”，往往是合法的、温和的、无形的。“文化殖民”通常利用“对话”“访学”“交流”“援助”、科技手段、娱乐[①]媒体、话语体系等把文化产品巧妙包装起来，将其要推行的价值观与生活方式内隐其中，通过精神和道德诉求以潜移默化的方式说服、诱惑“弱势文化”中的殖民对象。殖民对象[②]会在没有任何防备的情况相信和同意某些行为准则、价值观念和制度安排，从而达到文化殖民的目的。

这种方式正如学者项贤明所比喻的：“真正的力量不是那一天早晨到来的坚船利炮，而是跟在坚船利炮后面的新式学校——新式学校兼具大炮与磁石的特性。大炮只提供一种战斗武器的效能，学校却超过大炮而使征服变得恒久。大炮加强权于身而学校却可以蛊惑灵魂。”[③]

当前世界格局当中所形成的中心国家与周边国家在文化上的支配与被支配的不平等关系，会使得文化全球化、多元化的平台被中心国家所利用。“世界主义”“普遍主义”可能成为中心国家推行其核心价值观的公开的、堂皇的借口。

可能“被文化殖民”的危险，反映到道德教育上，在价值意识上可能带来“民族文化认同的逐渐弱化”，甚至丧失，抑或是全盘地西化从而导致“民族虚无主义”[④]；反映在行为方式上，则会因为个体的精神世界出现的道德迷失、价值混乱，导致对持有何种道德价值观无法做出选择，处于一种漂泊的无根境遇。

---

① 《功夫熊猫》作为一部好莱坞花巨资打造的电影，其中主人公阿波痴傻贪吃，龙的形象使得我国传统文化中那般气势宏大的形象被消解甚至说包含一定的丑化。对于不同的观众尤其外国观众可能会产生一种误导，认为影片中的熊猫和龙的形象就是中国意义的特征。另外，给邪恶势力的代表黑豹取了一个颇像日本人的名字“太郎”，最后被阿波彻底打败，可能蕴含着更深层次的意思。

② 文化殖民的对象主要以没有辨识能力的青少年一代为主。

③ 项贤明．教育全球化的后殖民特征［J］．教育理论与实践，2000，12.

④ 民族虚无主义对自己的民族文化失去自信心，“月是外国的圆”是民族虚无主义的典型心态，无视民族特点，否定民族文化传统和历史遗产。相对来说，文化多元所带来的“民族中心主义”的危险倒是相对小一些。因为绝对的民族中心主义强调以民族文化、传统文化为中心，认为本民族文化是世界上最优秀的文化，在目前的我国来说较为缺乏生存的土壤。民族偏执、民族歧视、民族沙文主义等极端形式在中国这个发展中国家，较之发达国家而言少很多。

3. 道德相对主义的危险

对于“被文化殖民”危险的防备，可能会使得人们在价值多元化的逻辑上走向相反的另一个阶段，碰到另一种危险，即道德相对主义。道德相对主义在现代社会更多的是一种在很大程度上防止优势文化对弱势文化、主流文化对非主流文化的压制或排斥的姿态而存在的，更强调“差异”对道德的作用。

这种观点认为，没有绝对的价值、绝对的道德、绝对的标准，不同文化背景下、民族、社会有不同的道德，不同的人有不同的道德口味。道德是相对的，无所谓绝对的对和错，没有绝对的道德和不道德。道德相对主义之所以可以被称为一种危险，是因为其自身对“道德相对性”的无限放大而产生的。

文化全球化、多元或所带来的眼界的开阔，使得人们对待道德问题有了更加开明的立场，对他人或别的民族和文化的道德价值观尽可能予以理解和宽容。因为，基于这种特殊地域、历史、文化产生的道德的差异性的尊重和理解是合理的。但是当这种尊重和理解作为最高行事的原则，以之泛化地对待自己和自身民族的民族和文化的道德价值，则会产生问题。“怎么都行”的激进的道德相对主义，会严重削弱道德教育的基础。告诉学生一种选择并不比另一种选择更好，会使得学生的道德成长失去最基本的根基。

（三）保持普世与特殊之间的适当张力

以何种价值导向应对“全球化”也许是进行道德教材开发时讨论全球化语境的最终旨归。探讨全球化的现实状态、探讨全球化情境中可能会面临的各种困难和危险，其最终的目的是要明晰进行道德教材开发时到底在全球化的语境中是否还需要一本有引导价值的教科书。假如有的话，应该持有一种什么样的文化立场？由全球化带来的多元文化的冲突和交融中，我们进行教材编写要有安身立命的文化之根基吗？假如有的话根基何在？教科书本身要担当起什么样的文化使命？是要绝对化这种文化根基吗？是认可并全部接受西方的文化观念还是坚决反对？是批判性地吸收，同时创造自己的文化特色，发展自己的学校道德教育，追求自己特有的文化逻辑体系吗？

全球化使世纪之交的伦理发展和道德教育逻辑存在两种基本的价值

观：普世价值观，即“普世伦理”；相对价值观，即“地域伦理”。

全球化造成的时空压缩使各国人民学习、接受、实践其他的道德观念成为可能，这无疑也极大地扩大了人类道德实践的空间。人们已经开始寻求和建构普同性的道德，寻找人类共同的道德底线。其最具里程碑意义的探索就是 1993 年 9 月 4 日由世界宗教大会通过的《全球伦理——世界宗教议会宣言》（孔汉思起草）。在我国，如万俊人等学者在这方面的研究也取得了相当大的进步。万俊人认为，普世伦理的世界性视景不仅包含着对人类多元道德文化传统、多样性伦理思想或者伦理学理论以及人类复杂的道德现实的关注，而且也包括对现代世界经济发展、政治格局、多元文化（尤其是宗教文化）和心理的关注。这些因素不但构成了人类现代文明的基本方面，也构成了我们的构思普世伦理所必须注意的现代文明背景和可能性条件。①

“普世伦理”具有重要的学术价值。其作为对全球化浪潮的学术回应，作为寻求各种文明形态的伦理精神之间沟通的共同话语，作为一种共同语言和共通价值是有一定的现实性、必然性和合理性的。但普世伦理作为全球化背景下道德教育的价值理念和价值导向的核心，则显得不合理，也不现实。“普世伦理”从根本上说是一种抽象出来的价值观，如果只以所谓“普世伦理”为价值理念编写教材，以“文化和道德的同质性”标准去要求学生，对学生进行道德教育，“一把尺子度量所有的文化”，必然会走向“道德的绝对主义”。这样的编写路径显得尤为具有“乌托邦”的理想主义色彩。当然，这样的观点不是否定普世伦理的重要性，进入 21 世纪，应当注重培养学生的全球意识和普世品质，但是不能以其为教材编写、道德教育的全部内容。

地域伦理的特殊性是现代德育的另一个基本的维度。道德规范和传统是具有情境性、历史性的。人在与其同类共享人之特性的同时，还是一个历史的存在、文化的存在和情境的存在。一定地域中生活的人总要受到这个地域特殊的地理环境、文化习俗及传统等各个方面的熏陶和影响。某一地域的人们与其他地域的人们有着不同的生活和命运，分属于不同文化的道德团体，有着各自的道德问题，等等。所有的这些问题，

① 万俊人. 寻求普世伦理［M］. 北京大学出版社，2009：32.

都是普世伦理所无法解决的。

特殊性和普遍性，是认识论和辩证法的一对重要范畴。如同普遍性与特殊性之间常常相互矛盾一样，现代道德教育在价值观上也存在普遍性与特殊性、普世伦理与地域伦理的矛盾。

我们认为，在全球化的文化多元背景之下，保持普遍性与特殊性二者之间的适度张力是必要的，同时也是可能的。普世伦理在一定的限度和范围内是必要的和可能的①，同时兼顾地域伦理，兼顾到本土文化的“坚守”同样是必要的，也是可能的②。

因此，我们在对历史发展的哲学线索中通过“思想实验”的方式、神经伦理学等用“科学实验”的方式证明了道德具有一定限度的可教性之后，又进行了上述的“全球化背景下文化及价值多元化”环境中为了把握好“普世伦理”及“地域伦理”之间的关系而编写教材的必要性。总而言之，没有教材中对这一对矛盾关系的把握，而只是放任性、随机性地对学生开展道德教育，那一切都将是盲目的、非理性的。全球化视野下的伦理道德教育必须统整考虑普遍性和特殊性两个维度：既要让学生了解人类的“普遍行为模式”，又要让他们认识到传统的意义。而教材就是这一切的承载，是教师能予以轻松把握的平台。有了这样的教材，学生才能在尊重文化多元性及其意义的同时，又不失去自己的个性。假如忽略了这一重要维度的教材编写，及其在基础上开展的道德教育，若忽视其中的任何一个维度都有负于人们对它的期望。唯有同时兼顾普遍性和特殊性两个维度，且在二者之间谋求一种良性的互补，才能使得现代的道德教育变得更加理性和有效。

三、满足学校德育工作的需要

“学校德育既不是万能的，同时也不是无能的。”

社会中不乏正面的道德教育资源，但同时，社会中蕴含着更多的道德教育负面资源，社会教育的散在性甚至社会环境的更多负面性影响使

① 比如所有文化的伦理体系，对于什么是人的生存和发展所必需的东西、什么规范是人的成长所不可缺少的条件方面，表现出了相似性，比如“爱你的邻人如爱你自己”和“不许杀人”这样的规范就表达了所有人的愿望，有着文化和价值追求上的普世共通性。

② 比如就我国而言，基于我国传统社会对于“人情”的备加关注，“孝”的文化就应该被坚守和传承，尤其是面对欧美“亲情观念淡薄”的趋势更应该坚守住自己的文本本性。

得道德教育有了更多“不确定性”因素。

家庭教育是进行道德教育最后的温床，但同时，家庭教育带有原始性、盲目性。好的爸爸妈妈、爷爷奶奶可能会教育出品德优良的孩子，但也可能在“4-4-1”的家庭结构中宠坏、惯坏自己的独生子。

学校道德教育就可以避免这一切的发生。学校道德教育的作用虽然有限，但却是必须。学校应该在改善社会的过程中更好地起到“先导”“主导”作用。就如英国政治教育学家奥克肖特（Michael Oakeshott）所言：“应当使学校成为防止学生在消极的社会现实中被动走向社会化并培养其追求正确的社会价值观的地方。”①

学校德育在进行整体架构时，既不能将德育功能的有效发挥，将学校德育的责任全部推给学科课程，使得学科课程本来所具有的功能无限放大；也不能将德育的责任全部推卸给活动课程，甚至是可以“不用作为”的隐性德育课程。这样对于学校的德育工作来说也是极其不负责任的。取消了学科课程的学校德育，完全依靠各种各样的活动，也将是缺乏统整的。

因此要从一个更加平衡的角度来综合考虑学校德育整体架构，既要充分发挥学科课程的统整作用，同时综合考虑活动课程、隐性德育课程的重要作用。在这样的框架之下，学科课程就需要有教材来作为学科的直接道德教学的一个载体和平台。

（一）学校德育的必要性

1．学校道德教育作用的有限性

历史发展的种种经验告诉我们：对学校道德教育的作用应该抱有的一种合理的态度是：既不能过高地期望于德育的作用，不能无限夸大德育的功能；同时也不能“因噎废食”，抛弃学校道德教育应该担负起来的责任。学校道德教育所能发挥的作用是有限的，不应该持有一种“德育万能论”的观点，同时也不能因为防止德育万能论的观点而走向另一个极端，即抱有“德育无用论”的消极观点。

在20世纪末期我国的小学还在普遍开设专门的“思想品德”课的时

① Michael Oakeshott. Education: The Engagement and Its Frustrationin [A]. R. F. Dearden, P. H. Hirst and P. S. Peters (eds). Education and the Development of Reason [C]. London: Routledge & Kegan Paul, 1972. 19-49.

候，当时教育界有一个非常热门的话题，也可以叫作问题或者命题："德育实效性差，德育实效性低。"其实对这些研究讨论的文章进行一个总体的分析之后，会发现这些讨论文章的背后大部分都有一个前提性假设的：道德教育万能论的倾向。这正如学者喻学林、杜时忠所说的："'德育实效低'的背后深藏着一种即使是研究者个人也没有觉察到的传统的教育文化观和道德教育评价观，它无意识地体现着一种旧时的思维。这种论断有着深刻的历史渊源，即历史上的'道德教育万能'论。"①

（1）道德教育万能论

这种道德教育的万能论尤其在我国是有着深刻的历史渊源的。我国的封建社会高度重视道德教育在封建社会对于政治统治的作用，政治维护功能被强化为教育的唯一功能。道德教育被用来当作教化天下百姓的全部和唯一。孔子时候就提出用道德、礼俗等维护社会秩序的政治伦理来转变他们的思想，引导、规范人民，达到德政的目的。即所谓的"导之以政，齐之以刑，民免而无耻，导之以德，齐之以礼，有耻且格。"（《论语·为政》）孔子提倡之后，董仲舒明确提出道德教化是政治的根本，"教，政之本也；狱，政之末也"。

近代社会，自鸦片战争以来陷入了内忧外患的民族危难之后，"教育救国"的思想逐渐成为一股以革新教育作为救国之路的资产阶级改良运动的方式之一。唯科学主义衍生出教育救国和教育万能两种教育思想。

自新中国成立以后，出于"'兴无灭资'，改造思想"的需要，无限夸大了思想政治教育的功能。道德教育变成了思想政治教育的一个部分，作为了"改造'资产阶级世界观'，树立'无产阶级世界观'，批判'资产阶级的意识形态'，建立'无产阶级'意识形态"的重要工具。从这一时期开始，德育功能的认识开始体现出"德育功能被无限泛化"的特点，"德育是个筐，什么都可以往里装"的这句玩笑话高度概括出了这一时期的特点。德育被设想成为能发挥社会发展和个人发展所需要的各种作用，既能对学生进行思想教育，也能进行政治教育、道德教育、法制教育、国防教育、心理教育、健康教育，等等。人们在德育功能的认识上对学校德育充满了高理想和高期望。

① 喻学林，杜时忠．"德育万能论"：历史留下的一面"镜子"［J］．山西师大学报（社科版），2006，09．

（2）道德教育无用论

伊利奇提出“学校无能”，“我们必须废除学校”的思想。其著作《非学校化社会》中，指出了教师作为“道德家”，代表着家长、国家和社会向学生灌输的是非观念是没有用处，没有效果的。教师没有资格也没有能力告诉学生过什么样的生活，成为什么样的人。

丹尼尔·科顿姆的《教育为何是无用的》从教育让我们意志消沉、教育让我们陷入现实生活的困境、教育让我们脱离现实、教育导致教条主义等21个方面细数了道德教育在学生发展中的无用。对人们对教育的“敌视”态度进行了总结。

我国的道德教育无用论被集中提出是在改革开放20年左右的时间，也就是20世纪的末期。市场经济体制改革的不断深入，社会的道德生活秩序被打乱，道德滑坡现象较为严重。这个时候很多人直接把矛头指向了学校，认为学校德育本身的作用就被夸大了，学校德育的实效是非常低下的，没有发挥出好的作用。

总之，冷静地思考德育万能论，其实背后隐藏的是一种深刻的道德理想主义。就我国自己而言，客观公正地看，封建儒家对教育作用的极端推崇以及道德教育在封建社会教育中的独尊地位和长期影响带有长期的惯性。无论是政治家还是教育家、思想家，甚至普通百姓，都对教育、道德教育寄予了非常高的期望。这种思想突出了道德和道德教育对人、对社会的作用，但是学校德育的能力确实有限。在传统社会里，学校的道德教育确实起到过巨大的社会教化作用，但都是基于一种价值体系与价值体系之间的封闭、独立，国与国之间的封闭独立状态的。而在价值多元的社会中，道德教育活动的条件已经产生了很大的变化，还期望能起到这样巨大的教化作用已经是无异于“天方夜谭”了。学校德育在社会运行中的地位已经下降，而相反，制度的建设、规约以及教化作用在逐渐上升。但是我们也不能因此就彻底放弃道德教育的作用。

首先，就目前的学校的道德教育而言，德育的目标应该是有限的。学校德育目标中对于“人”的培养的设定，不能定位于“圣人”“君子”“完善的人”。而应该定位于普普通通的“常人”。学校的道德教育以有限度的变化的可能去教育“无限变动着的人、不断自我生成的人、自我建构的人、自我发展的人”，所能发挥的能力是有限的。

从德育内容看，经过筛选、规约过的道德价值，所有有关人的道德情感的培养、经验的积累、态度的养成和行为能力的锻炼的德育内容，都与“无限变动着的真实生活情境”在复杂程度上相差甚远。因此德育内容本身所能发挥出来的作用也是有限的。

从德育的途径上看，能进行学校德育的途径无疑就是那么几种。要么是直接的道德教学，要么是活动课程，隐性德育，或者是学校的各学科的教学。但是各个学科都有自己的学科品性，都有自己要完成的核心课程目标和任务。活动课程肩负的任务也很多，比如学校的大型年间活动中可以对学生进行道德教育。但是大型活动不会把道德教育作为主要的目标，可能美育、科学技术教育、创造能力教育等是其核心的目标。单纯能把道德教育作为核心目标的活动课程其实很少。

从进行道德教育的教师来看，一定历史发展阶段中教师的素质和社会人的素质是整体一致的，特别是目前在我国师范教育缺乏相应的德育教师培养的情况下，能专门从事道德教育的教师更少。教师本身的专业素养以及不能对教师自身的德性品质有过高要求的现状，也决定了学校德育具有一定的限度。

另外，更为重要的道德教育活动本身也具有一定的难度，道德教育的难度决定了学校道德教育的有限性。因为道德教育的对象是人，道德教育要想真正地起到好的效果，关键是要让学生对自身进行实践的改造活动。这种实践活动和改造自然的实践活动完全是两种内涵和概念。这种实践活动完全是一种源自于学生对自己灵魂和意识的塑造。人的灵魂和意识的改造是一个太复杂的事情，也是最难以把握的事情。

2. 学校道德教育的必要性

防止夸大学校德育功能的倾向出现，并不代表着要走向“道德虚无主义”“道德相对主义”“道德天赋论”“环境自发影响论”“取消学校德育论”的片面的、偏激的另一个极端。

首先，学校进行道德教育，从最为直接的方面来说，可以很好地维持学校正常的生活秩序。

其次，学校道德教育在学生的发展中有正向促进作用。

与家庭教育相比，学校道德教育对学生的发展具有更高的自觉性。家庭教育对于学生的道德性发展也具有重要的促进意义。但是存在着可能“正负参半”的问题；也可能发生前后不一致甚至相互冲突的问题；而且儿童作为家庭的一员，是早晚要面对自己独立生活的问题的。而家庭教育所存在的这些问题，在学校道德教育这里都不是问题，学校作为一个专门的教育机构，可以将学校中的课程、学校中的每一个环境和每一件事情都安排的充满道德教育的意蕴；学校道德教育的内容安排都是前后一致，作出了很好的统整；学校道德教育也可以成为学生从家庭走向社会的一个缓冲。

与社会教育相比，学校道德教育对学生的发展具有更高的自觉性。社会教育对儿童的道德发展也起着重要作用，但是并不像环境自发论者所说的那样，道德学习和母语学习一样，不用依赖他人有意识的指导和训练。实际上，就连口语的学习也是需要大人进行训练的，道德的学习要比口语的学习更为复杂。况且社会中的道德教育是“好坏参半”的，对学生的影响既有正面、积极的影响，同样有负面、消极的影响。而学校道德教育无论从目标上，还是从内容、方式、方法上都是经过严格的筛选、论证的，较之社会教育有更大程度的正面性和积极意义。

另外，学校道德教育也是实现社会道德传承，促进社会进步的重要力量。学校作为一个文化传承的承载机构，会将学校所处文化中世代相沿袭的习俗和道德传递给年轻一代；同时，学校也是一个倡导和树立适应社会未来发展的机构，可以成为社会道德进步的主要推动力量。

（二）学校道德教育实施“应然”的总体思路和框架①

就目前我国的学校道德教育的实施而言，其过程是一个复杂的系统。

1. 学校道德教育与家庭道德教育、社会道德教育之间的横向关联架构

首先从学校道德教育与家庭道德教育、社会道德教育的整体来考虑，学校道德教育要与家庭教育、社会教育密切合作。学校道德教育首先要考虑和家庭道德教育之间的关系，熟悉家庭道德教育的特点，然后一起

① 下述内容是一个设想的合理性框架，而不是一个现实的现在各个小学的已有的德育框架。现实中的学校德育工作，大部分小学都是缺少一种理性建构的。基于科层式的教育管理，即学校的一切都是按照教育局的要求建立起来的，因此学校自身缺乏一种基于自身的建构。横向上，学校道德教育与家庭道德教育、社会道德教育缺乏一致性沟通。学校道德教育内部则专门的德育学科课程干学科课程自己的事情，活动课程干活动课程的事情，相互之间缺乏统整。学校德育工作更多地被“世俗化”为一种“管理学生”的行为。

在各自具有独立内容、目的、方法的基础上为一个目标，相联系、合为一体。

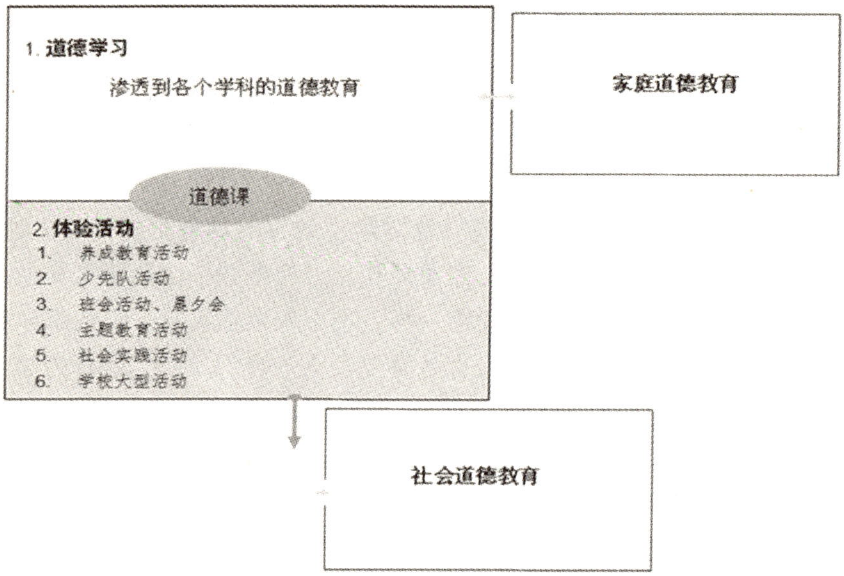

学校道德教育可以与家庭道德教育、社会道德教育通过以下的方式进行关联。具体实施：

关联的方法（例）	① 朝着育人这个共同目标努力。 ② 具有各自独立的内容和方法，同时具有各自的特点和弊端。 ③ 邀请家庭和社会的人士为学校的特约顾问。 ④ 制作资料时请求家庭和社会的人士帮助。 ⑤ 针对监护人和社会人士，开展道德课程。 ⑥ 让人们了解学校的道德教育。 ⑦ 将地方的公共场所活用为道德教育的课堂。

2. 学校道德教育内部之间的体系架构

学校道德教育的实施，按照课程的角度进行划分，可以划分成德育的学科课程和活动课程两个部分，充分发挥学科课程与活动课程的作用。

德育课程在“学科”课程上主要包括核心性的道德课程，还包括可以进行道德教育的其他各个学科，比如语文、数学、外语等。

德育课程在“活动课程”上主要包括晨（夕）会、班会活动、少先队活动、社会实践活动、学校传统活动、主题教育活动等。德育活动课程就是一种与学科课程相并列、相互补的以“活动”为重要内容的课程形式。

之所以要进行这种体系的架构，是因为以学科课程为载体的道德学习有着自身的优点。但同时，道德学习也存在着容易犯只注重理论的错误、容易抽象化和理想化、容易犯分析性以及局部性的错误等。而道德教育本身恰恰需要在实践中去践行。因此需要在各种各样、各级各类的活动中通过体验的方式予以补充。

体验的弊端	道德学习的优点
①每个人的差异很大。 即便是同一种体验，每个人学到的东西也不同，对学习的深化程度也不同。 ②暂时性、偶然性倾向强。 体验性学习具有暂时性、偶然性特点，可能体验过后就会产生遗忘。 ③表面倾向性强。 体验学习所引发的往往是表面性内容，往往会被体验者重视从而引起更加深入的思考。	①把个别人的感受一般化、普遍化。 ②把具有暂时性、偶然性的感受转化为永久的、确切的道德。 ③外在的东西转化为内在的。 把内心与行为联系起来学习，更加深刻地认识事物。
体验的优点	道德学习的弊端
①真实地感受理论性的概念，留下深刻印象。 ②将抽象化、理论化的事物变得具体。 ③将分析性、局部性的学习转化为较大范围、综合性的实践。	①容易犯只注重理论的错误。 只认识到“应该这么做”的程度，不容易将这样的想法转化为行动。 ②容易抽象化、理想化。 ③容易犯分析性、局部性的错误。 为了研究事物的不同点，思考的范围变得越来越小，容易脱离由各种因素混杂在一起所引发的现实。

基于对道德学习以及体验活动（如上图所示）两种方式各自优缺点的认识，以专门的道德学科课程为核心，将学校的其他各个学科，将学校组织的各种各样的活动统整起来，统一目标、规划内容，学校道德教育才能真正取得较好的效果。

（三）道德课的存在需要道德教材

分析到这里，我们就可以非常直观地看出专门的德育学科课程，即道德课在学校道德教育中的位置和作用。有了道德课，可以具有以下几个方面的好处。

1. 道德课存在的优点

(1) 课程和时间有了最低限度的保障

单独设置道德课之后，至少可以使得学校德育的实施在课程和时间上获得最低限度的保障。各个学科的教学虽然也承担道德教育的任务，学校开展的各种活动可能也或多或少地达成道德教育的目的。但是学校的各个学科的主要任务都不是道德教育，各个学科都有各自的学科品性，比如语文学科就是要完成字词句段篇的工具性目标以及人文性目标；数学就是要重点训练学生的数学思维品质，等等。他们不会有太多的时间专门处理道德事务，更不会引导学生去探讨较为复杂的道德问题。专门的道德课设置，为学生学习道德判断、学习解决道德问题的方式提供了时间和平台。

(2) 可以一般化、普遍化个人感受

学生的日常经验都是基于个人的暂时性的感受。这种感受具有感性、盲目性、偶然性的特点。假如不进行分析和梳理，学生不会从中学会道德判断、道德推理，形成相应的能力。而专门的道德课可以将个人的感受通过讨论，达到普遍化、一般化的程度，让学生在这个过程中获得德性的提升。

(3) 可以获得更加确切的德性

学生日常发生的事情具有偶然性、暂时性。假如不对其进行梳理，学生也很难把握其是否正确、合适。而道德课则提供了这样的机会，使得学生获得永久的、确切的道德观念。

2. 道德课存在遭到的质疑

当然，对于道德课的开设，也有很多质疑，认为设立单独的道德课，在理论上有诸多难以解决的问题。学者黄向阳曾对其进行过梳理：

(1) 设置独立的道德课，本意是为了加强道德教育。但把道德教学与学科教学相提并论，实际上贬低了学校德育的价值和地位，使学校德育由学校教育的道德目的转变为学校教育的一项工作（教学）。这在观念上是一种倒退。

(2) 德育领域宽泛而弥散，无明确界限，不能限制在一套固定的课程里进行教学。

（3）道德课实为关于道德知识的教学，与其说是在实施德育，不如说是在实施智育。而道德不仅仅是知识，难以用像讲授科学知识那样的方法讲授道德。安排一门独立的课程实施，道德教学不免流于宗教式的说教或者劝诫，沦为道德灌输。

（4）难以确定谁有资格担任道德课的教学。在传统的学科教学领域，教师的资格源于教师对所教学科知识一定程度的了解。数学教师之所以为数学教师，是因为他对数学知识有一定程度的了解；历史教师之所以有资格教历史课，是因为他对历史知识有一定程度的了解。但是，谁能够决定哪个人在道德方面已经好到了足以向别人提供某种道德教学的程度呢？一个教师未必比一个清洁工更有资格从事道德教育。

（5）现代学校学科教学的任务繁重，教师和学生的大部分时间必须放在发展智力上，留给道德教学的时间非常有限。如果仅仅通过道德课进行道德教育，学校道德教育的目的极有可能落空。①

另外，学者黄向阳还谈到了1928年—1930年美国的一项实验表明：美国中小学开始的品德教育课和宗教教育课对儿童的道德行为没有影响。20世纪50年代到60年代的两项调查也表明：美国的一些大学单独开设的“美国政府课”和“公民”课与学生的民主态度基本不相关。另外，“道德教学”和“学科教学”之间的分工，会使得担任学科教学的教师认为自己没有道德教育的责任，把德育推诿给担任道德教学的教师，导致学校大多数教师不管德育的现象。

对于上述的批判，我们认为都是有道理的，但是也都是可以解决的。首先，对道德课的课程能量作出限定之后，在道德课道德教育功能有限性的基础上，在学校道德教育有限性的基础上，这个问题就不是问题。因为德育作为学校教育的道德目的，既可以通过教学的方式进行，也需要通过体验活动的方式进行，教学仅仅是其中的一个方面而言。尽管可能发挥的作用更多一些。

第二个问题，虽然德育领域宽泛弥散，但是作为道德课的教学，可以选择其中与社会主流价值观相契合、与时代主流需要相契合，作出一

① 黄向阳. 德育原理［M］. 华东师范大学出版社，2002：190-191.

定的内容范围限定，在一定程度上固定在课程里进行教学。明确的界限是可以划分出来的，这个我们已经通过实验进行了证明，本论文将在教材体系建构一章有相关论述的展开。

第三个问题，把道德作为一门专门的学科来开设，确实容易发生“智育化”的倾向。但是那只是一段特定历史时期内的一个误区而已。道德课开设不一定非得用“智育化”的方式来上，道德课开设起来不是必然化地沦为“灌输”。以道德情感的影响为核心、以道德价值的选择和判断能力培养为核心、以关心关怀和体谅为核心都可以很有效地展开道德教学。

第四个问题，实质上的前提假设是一定要“德性品质非常优秀的人才可以担任道德学科的教师”。这是一个伪命题。“一个品德基本没有问题的教师，甚至一个清洁工、一位普通的妈妈都可以很好地担任起道德教师的工作，只要这位妈妈、清洁工阿姨、教师的心地是善良的，不是恶的。”① 我们在学校道德教育中要培养的只是一个普通的“常人”而已，只要这位教师的基本品质没有问题，他掌握了与学生情感交流沟通的艺术，掌握了道德教育的目标体系，掌握了引导学生进行道德讨论的方法等，他就可以开展道德教学。

第五个问题，提出这个问题实质上对道德教学还是缺乏更加深入的了解，持此种观点的学者还是将“更多的道德教学时间”与“更好的道德教育效果”之间划上了等号。在日本，“道德时间”② 仅为每周一个小时。道德教育的效果好坏和所用的时间是没有必然的相关性的。道德课的教学和数学课的教学很大的区别之一就是道德课可能一节课就能解决一个方面的问题讨论，40 分钟的时间里学生就能扭转自己对于“说谎”这个问题的态度。而数学课则需要一个线性的时间累积。要想达到六年级的数学计算水平，必须经过脚踏实地的一环扣一环的知识学习。知识学习就必须需要一个时间和过程去保障。而道德课中所要讨论的问题总共加起来不过几十个方面而已，只是在理解的深度上会有不同。因此，一个星期一节道德课的时间足矣。

① 一位有婚外情的女教师，并不妨碍她在道德教学的课堂上与学生讨论勇敢、诚实、公正、正义、节制的话题。只要她所给出的价值导向是正面的、积极的。

② 日本的道德课称谓为“道德时间”。

另外，学校教育的目的也不能使其实施的所有任务都落在道德课上，这样的做法是极其不负责任的。教师和学生的大部分时间是要放在发展智力上，但是拿出一定的时间安排、开发、开展一些活动，与道德课相配合进行道德教育也是必要的。“成人”的目标和“成才”的目标同样重要。虽然成才的目标在现在社会发展阶段必须被放大，但是不能无限放大到不给学校道德教育留一点空间的地步。

最后，关于其他学科教师推卸道德教育责任的问题。其实，就各个学科而言，都有自己的学科品性和学科目标。其他学科的教师进行道德教育，则是一个非常优秀的教师；不进行道德教育，也是可以理解的。学校德育的管理者可以在自己的范围内尽量地督促各个学科的教师通过各个学科配合道德学科、各种体验活动开展好道德教育，但是不能将其作为必须完成的任务。因为一个教师的精力毕竟是有限的，教数学的教师，能兢兢业业地将自己的专业教好就已经很不错了，你还要让他完成道德教育的任务，虽然在理论上是可行的，但是实践上真是“苍白无力”的。另外，取消了学校的道德学科，取消了道德课，各个学科的教师就会非常有效地担负起道德教育的责任了吗？“一个镇子里会因为取消了警察，没有了警察，而使得普通黎民百姓就自觉担负起抓抢劫犯、小偷、强盗的任务吗？”

四、拥有课程改革的政策支持

我国实行的三级课程管理体制，为学校课程改革提供了宽松的政策环境。

1999年6月颁布的《中共中央国务院关于深化教育改革全面推进素质教育的决定》中指出，“调整和改革课程体系、结构、内容，建立新的课程体系，试行国家课程、地方课程和学校课程”①。

2001年6月，《国务院关于基础教育改革与发展的决定》指出，“实行国家、地方、学校三级课程管理。国家制定课程发展总体规划，确定国家课程门类和课时，制定课程标准，宏观指导中小学课程实施。在保证实施国家课程的基础上，孤立地方开发适应本地区的地方课程，学校

① http://www.jyb.cn/info/jyzck/200602/t20060219_10716.html [DB/OL]. 2011.12.21 下载.

可开发或选用适合本校特点的课程”①。

同年颁布的《基础教育课程改革纲要（试行）》中也指出，“改变课程管理过于集中的状况，实行国家、地方、学校三级课程管理，增强课程对地方、学校及学生的适应性。”“学校在执行国家课程和地方课程的同时，应视当地社会、经济发展的具体情况，结合本校的传统和优势、学生的兴趣和需要，开发或选用本校的课程。各级教育行政部门要对课程的事实和开发进行指导和监督，学校有权力和责任反映在实施国家课程和地方课程中所遇到的问题。”②

三级课程管理政策的出台，表明我国基础教育课程管理权力下放的进程迈出了实质性的一步。尤其是将课程管理的权限进一步下放到学校的层面上，赋予了学校课程改革的权责。

学校一级的课程管理具体包括两层含义：一是国家课程和地方课程的有效实施，二是校本课程的合理开发。学校有了课程管理的权责之后，就从以往单纯执行国家、省、市统一的课程实施方案，走向制订富有学校特色的课程实施方案的自主。根据三级课程管理的要求，各个地方在确保学校开足开齐全国规定课程的同时，地方课程与校本课程的课时量应不少于总课时的20%，要通过地方课程、校本课程的设置，为学生创造更多的选择和发展的机会。因此，从整体的政策取向上来说，国家课程保证开足开齐不容置疑，同时为学生提供多样的、可供选择的地方课程及校本课程也成为了应时之需。

国家虽没有对校本课程所占的课时比例做出明确的规定，但是，学校在不影响国家课程的有效实施的前提下，具有一定的重新调整和分配课时的权力，这也为校本课程的顺利开发及实施提供了政策和时间上的保障。

---

① http://baike. baidu. com/view/2990502. htm. [DB/OL]. 2012. 12. 21下载.

② http://www. edu. cn/20010926/3002911. shtml. [DB/OL]. 2012. 21. 21下载.

第二章　道德情感：道德教材编写的切入点的选择

不论一个人多么自私，即使最大的恶报，最执迷不悟的惯犯，在他的本性中都明显地存在着某种关心别人的命运和幸福的情感，这种情感即为“同情”。

——亚当·斯密《道德情操论》

一、道德教材编写的多种线索

每一种文化、每一个民族、每一个国家，甚至每一个地理区域，都有着自己进行道德教育的特定方式。有的文化中，道德教育仍然采用着古老的言传身教的方式、文化渗透的方式，比如说爱斯基摩人的道德教育仍然寓于他们的生活当中；有的文化中，“宗教”作为一个核心的逻辑主线被贯彻于道德教育之中，宗教的教育是进行道德教育的切入点，也是道德教育的重要内容载体、形式载体，比如说德国的道德教育；有的文化中，价值的讨论是贯穿整个教材内容的切入点，导引整个教材的导向……假如进行归类的话，到目前为止，道德教材的编写角度主要分为以下几种类型。

（一）道德知识的角度

从道德知识的角度切入编写教材，也许其所依据的基础理论最初肇始于苏格拉底的“美德即知识”① 这句名言。在苏氏提出这个概念判断之后，奴隶社会的道德、中世纪社会的道德，包括中国封建社会的道德，甚至包括很多近现代社会、当代社会的道德，都被深深地镌刻上了“主

① 苏格拉底“美德即知识”的核心意指是：人通过自己的理性所把握的对于人的本性的认识就是美德。苏格拉底的对于“知识概念”的判断是在反对智者学派的感觉论的基础上得出的。这里，不能简单化地将之转换为“学会了知识就拥有了美德”，苏氏的知识概念里蕴含了人理性对人的本质性的认识和把握。假如做出上述理解，那就是将苏氏的判断给简单化、肤浅化了。

知主义”的烙印。

特别是对于现当代社会来说，正如戚万学教授所描述的那样，“无论对道德教育的理论还是实践来说，20 世纪都是一个主知主义的时代”[①]。

以道德知识为切入点的道德教材编写，主要表现在编写者“强化知识和认知能力在个体道德发展中的作用”，将道德认知能力（其中可能包括道德理解能力、道德推理能力、道德判断能力、道德选择能力）作为教材编写，甚至道德教育的主要任务，甚至是唯一的任务。这种道德教材编写的根本目的就是促进道德认知、判断能力的发展。这就如科尔伯格所言：“道德发展处于较高阶段的个人不仅能较好地推理，而且根据他们的判断行事。”[②]

以道德知识的角度切入教材编写，教材的呈现方式一般是如下样态的：

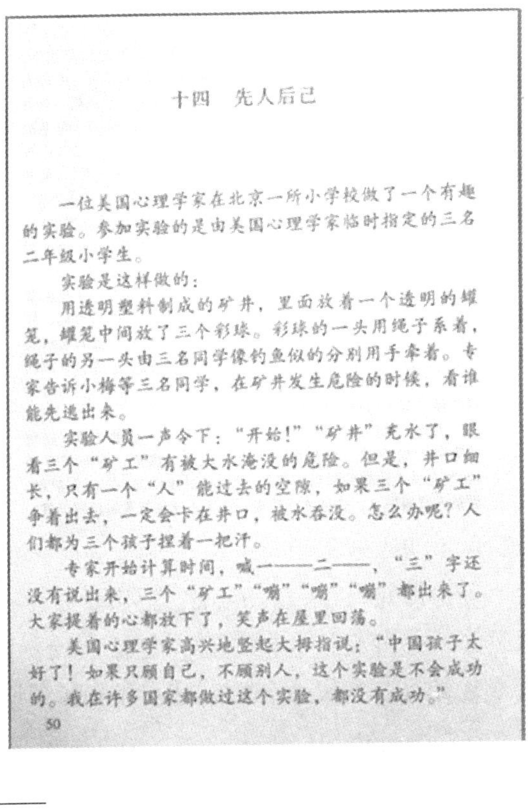

十四　先人后己

一位美国心理学家在北京一所小学校做了一个有趣的实验。参加实验的是由美国心理学家临时指定的三名二年级小学生。

实验是这样做的：

用透明塑料制成的矿井，里面放着一个透明的罐笼，罐笼中间放了三个彩球。彩球的一头用绳子系着，绳子的另一头由三名同学像钓鱼似的分别用手牵着。专家告诉小梅等三名同学，在矿井发生危险的时候，看谁能先逃出来。

实验人员一声令下：“开始！”“矿井”充水了，眼看三个“矿工”有被大水淹没的危险。但是，井口细长，只有一个“人”能过去的空隙，如果三个“矿工”争着出去，一定会卡在井口，被水吞没。怎么办呢？人们都为三个孩子捏着一把汗。

专家开始计算时间，喊——二——，“三”字还没有说出来，三个“矿工”“嗖”“嗖”“嗖”都出来了。大家提着的心都放下了，笑声在屋里回荡。

美国心理学家高兴地竖起大拇指说：“中国孩子太好了！如果只顾自己，不顾别人，这个实验是不会成功的。我在许多国家都做过这个实验，都没有成功。”

50

---

① 戚万学．冲突与整合——20 世纪西方道德教育理论［M］．山东教育出版社，1995：29.

② 戚万学．冲突与整合——20 世纪西方道德教育理论［M］．山东教育出版社，1995：366.

首先，从此类文本的呈现方式上来看，教材的标题一般都是直指教材内容要表达的核心价值、美德。比如例子当中给出的“先人后己”。这样具有肯定性倾向的标题，直接暗含这样的价值取向的正向的、积极的、社会肯定的、善的倾向。

然后，选择一个小的例子，使用有典型性的例子作为佐证材料予以说明。比如这个关于先人后己的教材，就围绕标题的核心观点，以美国心理学家在北京一所小学做实验时小学生的优秀表现作为例子，去佐证标题的“论点”。

这种以“道德知识”的学习、道德价值的直接接受为核心的教材编写方式，一方面是值得肯定的，即它让儿童借助自己的智慧、借助自己主体的理性能量非常明确、简单、清晰地认识到道德价值，然后根据自己学习、认识到的价值去建构自己的价值，并付诸行动。从这一方面来说，这种教材的编写一定程度上有利于社会的目的在儿童身上得到明确、清晰的体现。

同时，把认知能力培养作为道德教材所承载的根本目的的这种主知主义的教材编写视角，又是一种不完全的道德教育方式。这样的教材，最容易出现的问题就是教材在使用的过程中给教师和学生两个方面带来的问题。

首先，教师鉴于已经观点明确、条分缕析了的教材，鉴于教材所背负的“社会责任”使命，容易走进“教教材”的误区。对于教师来说，有了这样“没有发挥空间”的教材，唯一可以做的就是把教材的内容原原本本地讲给学生。而这个教师讲的过程，因为教材本身极易被过度承载“社会目的”，而陷入“高、大、全”的境地。

第二，学生鉴于教材自身已经“定调”了的内容，鉴于教师“高、大、全”的讲授，极易对教材产生不信任的感觉，从而因为“假、大、空”的感觉而逐渐对教材本身失去兴趣。

（二）道德情感的角度

道德情感角度，顾名思义是以道德情感作为整个教材编写的一个切入点。这种教材编写的思路，与“道德知识”角度切入的编写目的、理论基础都不同。这种思路首先肯定的是人内心是有着一种先天存在的“道德感”，这种道德感是可以被激发的。比如说美国的教育家贝内特在编制《美德书》的教材时，就曾经这样说："本书中的小故事清晰明了，直指人们的内心，唤起人们的道德感。"① 这种教材编写的目的也是希望通过文本故事，去唤起人们内心中关于道德事件的"赞同"或者"反对"某一人物所代表的某一立场的情感，唤起人们内心的道德感，从而积极引导人们从内心认同某一价值取向，从而能更有效地付诸道德行动。

假如要为道德情感的角度寻找理论根源，那经验主义哲学、作为经验主义阵营的休谟为主要代表的情感主义理论，甚至包括科尔伯格的道德认知发展阶段理论、两难法等都是道德情感理论所立足的理论基础。

而具体到文本呈现方式，是围绕着道德"事"件发生过程中所参与其中的每一个"人"物角色内心情感的真实体验和变化为线索展开的教材编写。在"人不离事儿，事儿不离人"的故事叙述中，人物围绕事件、冲突、角色展现出其内心世界真实的想法是教材"讲故事"的主要方法。

目前日本使用的各个版本的教材、美国品格教育运动中很多教材机构编写的教材等都属于道德情感编写的角度。

比如说日本东京版的《充实的心灵》，随便挑选出一课内容，会发现编写方式与上述道德知识的角度是完全不同的。例如《充实的心灵》第六册的第26课《关于森川君的谣言》，首先，从题目的呈现方式来看，就不会像道德知识的编写角度那样明显感觉到这课文本要传达的一个核心内容或者道德价值是什么。这样的标题表述是相对较为中立的。再看文本内容的呈现方式，是以对话的方式，再现了整个关于森川君是怎样被怀疑，朋友之间的关系怎样发展得很紧张，朋友如何开始排斥森川君，我是如何犹豫着要为森川君鸣不平而不敢，同学如何勇敢地站起来为森川君说话。通过这样一系列过程中每一个角色人物心理细节的描述，真实地再现了当时整个过程中人物真实、细腻的心理过程。而在文本故事的最后，也没有给出最后要传达的道德价值。所传达的价值要通过学生不断的讨论、反思、交流、碰撞才能得出来。

道德情感角度编写教材，其优点和长处就在于"真实、细腻"。读者可以从文本所呈现的每一个人物的每一个内心立场，观察到每一个人内心真实的想法。当然，这种想法可能是善的，也可能是恶的，但总之是

① ［美］贝内特等. 美德书［M］. 陕西师范大学出版社，2010.

真实的。每一个读者都可以从内心情感深处，对某一事件形成自己的立场。教师们使用这样的教材，有着广阔的发挥空间，而学生对于这样真实事件的讨论，也具有着浓厚的兴趣。

当然，这样的教材编写也有着自己的“短板”。因为没有像“道德知识”的编写角度那样，有着更为鲜明的“道德价值”立场，这种教材编写的思路很容易被指责为“缺乏立场”，教师驾驭起来容易走向“不道德”。甚至最后，容易走入“相对主义”的“怎么都行”的误区，这对于强化“社会责任”的国家来说，可能会是难以容忍的。

> “你还记得森川君做的书架吗？”
>
> “记得，做的很好啊。”
>
> “听说那个书架其实是森川君的父亲做的。”
>
> “是吗？这样说来森川君的父亲确实是从事木匠的。”
>
> 听着石山的议论我想：“这是不对的。”我清楚地记得，有一次我亲眼看到森川君正在给狗屋刷油漆，他看见我还高兴地说：“我做的不错吧，这是我独自完成第第一件饰品。”我当时感觉他对自己的作品很满意。从那个时候开始我觉得森川君是个手很巧的人。
>
> 但是因为不想喝石山发生口角，所以我默默地什么也没有说。
>
> “森川君的书架是家里人帮着做的。”很快这个谣言就传开了。

（三）道德体验的角度

体验式教材是一种从道德体验，或者说道德实践的角度切入编写教材的维度。这种教材维度在国内是由学者刘惊铎、赵飞基于道德体验论而提出的一种道德教材编写模式。就现有掌握的资料来看，还没有具体编写出来的教材，换句话说，还处于一种理论探索阶段。

学者刘惊铎、赵飞认为，体验式德育教材是指以体验为基本特征的德育教材。[①]

就体验式教材的理论基础而言，是立足于以下几个方面的基础。

第一，哲学基础：从重科技理性到重凸显体验的变迁。

第二，道德教育哲学基础：从重认知到转向凸显体验。

---

① 赵飞，刘惊铎．体验式教材：德育教材新样态［M］．教育研究，2006．

第三，课程哲学基础：从重经验到转型凸显体验。

体验式教材具有三个方面的特征：

第一，体验理念引领，全面、全程、深度凸显体验的德育价值。

第二，体验式德育教材以回归生活的姿态，感悟自然、感悟生命和感悟社会，以关爱和引导个体德性快乐幸福成长、引领个体走向美善生活为终极价值追求。

第三，以体验为桥梁，促成德育教材从“教材”向“学材”的转型。

就教材的总体设计而言，体验式德育教材提出“以问题式价值模块”为教材的基本组织单位。就是根据体验者的道德学习、道德成长的生理规律、心理规律，在教材的第一层级设计上采用核心价值或主导价值系列问题的方式。即母模块用有逻辑性的问题作为主线来串联。而后在第一层级问题的基础上，再分解出若干问题作为第二层级，根据这些分解出来的问题组织道德体验素材、挖掘各种道德体验的冲突、设计各种道德体验活动。

根据上述编写教材的总体架构，体验式教材设计了自己的结构流程，即每一个子模块、二级模块中依次包含六个序列性的内容：体验引子、体验独白、体验冲突、体验游戏、体验反思、体验行动。

关于体验式德育教材的设计，目前虽然有了相关的较高水平的理论研究，但尚未见到较为成熟的德育教材，因为，教材所具有的优点以及可能存在的问题目前还没有显现出来。

（四）价值澄清的角度

价值澄清角度编写教材是美国的价值澄清学派曾经尝试使用过的道德教材编写方法。与上述三个方面——知、情、行的角度编写教材的切入角度不同，价值澄清的教材编写角度完全是立足于价值澄清理论，力求通过独特的教材，通过评价过程和价值澄清的方法，帮助儿童澄清他们自己的价值观，促进统一的价值观的形成，而不是向他们传输或者灌输特定的价值观。

这样的教材，它们的立论基础是，价值源于个人经验，不同的经验导致不同的价值，而个人的价值随其经验的变换而变换。学校有能力通过课堂中借助价值单进行价值澄清的方式，帮助儿童澄清价值。

价值澄清角度的教材编写，没有统一的体例，没有固定的方式。它是根据“帮助儿童澄清价值”的需要，根据价值澄清学派所提出的23种教学的方法论意义上的策略需要去编写教材。比如依据书写策略的需要，它们常用“价值单”的方式作为教材内容的承载载体。形式最简单的价值单包括某一发人深思的陈述和一系列问题，它们被复制在一张纸上并发给学生。这一发人深思的陈述的目的，在于提出教师认为或许与学生有着价值意义的问题。这些问题旨在促使每个学生带着这一问题从头至尾经历价值澄清过程。评价是一个个人问题，学生在完成了价值单上的内容后，将答案写在纸上。然后学生之间或者师生之间可就上述答案进行交流，或者将答案当作大规模讨论或小规模讨论的基础。

比如书写策略中的价值单10，关于勇气的讨论的价值单呈现如下：

价值单10　勇气

勇气是无与伦比的慷慨行为，因为勇者并不吝惜最宝贵的东西。——C. C. 科尔顿

真正的勇气是在无人知晓的情况下去做世人尚不能做的事情。——拉罗什富科

勇气犹如爱情：它必须用希望去滋养。——拿破仑

勇气指向星辰，恐惧指向死亡。——塞内加

勇士生而勇敢。——高乃依

虎之勇与马之勇，不可同日而语。——拉尔夫·沃尔多·爱默生

勇者之尊乃是精神之勇。——H. G. 威尔斯

临危不惧。——海明威

(1) 勇气对你来说意味着什么？

(2) 你认为勇气会显现吗？为什么？

(3) 你认为人人都不乏勇气吗？为什么？若不然，那为什么？

(4) 你是否为自己的勇气而感到自豪？请讨论。

资料来源：[美] 路易斯·拉思斯著. 谭松贤译. 价值与教学 [M]. 浙江教育出版社，2003：108.

而到了“讨论策略”，根据使用讨论策略进行价值澄清的需要，就转换成了其他教材的呈现方式，主要包括：引文、无标题的图片、喜剧或

电影片段、发人深思的问题、其他思想来源、幽默故事，等等。

比如说发人深思的问题，“在行动之前，你多长时间思考一下行为后果”，这一个问题就可以作为一节课讨论使用的材料。

总之，根据各种不同的价值澄清的方法论策略，所使用的教材都是不同的。价值澄清讨论所使用的材料，在一定程度上打破了传统固定教材的模式，教师可以根据每一堂课的讨论目的、讨论需要、选择的澄清的策略，自己选择、开发认为合适的教材。关于价值澄清的教材，在以下几个方面是非常值得肯定的。

第一，关注真实生活，价值澄清的教材编制的核心都是紧紧围绕学生生活，力求解决学生生活上的问题；

第二，接受现实，引导学生在接受自己的过程中帮助别人，与他人真诚相处；

第三，勤于思考，即这样的具有巨大留白空间的教材，给学生做出明智的自我选择留出了巨大空间；

第四，培养个人的能力，即这样的教材打上了深深的人本主义心理学烙印，尊重儿童在品德发展中的作用，尊重他们的主体作用，真正做到让每一个学生都能参与其中，发展个人的能力。尤其注重儿童的道德认识、道德判断、情感、行动、选择、评价等在价值形成过程中的综合作用，从而能避免教师利用教材进行传统的灌输性的道德教育。

但这样的教材同样被指具有难以避免的弊端。

第一，教材与教材之间的价值，经过了学生的讨论之后有时会相互对立，而教师要肯定、支持学生自己澄清了的自己的价值，那相互对立容易导致学生无所适从，不知孰是孰非。

第二，这样的教材，容易过分注重澄清的过程，而忽视澄清的内容本身，包括上述第一条容易出现的价值对立。

第三，虽然能避免教师的道德说教，但是容易走向另一个极端，即矫枉过正，走向道德相对主义。

（五）与其他领域交叉的角度

与其他领域交叉的角度是德育教材编写一个非常特殊的角度。假如将前四种道德教材编写的角度归为一类的话，那可以将它们归为单纯性的学科课程。而与其他领域交叉的角度编写出来的道德教材，从课程性质的角度来说，就属于综合课程，课程性质发生了质的转变。

与其他领域交叉中的“其他领域”，就目前各国道德教材的编写现状而言，主要涉及到了思想政治领域、宗教领域、公民教育领域、生活教育领域、社会教育领域等几个主要的领域。之所以能将道德教育领域的内容与这些领域进行交叉，从而依此为角度展开德育教材编写，是由道德自身领域特殊性质决定的。道德与一个国家或社会的政治统治，宗教信仰及传统，公民社会中公民性的养成等几方面因素都息息相关。

比如说道德与政治的关系，从历史范畴来看，自从道德产生、政治产生之际，虽说政治与道德作为两种不同的社会意识形态，在人类一定的社会历史阶段各自有着不同的特殊规定性、特点、功能，但是道德与政治一直就有着难以割舍的“暧昧关系”。首先，道德是“政治性的道德”。在人类社会的发展进程中，无论哪一个阶段的道德都不是超然的，都有那个时代的政治制约性，代表着那个时代统治阶级的“最直接意愿”。特别是占统治地位的道德意识以及道德行为实践，政治性特征最为浓厚。比如说我国传统封建社会的“三纲五常”的道德要求，直接反映的就是封建社会的统治阶级对于人民的一种“统治目的”。其次，政治也无法与道德脱离。无论是就政治意识、思想本身的内涵而言，还是就政治行为本身的实践而言，都必然地要具有道德的要素。

关于其他几个方面与道德的关系在此不作赘述。总之，这个特殊的道德教材编写角度，基于交叉领域编写教材的特殊性质，使得道德教材的编写犹如“一男娶妻”，组成一个新的家庭，既要有自己道德教育的特殊意蕴，不失自己的本色，同样要考虑自己所整合进来的领域，例如整合进了思想政治教育的领域，就要体现好思想政治教育的内容，完成与该领域的内容融合；假如整合进了宗教教育的内容，就要完成好与宗教领域内容的一体化融合……

就现实的道德教材编写实践而言，我国的大陆地区，从2001年新课程改革以来，采用的是在1-2年级的低年级阶段将道德与学生生活进行交叉而编写教材的方式，在3-6年的中、高年段采用将道德与学生的社会生活交叉的方式。我国的香港地区，新加坡广泛采用的道德教材编写的方式就是公民教育与道德教育进行交叉的方式。

就此编写教材的角度而言，一般的呈现方式是随着所交叉的领域内容的不同而不断变化的，但是总体上都是集中体现教材的领域内容的特点，而将道德教育“蕴含”其中。比如说我国《品德与社会》教材，所采用的与社会教育领域的交叉，浙江教育出版社的《品德与社会》（五年级下）的“巨龙腾飞”单元中的第三课：日新月异的交通。具体的呈现方式是这样的：

3 日新月异的交通

提示：新中国成立以来，特别是改革开放后，我国的交通发展非常迅速。无论是陆路、水路还是航空，都有了巨大的变化。交通发展促进了社会经济的发展和科技的进步。

关键词：四通八达

由于南方河川多，居民善用水路行船来往，水运发达。北方河流较少，冬天多结冰，缺乏航运之便，但地区辽阔，陆运便利。俗话说“南船北马”，就是指过去南北居民为适应不同的生活环境在使用交通工具上的差异。近几年，随着工业化、信息化、城市化进程的加快，交通的发展日新月异。南北方的差异已不明显，我国立体交通网络框架基本形成。

在道德领域，是不谈论有关交通的主题的，了解国家的交通现实状况也不是道德领域、范畴应有的内容。而在进行“公民教育”的社会课里，了解一个国家的交通现实状况，却是一个重要的内容领域，交通领域属于社会教育、公民教育的重要内容领域之一。本课的教材编写就是采用了社会课中介绍国家交通发展现实状况的呈现方式，而道德教育的目标，即——通过交通事业的快速发展激荡爱国情怀却成为了一种“内在的暗线”。

当然，上述所举实例是道德领域与公民教育领域的一个交叉，道德领域与宗教领域、与政治领域交叉，又会出现另一种“个性化”的现实图景。这种交集里所产生的教材样态、呈现方式是不固定的。

就这种教材编写的角度而言，较为突出的优点是如此产生的道德教材会具有较为强烈的“现实关怀”。因为这种交叉是处于某种特定的需要，比如进行公民教育的需要、紧密联系学生生活的需要等等，因此为道德教材的价值找到了一个较好的价值承载体。

但同时，正如刚才所述的这种教材编写角度犹如“一男娶妻”，假如能实现这种程度的交叉，编写出来的教材仍然姓“德”，对于道德教育来说无疑是较为有利的事情。但有的时候往往容易事与愿违，假如道德领域的内容受到了交叉领域的过多影响，过分淡化道德的内容，那很容易出现“一女嫁夫”的情况。道德领域犹如一个女人，嫁给了别人，跟了别人的姓，那道德最后可能只是沦为一种点缀而已。

二、“悠悠球事件”：一个案例的剖析

笔者是所在单位学校的教育发展研究中心专门从事道德教育、道德教学研究的人员，同时也是一线的道德学科（道德学科作为学校的校本课程开设）教师。这样既是研究人员，又是一线教师的“双重身份”，最大的好处就是自己有了新的想法之后，可以立即将之付诸实践。而在实践中遇到实施问题之后可以再次回过头去修正自己的理论。“双重身份”可以始终使得自己的理论和实践之间保持适度的张力。

而下面教学案例介绍中，即将介绍到的班级，是研究者任教第三年时带的一个班级。笔者和笔者教过的每一个班级，在开始教学之前，和学生之间都有一个基本前提的“约法三章”。

第一，在课堂上讨论的问题，你如果有想法，就可以发表你的意见。但是前提是你表达的是你的真实的想法。假如是假话，那就不要说了吧！

第二，在课堂上讨论的所有问题，尤其是班级内发生的事情，是“对事不对人”。我们在讨论班级内、学校内的问题时，我不想细究问题

的当事人是谁。每一个人心中都要记住这个原则。

第三，我在课堂上和你们讨论问题，可能会和你们讲一些自己的事情，前提是你们不能笑话老师。同时你们在讨论问题时也会讲到自己身边的事情，这个时候你不能因此而笑话自己的同学，我也不会笑话你。因为我们都是平等的人。你们和我讲的所有事情，到我这里就打住了，不会向任何人传播。同样，我和你们讲的所有事情，到你们这里也要打住，不要向任何人传播。包括我们课堂上写的心灵笔记，同学之间不要互相看。包括你交给我的东西，你不想让我看，我可以选择不看的。假如同意我看，也是咱们单向的“点对点”的交流，不会有第三个人看到你的心灵笔记。这三条是咱们上课的一个基本底线。

（一）六·九班“悠悠球事件”始末

2010 年 10 月第三周的我的一节课①之前，我所任教的六年九班发生了我所称之为的“悠悠球事件”。

当时，按照常规教学安排，是九班的课。进了班级之后，班主任老师和一名科任老师正在批评一名男同学②。男同学眼睛里含着泪水，感觉十分委屈③；旁边站着一位女同学，一脸的高兴。我刚一进门，就和我高兴地说：“老师，不关我的事情啊！”靠着门的一侧，站着一排四名男同学，一脸的不高兴。一看这四名男同学，也是平时班级里比较淘气、比较活跃的男同学。班主任老师为了不影响我正常的课堂教学，迅速地组织完课堂，领走了那一男孩、一女孩，并告知其余四名同学回到座位。班主任老师在临出教室的时候，恶狠狠地朝全班同学丢下一句话：“以后，咱们班的同学，要和全年级的同学一样，所有的人都不准带悠悠球到学校！带来一个，我没收一个！我不管你的球多少钱买的！我不管你比不比赛！”

① 当时整个 9 月份、10 月份，学校的科学学科组正在组织悠悠球大赛。每个班级的学生，无论是男生还是女生，都在投入很大热情练习悠悠球的技能，为比赛晋级做着准备。学生们所投入的程度是难以想象的。

② 其实，在这个事件发生之前，6 年级的 17 个班级，已经有 16 个班级，包括我所任教的班级，被班主任老师强行地发出“命令”，禁止将球带到班级。班主任老师发出这样命令的几个目的大致如下：禁止玩球带来的相互之间的身体伤害；禁止买球而产生的相互之间的攀比与爱慕虚荣之心的产生；禁止上课时学生溜号从而给班主任老师，尤其是科任老师带来的纪律伤害。

③ 从这里，笔者切实地感受到了，对道德是非问题的甄别应当放到具体的道德情境之中进行，不能单纯依据“规范”就轻易地指责人。

这时我还不了解班级里到底发生了什么事情，就随口开了句玩笑："让你们作，终于出事情了吧！"。

我的话一出口，班级立即开锅了。

刚才回到座位上的四位男同学其中的一位没等我叫，就自己站了起来说道："老师，我们的悠悠球被没收了，但是我们确实没有玩！是×××（刚才被老师叫走的那位男同学）上课时候玩，被老师发现了。所以老师生气了，一气之下把我们的球都给没收了！都怪这些上课玩球的同学！我们四个人的球儿被没收，完全是因为这些同学，我们是被冤枉的！"

一有同学开头，上课曾经玩过悠悠球的孩子一看被指责，立即坐不住了，立刻选择了反击："我们是以前上课玩的，这节上课也没玩啊，凭什么说我们这节课上课玩了啊？我们也不想悠悠球被老师没收。主要是学校有悠悠球大赛，马上比赛了。老师还不让带球练习！"①

听到这里，我基本明白了事情的来龙去脉，对全体同学回应道："事情基本应该是这样的。

第一，班主任老师以前是允许你们玩的，但是昨天突然禁止了玩悠悠球，你们在班主任老师不允许的情况下还带来学校，而且公然在课堂上玩，惹老师生气了对吧。

第二，你们玩球这件事情，肯定引起了其他科任老师的愤怒，干扰了老师正常上课的秩序。"

听到我的分析，班里平时上课最不容易集中注意力的周彬浩开口了："老师，其实还有一个原因，就是下课后男生都躲在厕所里玩球，上课了也不回来，总耽误老师上课的时间。"

另一位平时不太愿意发言的女孩儿，听到大家在分析班主任老师发火的原因，也紧跟着周彬浩站了起来，说道："老师，我知道班主任老师没收球，还有另外一个原因，就是大家买悠悠球的时候，相互攀比。便宜的悠悠球其实才几块钱，而贵一些的球要二三百元，更有甚者，有的同学为了所谓的专业，买一根球线就几百元，一个悠悠球全下来要花费

① 2010年9月28日，笔者曾经在班级听班主任老师上综合实践活动课。作为班主任老师的课，正常来说班级纪律应该是更加理想的，班主任老师拥有比其他科任老师更多的权威。但即使这样，当时还有不下十个孩子（班级共有59名学生）在私下里玩球，况且还是有听课老师在场的情况下。可想而知当时学生们对于悠悠球的入迷程度。

近千元。现在某些玩具店里还出了限量版的悠悠球，有全世界限量版、中国限量版、××省限量版、××市限量版等，这些限量版的球买起来就更加昂贵。相互攀比的现象会引起很多矛盾，让很多人心里不舒服。”

听到学生们讨论到这里，事情基本明了了。此时的班级里，我明显地感觉到了“诉说被冤枉的气氛”“反对指责的气氛”，而我理解，这两种对立的气氛，其实背后更多的是“学生兴趣被压抑后的愤怒气氛”。因为悠悠球的魔力、诱惑力太大了！

（二）针对事件的课堂教学

事件基本了解清楚之后，我心中立刻闪过一个念头，这是一个很好的教育素材，是很好的“经验改造”的素材，是很好地让学生进一步体验“自由与自我管理”之间关系，从而实现自我管理、自律目标的好素材。我选择了放弃继续新课的念头，决定学习“心灵的管理员”一课。（按照正常教学进度，现在是学校秋季第二学期的第二周，应该讲第七课，而“心灵的管理员”一课是第四学期的28课）

我首先告诉我的孩子们：“大家先平静下来，先停止对这件事情的争论，先放下要回悠悠球的渴望，下课之后我会给大家一个满意的答案。”

（1）谈话的导入

我从一个谈话开始了自己的这节课：“我小的时候特别喜欢小鸟，因为家是农村的，所以特别喜欢捉小鸟，然后把它关进笼子里。当然，现在想想这件事情是不对的。但是通过这件事可以想象出当时喜欢小鸟的那种程度。那时候喜欢小鸟的理由就是小鸟可以在天空里自由飞翔。你们喜欢自由吗？谈谈你的想法。”

（2）每个人个性化的表达

在问了几个同学对自由的理解之后，我提出了自己的问题。

“你喜欢自由，还是喜欢别人约束你？假如你喜欢自由，那你梦想中的那个自由状态是什么样子的？”

提出这两个问题之后，我要求每位同学都拿出一张白纸来（正常的教学中，这一课是配有学习单的。因为事出仓促，所以改为了每个同学自己准备白纸），先将自己对这个问题的思考简单地写一写。（每次思考问题时，我所作的强调是都要先写自己的，不要让同桌看到，要写出自己的想法。这样，才能保证每一个孩子都会“独立思考”，然后有自己的

"思想"，而不是人云亦云。这样，也能保证"学习不优秀的孩子"不被排除在课堂的讨论之外。关于具体的教学技巧，在教材的应用一章中还会具体谈到）

写完之后，是"个人 VS 集体"的集体交流。孩子们对自由的理解基本如下：

"我向往自由，我喜欢自由！我理解的自由是想玩就玩，想学就学。没有别人约束我！"（女孩）

"我向往的自由是天天想去哪里就去哪里。"

个人学习单

1.你喜欢自由还是喜欢别人约束你？假如你喜欢自由，那你最向往的自由是什么样子的？

____

2.你觉得三个场景中，哪个场景的气氛最好？为什么？

____

3.哪个场面最能称的上真正的自由呢？为什么？

____

4.你都会在哪些时候会很向往自由？

____

"我向往自由。我向往的自由就是每天能天天玩电脑，没有人来管我。"（男孩）

"一抬腿就能到欧洲去，一拍翅膀，就能把整个太平洋游历个遍！"（男孩）

"我不喜欢上课外班，假如像小鸟那么自由就好啦！想去就去，不想去就不去了！唉！马上要升入中学了，相信那个时候会更惨！"

（3）读文、讲述文本的内容

孩子们的想法真是五花八门，可以说每个人都不一样！

我告知大家，下面大家翻开书，打开《心灵的管理员》一课。今天咱们来讨论讨论"心灵的管理员"这一课。

在这个环节，我给了孩子们大概三分钟时间去静静地在心里默读几遍这个文本。

读过、品味过这个文本之后，找两位同学简单讲述了文本的内容。

（4）你觉得哪个场所气氛最好？你觉得哪个场所是真正的自由？

看完文本之后，还是在刚才的那张白纸上，继续往下思考。思考两个问题：你觉得哪个场所气氛最好？你觉得哪个场所是真正的自由？（大概给出了五分钟时间，还是每个孩子独立地去写，进行独立的思考）

两个问题写完之后，我没有马上让每个孩子都去发表自己的观点。而是先让同桌之间相互交换自己的学习单，看看同桌的想法是否和你一样。

同桌彼此看完之后，前后左右六个人为一个小组，小组同学之间相互串换着看一下小组里其他同学的观点到底如何。（以上这个阶段为小组交流）

进行完小组交流之后，我让大家举手进行了统计。发现有和你观点一样的同学举手。（五位同学举手）其他的人就这两个问题的回答，都存在不同理解。根据这种情况，我开始带领孩子们对班级里所存在的各种观点进行梳理。

· 我觉得第三个场景（超市）最好。因为第三个场景不用被约束。在不知不觉中，你自己其实成了自己的管理员。这样很自由。（这是一个平时无论在课堂上，还是在课外，都表现十分优秀的男孩子的观点。德智体美应该算是发展比较全面的一个孩子。他还是学校足球社团的团长、发起者、组织者。家境比较优裕、家教比较好）

补充的观点：

自己的事情自己做，不要去麻烦别人，给别人添麻烦；

超市前面虽然没有管理，但是还是那么整齐，出入也很方便；

车站大楼是有人管理，但是我们如果总依赖别人的管理，我们一辈子都不会有成长。

班级里有大概三分之一的学生都支持第三个场所，都更加喜欢第三个场所的氛围。支持第三个场所的大部分学生，其理由是这样做，既不会让别人管着，感觉难受，也不会像第一个场所一样太散漫。这样是最合理的，自行车进出都很自由！

· 老师，其实超市不算自由。如果每个人都那么摆，你就不好意思不那么摆自行车了。所以是隐藏着约束的。我觉得书店最自由。因为书店所有的人都摆得很乱，你自己想摆得整齐也行，不想摆整齐也可以。（这是一个上课就愿意溜号，坐在班级最后一排的大个男孩儿的观点。平时仅就课堂纪律一项，就很难进行自我管理）

但是有五名同学支持第一个场所，理由是第一场所更加自由、随便一些；第二个场所有人管制，很烦人；第三个场所其实是更高的要求，要自己管理自己，难度要更高，感觉很难做到。

· 这三个场所说不好哪个场所最自由，要看每个人的性格了。特别特别向往自由的人，特别不喜欢别人约束的人，应该喜欢第一种；而不太喜欢随便，生活一丝不苟的人应该是喜欢第二种，因为他会觉得自己还不用管，就有人帮他们管了；第三种就是那种比较自律，能做好自我管理的人会喜欢。（这是班级里一个比较善于思辨，学习也不错，对自己要求比较严格的女孩子的观点）

（以下是追问后的补充：三选一的话，你觉得哪个是真正的自由）

我觉得第三种是真正的自由。因为假如你自己很不自律的话，在第三个场面也可以学会一些自律。就像刚才那个男孩说的，假如你看到别人都摆得这么好，你也不好意思摆得不好。

· 因为那里有工作人员。假如你是很自律的人呢，你就可以自己把车摆得很好。而假如你不是很自律的人呢，你觉得自己随便乱停就可以，那还可以有个工作人员过来提醒你，工作人员督促你、帮助你把自行车摆整齐。

另外有 5 名同学（其中一名平时不爱表达的女学生在课后也表达了自己喜欢第二个场所的立场）支持第二个场所。理由是我们现在还是孩子，自己管理自己的能力很差，需要别人的监督，必须要老师、其他人来监督我们。否则我们很容易自己放纵自己，变成第一种形态。

（5）回到“悠悠球事件”

这个问题讨论充分之后，我抛出了更加现实的问题：“我们班五十多个孩子都生活在一个空间当中，这个空间当中有我们自己、有同桌、有好朋友、有其他同学、有班主任老师、有其他的科任老师。咱们先回过头来看你写的第二个问题：你喜欢自由吗？有多少同学喜欢自由？

班级所有的孩子都举起了手。

在孩子举起手的同时，我也举起了手！

我接着向所有孩子说：“我们所有的人都向往自由、喜欢自由。就包括老师我也向往自由。我们要在一起生活，碰到问题了之后，解决的办法虽然有很多，但是到最后实施的只有一个。就今天发生的悠悠球的事情而言，最后到底要怎么解决？首先我们来解决第一个问题，你是想在学校玩还是同意老师禁止将球带到学校？”

班级里 50 名同学举起了手：“我们想带到学校玩。”

我说：“那好，在学校里玩是你们的自由，你们的权利！那么怎么才能保证班主任老师、科任老师、其他同学都同意你们可以带球到学校玩？

是像第一种场景一样，像以前一样随便玩？像第二个场景一样让老师管着你们玩？还是第三个场景？”

一位同学站了起来：“老师，我觉得第一场景那样解决问题是完全不可能的，因为刚才发生的情况已经证明了这个思路是完全走不通的。上课也玩、下课也玩、打铃之后不回来上课躲在厕所里面玩、班主任老师课上玩、科任老师课上玩，这一方面妨碍老师上课，另一方面耽误自己的学习和听课！”

“悠悠球的各种花样动作非常危险，一不小心就会伤到同学！随便玩，就会有安全隐患，这是不可能的！我的眼睛曾经就被我班的一个同学用球碰到过。”一位受过悠悠球伤害的女同学说道。

“×××的悠悠球比我的贵出二百多，攀比也是要考虑的，这个问题解决不了，老师也不会同意把球带到学校！”

我接着开始面对所有的孩子讲话：“玩悠悠球和放置自行车是一个道理。每一个人都有玩悠悠球的自由，这个自由是任何人都干涉不了的。但是和放置自行车一样，玩悠悠球也有三种状态。

“第一种就是和第一个场景一样，随便乱放，绝对地自由，你想什么时候玩就什么时候玩，想玩多长时间就玩多长时间。

“第二种状态就是在管理员的管理之下放置自行车，玩悠悠球的时候非要老师随时看着你们，你们上课玩了老师就对你们大发雷霆，你们躲在厕所玩过头耽误上课了老师又对你们大发雷霆。

“第三种选择是什么呢，就是你有你自己玩的自由，但是不要干涉到其他同学的自由，不要因为你上课玩了而被老师发现了，惹得老师大发雷霆没收所有的悠悠球，更不要在厕所里玩的过了头让全班同学等你上课，让科任老师拿你没有办法气得死去活来，你没有权利干涉老师上课、其他同学正常上课的自由。假如你想玩，你还想有真正的自由，那么就管理好自己，就像第三个放置自行车的场景一样：这个停车场的管理员是你自己。”

这时我要求所有上课曾经玩过悠悠球的同学站起来，并告知他们我并非要批评他们，而只是想听听他们的想法。由于平时课堂中我和孩子们比较平等、知心的相处状态，8 位男同学几乎没有什么犹豫地站了起来。[①] 这对于六年级非常要面子的孩子来说也非常出乎我的意料。对这种敢作敢当的行为我进行了正面的肯定。但顾及到孩子们的面子，并没有让他们进行检讨式的发言，而是让他们直接坐下。[②]

“你这行为给班集体抹了黑！”“你还有没有集体观念，有没有班级荣誉感？”这是班主任们在与犯错误的学生谈话时使用频率最高的句子之一，学生听了这句话，有的是沉默不语，但身体语言显示着他们的无动于衷；有的干脆直接回答：“对，我是没有集体观念！”班主任对此的理解是该学生是“破罐子破摔”“躺倒在地”了，因此，“还能拿他怎么办！”

诚然，一定的集体观念是学生思想品德的重要内容，是学生立足社会的重要基石，教师以此来要求学生、作为评价学生行为的是非对错的标准，是无可厚非的。可是，问题的症结在于，这样的说理方式对学生有何触动呢？一位与笔者关系甚好的学生，在一次聊天时，对笔者说，他最讨厌班主任动辄就拿集体的利益来要求他做这做那，“我自己的事都烦不完，还烦其他的呢！”

学生的话有道理吗？早晨起床，妈妈临上班前不忘叮咛：“孩子，在学校好好读书，妈妈老了还指着你呢！”这是为父母读书；早自习，读书声音有些低，值日班长过来说：“某某同学，声音大一点，否则老班会找我们俩麻烦的！”这是为班主任读书；早操了，做操没力度，班主任过来了：“某某，认真做操，不要拖班级的后腿！”这是为班级做操……日复一日，学生的逆反情绪日趋高涨：我净在为别人做事，谁在为我着想呢，不干了，我得照顾自己！于是，学生开始尽可能地按照自己的理解“照顾”自己，充分发挥自己的聪明才智追求自己的“舒服”，因此，“现在的小孩精得很，他对同学说，他还有 20 节旷课才会被开除，他只要把旷

① 八位同学为什么能毫不犹豫地站起来，这和我平时进行的情感沟通，和“自己人的沟通”“自利的教育”有着密切的关系。关于自利的教育，在此放一例，和我的教学有异曲同工之妙。

② 在我所从事的日常教学中，情感的沟通被我看作是第一位的。我会和孩子交流我自己现实生活中曾经做过的不光彩的、不道德的事情，孩子们在这种氛围的熏染中，渐渐地形成了一种真实的情景。现在达到的状态是，即使他们出现了问题，不会和班主任老师说真话，不会和家长讲真话，但是会和我讲真话的情况，尤其是通过 QQ 交流的方式。情感的真实沟通，是我上所有道德课的一个基础前提。

课控制在19节就可以了！”等类似的事件就出现了。

学生“躺倒在地”了吗？没有，只不过是由于种种原因导致了他以自我为中心来思考和处理问题，再加上这个年龄阶段常见的逆反情绪，造成了学生表面上的不可救药。但是，我们为什么不因材施教，就对学生进行“利己”教育呢？实际上“利己”和“利他”完全是一致的，只要班主任引导得当，实现双赢是完全可能的，关键在于帮助学生形成正确的利己观。这是笔者刚接手一个新班时，与班上一名迟到三次的学生王强（化名）的一次对话片断。

笔者：王强，你请坐。

王强（有些意外）：我不坐，老班你有话就说吧！

笔者：你请坐！你看，你这么高，我坐着与你谈话，要仰视你，怪累的，坐下吧！

王强（笑，坐下）：谢谢老师！

笔者：我找你什么事，你知道吗？

王强：知道，我今天又迟到了！

笔者：你自己说说，迟到有什么危害？

王强（流利）：损害了班集体的利益，给班主任添麻烦了！

笔者：我想知道的是，迟到对你自己有什么危害？

王强（吃惊地看着我）：我自己？

笔者：对，你自己！

王强：我没想过！

笔者：那你现在想想！

王强（思考片刻后）：对我自己也有危害！

笔者：是什么？

王强：会被老班带到办公室训话，会挨批评！

笔者：就这？

王强：我想不出其他的了。

笔者：如果老班不找你谈话，迟到这件事就对你没有任何危害了，是吗？

王强：我是这么想的。

笔者：那我们来设想一下，如果你再迟到，我不再找你谈话了，那事情会怎样发展？

王强：嗯，我迟到的次数会更多，喔，太多的话，我会被学校处分的，最严重的话，我会被开除的！

笔者：我知道你很聪明，你会计算好迟到的次数，正好卡在不被处分的那道线上的。我想知道，除了有被处分的可能外，迟到对你还有可能有哪些不利的影响？

王强（被看透了心思，不好意思地笑了，转而进入思考）：老班，我实在想不出其他的危害了。

笔者：那好，我提几个问题，你想一下：你迟到的真正原因是什么？你认为纠正一个坏习惯容易吗？若你约会时，对方迟到，你会怎么想？

王强在笔者的引导下，慢慢地悟出了迟到实际上是意志力差的表现，是没有形成合适的生物钟，这样会影响到自己的身体健康，会影响到朋友对自己的评价，甚至会影响到自己未来的求职；而迟到一旦形成习惯，想要纠正不是一朝一夕的事情，需要有一个努力过程。

在以上谈话的基础上，笔者又补充道：你迟到时间最长一次是15分钟，但是为此你得付出更多的自由支配时间。你想，迟到了，老班会找你谈话，最少要用十几分钟，实际上我们这次谈话已经用了30分钟了；而你迟到十分以上，班规规定老班要打电话与你家长联络，那你回家后，你爸妈起码也要问问情况，也要用时间，所以我们做事也要算算成本，得不偿失的事情就不要去做。

王强笑了，在此基础上，我与王强一起商量了几条督促自己按时起床的方法，包括按时上床睡觉、定闹钟、同学起床后给他打电话等等。

这样转换一个角度来与学生谈话，教师就不再是学生的对立者，而是同盟军：是的，你遇到了困难，你想偷懒，我们一起来解决，一起来动脑子设计最佳偷懒方法；你说只想为自己利益着想，可以，我们一起来想一下你自己的利益是什么，怎样才能更好地维护自己的利益？班级内，同学们开始传递这样的信息：老班是自己人，她只为我们着想！于是，就有了以下的一幕幕情景："老班，我忍不住了，我要打某某同学了，你有什么好办法？""老班，我跟你讲实话，某某老师我实在太讨厌了，我不想上他的课了！""老班，我不想上学了，我觉得同学们瞧不起我！"……学生们在遭遇各种问题时，他们慢慢习惯了主动来向老班汇报，用他们自己的话说：老班在学校“混”的时间长，她知道事情怎么处理对我最有利！

这时我想是时候让每一个孩子都写写心灵笔记了。所以要求孩子们拿出了笔和纸，要求孩子们写写自己关于“自己管理自己”这个问题的看法。跟悠悠球事件有关系的同学，以后想从班主任老师那里拿回玩悠悠球权利的孩子可以结合这件事情写自己的体会；而差不多不太关心悠悠球玩的权利的人，可以结合自己以前发生的类似的事情，去写自己的体会。当时答应孩子们，假如你们真能管理好自己，我可以尝试帮你们争取一下你们的权利。

下课后，收回了孩子们的心灵笔记，看了孩子们的想法之后真的是非常感动。更加坚定了尝试一下为孩子们争取回来玩悠悠球权利的决心。班主任老师刚刚要走进门时，我选择了帮孩子们争取权利。当班主任老师看到孩子们写的心里话之后，又生气，又开心地笑了。

摘录几个孩子的心灵笔记：

自己管理自己，这句话听上去很简单，可是做起来一点也不简单。我的自控能力并不是很强，总是在家长、老师注意不到的地方，在不该看课外书的时候看课外书。直到有一次被家长发现了，不再信任我，开始看着我写作业。直到有一次，被老师发现了，严厉地批评了我。所以我觉得自己管理自己这句话应该因人而异。自控能力强的孩子，可以恰当地给予他一些信任，而对于自控能力弱的孩子，则需要加强管理。

这个孩子我曾经批评过他在我的课上看课外书。没想到还有这么理性的个人见解。这是我没有想到的，不过对于不同程度和水平的学生，确实应该分开管理。不过自我管理还是应该追求的目标。

我觉得上课时玩悠悠球的人，可以在下课，不耽误那一点时间，上课玩的时候还给没收，我们也不想啊。你们的球被没收，我们也玩不了。而且，下课玩也行，可不能耽误课时。听到铃声要回班上课，也要想想老师，一定要自己管理自己，不要再拖累我们，我自己也不应该铃声响了不回班，拖累了别人的自由。

这个孩子的悠悠球虽然没有被没收，但是有着非常强烈的玩的欲望。因为有同学包括自己听见铃响而不回班，被剥夺了玩悠悠球的自由，所以有了懊悔之心。我想这些话应该是发自他内心的想法。为了自己能拿回玩悠悠球的自由和权利，他会监督他人，同时管理好自己。

（三）教学的延伸：班级公约

班主任老师在我帮孩子争取到玩球权利之后，并没有采取放任的态度，而是在接下来的班会课[①]上开展了“班级公约”的制订活动。

班主任老师首先让班长帮助简单策划了下班会的程序，然后在班长的主持下，孩子们开始在黑板上逐条记录、讨论玩悠悠球应该大家一起遵守的“底线规定”。最后写在公约上的内容，要全班超过半数以上的同学同意才可以通过。基本上包括了以下几个方面的内容：

买球的价钱问题。是否要限定一个上限？

悠悠球在玩的过程中怎么避免伤害，不干涉到他们的健康利益？

玩球的具体时间和场所的限制。

在经过班会激烈的讨论之后，形成了玩悠悠球的班级公约：

班级玩球公约

想玩悠悠球的人，必须学会在以下几条实现“自己管理自己”。

1. 买球不能超过一百五十块钱。尤其在买球线的时候，不能买贵的，只买好的。限量版的要是自己想买，可以放在家里，但不要带到学校。

2. 在玩球之前，首先确认自己的周围同学在安全的范围内，自己的动作不会伤及到同学，尤其是同学的头、眼睛。

3. 在课间的时候可以玩，但是前提是要注意听上课铃声。不能耽误上课，尤其是科任老师的课。

4. 可以去厕所里玩，但是要时刻提醒自己：别忘记上课。

5. 上课的时候千万不能拿出来。

以上五条，违反其中任何一条，班主任老师有权直接取消全班同学在班级、学校里玩球的资格，永不返还。没收的球，无论多少钱都永不返还。

同意的人签名：

不同意的人、不签名的人，还私自玩球，同学有权利没收他的球！

---

① 道德时间的安排不是独立的，而是和每周一次的班会课安排到一起，作为前后两个课时形成一个统合的时间带。在时间带的前半部分是道德课时间，围绕文本展开一个问题的讨论；后半部分是延伸的活动时间，为班会时间。班会时间将根据道德课上讨论的主题内容，相应地开展有针对性的活动。

就这样，整个有关悠悠球的教育活动基本结束，剩下的就是日常的监督。我和班主任老师联合起来，在班级公约的约束之下，大家相互监督。这个班级，也成为了当时的六年级中唯独的两个可以带球来学校玩的班级之一。而且最令我欣慰的是，这个班级中的两个男生，在全校的悠悠球大赛中，包揽了第一名和第二名。这和他们平时刻苦的练习是分不开的。

三、“悠悠球事件”引发的思考

（一）道德价值的本质

分析的场景切入点1：这节课的教学目标设定，是立足事实属性还是关系属性

◎ 珍惜自由，有规律的行动

* 使大家明白并不是只有自己喜欢自己，每个人都向往自由。

* 使大家明白所谓的自由并不是自己想做什么就做什么，是建立在自我管理基础上的。

* 使孩子逐渐懂得在日常的具体生活情境中具有自律的责任，从自律的角度实践自由。

道德教育能否生成真正的道德人，关键在于道德教育所依托的道德价值本身是否建立在合理的哲学本体论基础之上，实现其自身独立性的本真存在。价值上的无根或者不合理的根据都会使道德教育无以维持其本真存在，甚至会导致道德逆反，进而使道德教育成为道德的异己力量。

传统的道德教材编写及围绕道德教材所开展的一系列“教教材”的行为、开展的道德教育，都是一种基于“规范伦理学”的本体论基础。规范伦理学将道德价值本身视为一种“外在于人的客观存在”，在此基础上编写出来的教材是存在着一种“确定的知识倾向”的。这样的文本蕴含着“你必须这样做，你这样做就是善，你不这么做就是恶”的内在价值导向。因此，我们将这样的教材概括为一种“用于告诉的教材”。教师在这样的教材基础上所开展的道德教学、道德教育，只需要把“什么是对的，什么是错的，什么是善的，什么是恶的”告诉学生，让学生理解就可以。我们可以通过真实的例子来感受这种教材样态的存在。

十一　遵守公共秩序

公共秩序就是在公共场所里，大家必须共同遵守的纪律。

有的同学不明白为什么要遵守公共秩序，总认为规矩太多受限制，不自由。可是，你们想过没有，公共场所是大家共同活动的地方，如果没有秩序，会是什么样子呢？汽车乱开；买东西乱挤；看电影乱嚷嚷；看球赛乱跑；逛公园乱摘花果；深夜扩音器乱响……谁也不会有安宁的日子过。因此，良好的公共秩序是人们正常生活的重要保证。

……

人教社《思想品德》1988 年 4 月第一版第十一课

2. 集体处处有规则

2 集体处处有规则

生活在集体中

提示：俗话说，没有规矩不成方圆。生活处处有规则。无论做什么，我们都要自觉遵守规则。

上课的时候，我们要遵守课堂纪律。

做游戏的时候，我们有游戏的规则。

浙教版《品德与社会》四年级上第三单元第二课

给出的这两篇教材，和“心灵的管理员”一课的文本教材一样，都是要告诉孩子，“在公共场所，要有规则地行事”。但是与“心灵的管理员”中对于道德价值的前提性认识不同，这两篇教材完全是将道德价值作为一种先验存在，当作了事物的一种自身所具有的固有属性，即“在公共场所，要有规则地行事”是外在于人的一种不用怀疑的道德价值。无论是举出毛泽东的例子，还是周恩来、列宁的例子，无非是告诉大家，伟人都是这么做的，我们也应该这么做，这么做就是作为人应该做的。

这样的前提性假设自身就是对合理的哲学本体论的一种背离，是对道德价值本真的一种背离。换句话说，这样的文本编写以及围绕这样的文本开展的道德教育，其根基是不牢靠的，它并没有维持道德价值本身的本真存在，价值依托是不合理的。就是这种价值依托的不合理，才真正导致了道德教育的低效甚至无效，以至于使得道德教育最后成为了道德的异己力量。

就道德价值而言，它从其本真、本质上来看只是人的一种关系属性①，而并非固有属性。

不会游泳的黑猩猩为了拯救同类能够毅然跳入动物园的水沟里。而恒河猴则在实验中，宁肯让自己挨饿好几天也不肯通过拉动一条链子得到食物——因为这个动作可能为同伴带来电击。

大猿们如黑猩猩安慰搏斗失败者的习惯。安慰实在是种很复杂的行为，透过它，我们可以看到黑猩猩们非常复杂的心理动机。要安慰他人，首先需要能了解他人的情绪，能够感同身受，体会到同样的悲伤；要安慰他人，还需要一定的自我意识。

黑猩猩还具有很强的社会秩序意识。在黑猩猩群中，某些成员的阶层比其他一些要高一点，而对于这一点，每个成员都很清楚。黑猩猩们一出生就得开始学习遵守社会规则，年轻的它们必须迅速明白自己所处的阶级地位，清楚自己该怎么做，否则就会受到惩罚。

在黑猩猩群落里，梳理毛发是一种卓有成效的拍马屁方法，它们是那么喜欢跟那些帮自己梳理毛发的同伴一起分享食物。僧帽猴则曾在试

① 这一点，通过动物道德就可以得到很好的证明。道德并非是人类区别于动物界的根本属性。

验里公开表露了对不公平行为的愤慨——完成了同样的任务，获得的报酬却比同伴少一些，它们就会显得不高兴。即使两种报酬间的差距仅仅是一块黄瓜。

在嬉戏中，头狼会与等级较低的狼进行角色交换，造成自我“妨碍”，顺从地让它们咬自己，当然前提是咬得不狠。

其他诸如大象、蝙蝠等都有相关的证据表明一定程度道德感的存在。正如达尔文在他的著作《人类的由来》中所说，“除了恩爱和同情心之外，动物还表现和一些社会性本能有联系的其他一些品质，而这些，在我们人，就配得上道德的这个形容词。而阿该西兹认为狗是具有很像我们所谓的良心这样的东西的，我同意他的这个看法。”

就“心灵的管理员”这一文本的道德价值而言，“应该‘从自律的角度实践自由’”是实践自由的关系属性而不是事实属性。“应该‘从自律的角度实践自由’”是实践自由的属性①吗？是的。但是它不是实践自由行为离开道德目的——保障社会存在发展、增进每个人的利益——而独自具有的属性；而是“从自律的角度实践自由”之事实与道德目的所发生关系时所产生的属性，是实践自由行为之事实对道德目的的效应，是实践自由行为的关系属性。

“从自律的角度实践自由”只是一般来说是应该的，而有时却是不应该的。因为“从自律的角度实践自由”一般说来是有利社会、群体和他人，符合道德目的，而有时却有害社会、集体和他人，违反道德目的。

它就和“应该诚实”是一个道理。“应该诚实”是诚实行为的关系属性，诚实只在一般情况下才是应该的。因为诚实有的时候是有利社会、集体和他人，符合道德目的的，有时却是有害社会、集体和他人，违背道德目的。

所以，离开了道德目的，应该“从自律的角度实践自由”并不具有“应该”属性；只有应该“从自律的角度实践自由”与道德目的发生关

① 事物的属性分为固有属性与关系属性。固有属性是事物独自具有的属性。一个事物无论是自身独处，还是与他物发生关系时，该物体都具有一致的固有属性，比如说物体都具有一定长短的电磁波，这就是物体的固有属性。而颜色则是物体的关系属性。颜色本身是物体的电磁波与眼睛发生关系时才具有的属性，比如波长为590～660dmm的电磁波，经过人眼睛的作用生成黄色。实际上物体本身仅仅是具有电磁波，而不具有颜色的，只有当电磁波与眼睛发生关系时才具有颜色。

系时，实践自由才具有“应该”的属性。因此，应该“从自律的角度实践自由”是由实践自由的事实和道德目的两个方面构成：前者是应该“从自律的角度实践自由”的源泉和实体，后者则是应该“从自律的角度实践自由”的条件和标准。

本节课的课例中，笔者作出了这么多的努力，让学生去认识到应该“从自律的角度实践自由”，也仅仅是告诉学生在集体的这个情境中，需要应该“从自律的角度实践自由”，这在一般情况下有利于集体和他人，同时更有利于自己实践自由。包括后来形成的班级公约，也是在约束班级中所有的人，应该“从自律的角度实践自由”。笔者这么做的目的仅仅是为了让学生在集体中避免攀比、避免相互伤害、避免每一个人被剥夺玩悠悠球的自由，这就是笔者的目的。“教学目的”是根据道德目的来的。但是，一定要注意，笔者要教给孩子们领悟的是“一般情况下‘应该从自律的角度实践自由’”。教学目的绝对不是“‘应该从自律的角度实践自由’本身是具有绝对价值，在任何情况下都具有‘善’的属性，你必须遵守”。

这样的教学目的属性界定，是一种批判性地吸收了“情感主义伦理学”中有关“应该”能否从“是”产生和推导出来的理论观点而得到的基本观点。情感主义把“应该”所产生和存在的条件与标准——主体的需要、欲望、感情——作为“应该”产生和存在的源泉和实体，认为“应该”存在于主体的需要、欲望、感情之中，是主体的需要、欲望、感情的属性。因为笔者在教学中的直观经验感受是：你仅仅告诉学生“什么是对的、什么是善的、什么是应该做的”，你告诉他们这些是没有效果的。虽然可能他们嘴上不会顶撞你，但是他们的心里在拒斥你：“你说的鬼才相信！”只有从学生的主体需要、欲望、感情的角度考虑道德目的时，你要告诉他们的价值才会被学生从内心认同。

但是这里我们的做法是批判性吸收，因为情感主义本身的这种推导也有问题，认为只能从主体的需要、欲望、感情中推导出“应该”是有失偏颇的。主体的需要、欲望、感情是“应该”产生的一个条件和标准，这个是没有问题的，但是主体的需要、欲望、感情只是条件和标准的一个思考角度，这个角度会促使关系属性的产生。但是习俗、社会历史、文化传统等同样是条件和标准的维度。①

爱斯基摩人对于婚姻和婴儿的态度也是更好的佐证。爱斯基摩人的男人经常有一个以上的妻子，而且他们愿意和客人共同分享他们的妻子。而且在爱斯基摩人那里，杀婴被视作很正常的事情。探险者克努德·拉斯马森（Knud Rasmussen）的报告中说，他遇到一个女人，已经生了20个孩子，但是她杀死了其中10个。

其实，就爱斯基摩人杀婴这件事情来说，在我们的社会中也许不可理喻，难以接受，但是，我们的价值是我们与我们的社会历史互动的结果，爱斯基摩人也是。他们杀死健康的婴儿，特别是女婴，是因为居住在如此恶劣的环境，食物的供给总是缺乏。他们最基本的想法是“生活是艰难的，安全的保障是很小心的”。一个家庭很想保全婴儿，但是没有能力做到。爱斯基摩母亲给孩子喂奶的时间长达四年，因此所能育养的孩子有限。而且这个部族中食物的提供者——男性，作为猎人，伤亡率非常高。假如不遏制女婴数量，成年女性会是男性的1. 5倍。爱斯基摩人的社会福祉基础，决定了“杀婴”在他们的社会中被认可。“可以杀婴”并不是一件在道德或者法律上不被认可、唾弃的事情，人们习以为常。这个例子，是道德与社会文化关系互动而生的最好例证。同样，儒家的道德也是中国“中原农业文明”同人类互动关系中生成的典型东方道德，欧洲对“自由者”道德文明的崇尚同样来自于欧陆“海洋文明”的互动关系而生。每一种文化所蕴含的每一种道德价值体系，无一例外。

这种教学目的属性的设定，与在第五章中列举传统德育以及现在新课程改革所提到的“狼来了”的故事的教学目的设定所立足的属性界定完全不同。“狼来了”的教学目的设定，还完全是基于一种传统的规范伦

① 讨论到了这里，其实就涉及到了“道德价值的来源、产生”的核心问题。作为道德价值本身，到底是康德所谓的“先天”的存在一种至高无尚的价值本体，还是其他。除了上述的道德来源于人的主体的需要、欲望、情感的表达之外，道德更是一种习俗、社会历史发展、文化传统的产物。道德价值也是在与“社会政治、经济、文化”等方面的关系互动中产生。也许文化相对主义所提供的很多例子，可以给我们更多启发。文化相对论者路思·本尼迪克特在《文化模式》中有一句话是这样说的：“道德在每一个社会都是不同的，而且它是社会所认可的习惯的适宜术语。”的确如此，不同的社会、不同的文化产生不同的道德价值。希罗多德在其《历史》一书中，提供了卡雷逊（一个印第安部落）人习惯于吃他们死去的父亲的尸体的例子。而他指出，希腊人认为，把死者安置在火葬用的柴堆上是自然而适宜的方式。当古代波斯的国王大流士（Darius）将二者都叫到宫廷互通有无之时，双方都为对方的做法感觉到无比震惊与难以接受。

理学的基础，将“应该如何”的道德价值作为价值本身的固有属性。这种观点认为“应该诚实”就是诚实的事实属性、固有属性，而不是关系属性。这种观点认为“诚实”本身就是应该遵守的，是必须被“无怀疑”地践行的一种人类所天生具有的价值。面对“应该诚实”的选择时，就必须诚实，因为“应该诚实”本身就是诚实的事实属性。

关于诚实的文本，也许我们给出一个基于关系属性编写的教材之后，大家会更容易直观地获得感受。

终于，手表轮到了我的手里。

我的心跳开始加快。

用真皮制作的表链掉了几处颜色。表盘的右侧带有一个可以转的表轴，当时那个可以转的轴叫什么，有什么作用我一概不知。

我把那个轴转了转，开始有些转不动。

但稍微用点力就转得非常轻松了。

我突然停止了动作，感觉到自己闯祸了，慌忙地把手表递给了旁边的小林，然后悄悄地离开了那里。

在上述这个文本中，关于教学目的属性的设定就具有了关系属性的意味。因为在那个机械手表如同现在汽车这么昂贵的年代里，对于一个孩子来说，弄坏的后果是无法承受的，不仅对于一个孩子，对于大多数家庭都是难以承受的。对于这样的情境来说，是没有办法让一个孩子诚实的，或者说孩子的“不诚实”就具有了可理解的性质，某种程度上可以被允许。在这种情况下将目的设为：

“应该诚实，当一个知错就改的好孩子。”

这种教学目的设定很大意义上是无效的。而设定“不承认是自己弄坏的：知道自己的鲁莽，以后要谨慎行事，并且对这件事情常怀愧疚之心，选择合适机会补偿”则更加适合。

其实，将道德价值作为一种人的固有属性来看待，最容易产生的问题就是它会带来“一个标准”。而这一个标准恰恰是和“人之所能”相背离的。这样的标准本来就是一种“虚幻的标准”，所有一刀切的标准几乎让所有的人都难以做到。

在康德的伦理学思想体系建构时，他是将伦理学放在了和物理学等量齐观的位置上，认为两者都是以普遍必然规律为对象的科学。不过所研究的是两种不同的规律，一种是万物遵循以产生的自然规律，另一种是人类的意志，是在自然影响下自己给自己规定的规律，是自由规律、道德规律。其实康德的真正用意是以此来抵消经验论、感性论和以此为基础的利己主义伦理学。

康德的“先天说”的主张在笔者看来是可以理解的。康德的贡献就是论证了道德的纯洁、崇高和责任的严肃及神圣。在康德的眼中，形而上学就是个基本出发点，没有形而上学，不论在什么地方都不会有道德哲学。纯粹原则和经验原则的混杂，自身就是道德纯粹性的毁灭。但是康德在纯洁化伦理学的同时，也赋予了其理想性的特质。

而事实上，有时候美德实际上会出现在那些并不是最合适的行为中；因为在一些场合，要达到纯粹道德所要求的完美程度是十分困难的，即便我们竭尽全力去控制自我的感情，或者康德所极力批评的“爱好”，可能也无法做到。

有些情况对人类的天性发生的影响剧烈至极，其程度远远在人类这样不完善的生灵所能拥有的最大程度的自我控制的能力之外，这是问题的最关键所在。这样的条件下，谁也不能完全抑制自己内心虚弱的嘶嚎，无法把强烈的激情降到公正的旁观者可以完全体谅的适当程度。

因此在这种情况下，受难者的行为虽然不是完全合宜，但仍然可以得到人们的称赞，从一定意义上讲，甚至可以称作有道德的行为。因为控制自我本身，这已经是追求完美合宜的德行。而有些人实现的“道德上的完美”程度，是大部分人所不能做到的。这是他们宽大和高尚的品德努力的结果；虽然他未达到十全十美，但是与在这种困难场合中通常可以看到或者可以预料的行为相比，它仍然更高程度地接近完美。

在这种情况下，我们经常会使用两个标准来判断一个行为是值得责备还是称赞。第一个标准是从完全合宜与十全十美的希望这一角度来考虑。以这个标准看，总有些困难情况永远都没有办法达到完美合宜，因为人类的行为从来就不曾也不可能达到完全合宜和尽善尽美。

第二个标准就是以大部分人的行为通常都能达到的程度作为标准，这实际上是考虑人们的行为和尽善尽美之间的差距有多大，或者说，二者之间有多接近。如果人们的行为超过了这个标准，也许它同尽善尽美之间还存在很大差距，但是都应该得到称赞，因为它更接近尽善尽美；

而无论什么行为，达不到这个一般的标准，都应该受到责备。①

其实对于《吉尾的手表》一课或者案例来说，按照第一条标准去行事的话，那么作者“我”在弄坏了手表就必须马上承认错误。这是非常道德也非常理想的“应该、应然”状态。但是按照第一条标准去要求所有的人都尽善尽美的话，是不具有现实性的。

而按照第二条标准去衡量作者“我”的做法的时候，虽然他没有马上承认自己的错误，而是将错误转嫁给了小林，从表面上来说是值得责备的。但是问题的关键其实不在这里。问题的关键在于20年后这位故事的主角能把一直埋藏了20年并深感内疚的事情写出来。20年常怀责备之心，是最值得称道的！我们也不能单凭没有诚实地马上承认错误这件事情而去全部否定作者的整个人品。

就普通的大众而言，一般的自我控制激情和勇敢的承认错误之间，真是有着莫大的距离。

（二）道德价值与“情感赞同”“人性关怀”

分析的场景切入点2：班级公约是“先天存在的”，还是“通过赞同得出”的？

道德规范不是教师或者某个人亦或是上帝、康德等制订出来的，而是在“赞同”的表达中形成的。道德上的善或恶取决于其所引起的人的情感上的苦与乐。“道德之所以有劝导和示范作用，正是因为它在陈述事实时表达了一种情感和愿望，表达了判断者的态度和信念，否则，它就是一个冷冰冰的、无法激起他人情感的语句。”②

1. 道德价值从“赞同的情感”讨论中得出

在悠悠球事件的处理上，班主任老师和我是采取了一种截然不同的方式。班主任对玩球同学的态度是：你们在科任课上玩球，打上课铃了也不回来，对科任老师是一种道德上的冒犯与不尊敬，久而久之是让各学科的科任老师都难以容忍的。因此班主任老师采用的方式是直接没收所有带来的悠悠球，然后强制、勒令、警告带球的同学，假如再带来球，那就一概不问理由直接没收。班主任老师的做法，所引起的态度是：很多学生，尤其是没有在上课玩球，球却被老师强制没收的同学们都很愤

① 亚当·斯密著．王秀莉等译．道德情操论［M］．上海三联书店，2008：22.

② 陈根法．心灵的秩序——道德哲学理论与实践［M］．复旦大学出版社，1998：38.

慨。因此，我在上课之初，仅仅随便说了一句："让你们闹吧，终于惹出事了吧。"之后，同学们就群情激奋地讨论。学生们在情感上的这种激烈反应，表明了对班主任老师处理方式的不认可。虽然他们自己身上的确存在错误。

那么采用强制的方式之后，学生在道德方面有提升和发展吗？是没有的。

而采取了讨论的方式之后，学生在围绕教材中给出的三个场景进行讨论之后，认识到了第一种情境和第二种情境的问题所在，而且通过自己分析得出了班级的公约。因此，班级公约，特别是其中的话语：想玩悠悠球的人，必须学会在以下几条实现"自己管理自己"，是完全蕴含了学生赞同的态度的："当我们断言这个或那个具有'价值'时，我们是纯表达我们各自的感情，而不是在表达一个即使我们个人的情感各不相同但却仍然是可靠的事实。"①

赞同买球的时候要有金额的限制，不赞同买贵的，尤其是限量版的；

赞同在玩的过程中顾及其他人的自由，其他人的安全；

赞同要在课间自我管理，要自己提醒自己上课时间；

赞同上课时间不玩球，对自己想玩的欲望的管理。

上述的一系列赞同都是学生们对于"想玩悠悠球的人，必须学会在以下几条实现'自己管理自己'"这一价值的一种情感上的表达。

而这种表达中所蕴含的善，又是通过"学生被没收球之后所产生的、体验到的不快的感觉"与"玩球的时候的快乐"进行对比之后产生的。

按照情感主义的立场，我们会得出结论：规范不是制订出来的，而是形成的。② 这正如情感主义者休谟所说："你如果只是继续考究对象，你就完全看不到恶。除非等到你反省自己内心，感到自己心中对那种行为发生一种谴责的情绪，你永远也不能发现恶。"③ 休谟由此得出结论说：价值"就在你的心中，而不在对象之内"④。如果你对对象没有产生快乐或不快乐的情绪，从而去赞成或谴责对象，对象自身就不会有任何价值。

① 张爱真．小学社会课程的教学研究［D］．南京师范大学，2008.

② 这种规范的形成的立场，可以与目前社会的道德宽容辩护，为价值多元主义辩护。

③ 罗素．徐奕春译．宗教与科学［M］．北京：商务印书馆，1982：123.

④ 休谟．人性论［M］．北京：商务印书馆，1980：509.

“道德宁可以说是被人感觉到的，而不是被人判断出来的”。[①]

道德价值从“赞同的情感”讨论中得出，通过事实的验证，直接向我们展示出了道德理性主义的“无力”。[②] 情感主义的意义正在于它为价值选择作个人主义的辩护，而第一步就是将价值的根据从理性上挪开，把它移向人的内心情感。

我国上个世纪80年代初的道德教育，即在小学广泛开始的思想品德课程，其实按照理性主义与情感主义二分对号入座的话，那走的就是一条完整意义上的理性主义路径。比如随便翻开一本思想品德教材，映入眼帘的文本题目可以随便列举，其基本都是类似的祈使句性话语：做事敏捷不拖延、言而有信、人要自尊、心底无私天地宽、无规矩不成方圆（吉林教育出版社《思想品德》第十册，1998）而上课时老师教学的范式也是领着大家读读故事，然后告诉你故事的道理，你就应该按照故事的内容去照做，就是有道德的。期末之时要进行期末考试。这种把道德作为知识传授、把道德作为规则去给予时，其实本质上遵循的就是一种理性主义思路。这种理性主义思路在欧洲有着近千年的市场，尤其是在神、上帝没有被尼采判处死刑之前，都在发挥着重要的作用。同样，在我国20世纪90年代中前期之前，包括在封建社会时代，都在发挥着重要作用。这种理性主义思路在单一的价值空间当中其作用是不用质疑的。

但是随着地理大发现程度的深入，随着各个地区、国家之间交往的日趋加深，随着神被搬下神坛，随着改革开放之后市场经济的引入、各种价值的涌入，一切都被击碎了！人们突然发现原来这是一个价值多元的世界！比如就我们一直认为的“节俭”的美德，大家就存在不同看法。瑞士在历史上曾经是一个贫穷的国家，是一个以农民为主的农业国，瑞士

① 休谟. 人性论［M］. 北京：商务印书馆，1980：509.

② 班主任老师，作为这个班级中所有老师中最有权威的老师，依靠自己的权威，作出了禁止所有同学带球到学校的决定。班主任老师在临出教室的时候，恶狠狠地朝全班同学丢下一句话：“以后，咱们班的同学，要和全年级的同学一样，所有的人都不准带悠悠球到学校！带来一个，我没收一个！我不管你的球多少钱买的！我不管你比不比赛！”实际上，通过侧面了解，这种决定班主任老师在事情发生的前一个星期就已经作出，但是因为自己没有及时的后续监管，所有在班级没有得到很好的执行。班主任发出的命令并没有收到预期的效果。而其他的平行班级，班主任老师都不约而同地采取了直接禁止的态度，实际上，学生们执行的情况并不好。学生们在采用各种方式偷偷地带来悠悠球。这就如美国当初实行禁酒令时，酒类的走私一直就没有被禁止，相反更加严重一样。

人珍视希腊社会的美德，人们看重储蓄，不随便花钱。然而，在英国和法国，尤其是在大城市里，人们在奢侈品上花费甚多。他们并不介意花钱，他们也并不认为节俭是一种美德。再比如，我们中华民族一直提倡的孝敬父母是一个不用商量的美德，但是因纽特人有一个风俗，就是在冬天把他们当中的老人带到外面，暴露在寒冷当中，直至其冻死。他们认为让年老的父母死去没有任何问题，而我们则让老人继续活下去……这一切，演变成极端，就成了“价值相对主义”，使得理性主义的方式不再有当初那么好的作用。

对于现在的学生，尤其是对“蛋蛋后”（2000 年后出生的一代）来说，“告诉你按照我的要求去做，我说的是对的”，这样的方式已经不能再起到理想的作用了，这是现实，不得不面对的现实！

所以这个价值多元的时代、这个主体性高扬的时代、这个网络媒体超级发达的时代，我们不得不重新考量情感与理性的关系。现在，我们面临新的问题，不得不重新思考“情感”在道德教育形成中的作用。

康德虽然在《实践理性批判》的结尾写出了“位我上者，灿烂星空；道德律令，在我心中”的名句让人唏嘘不已，但是他企图将正义（义务）道德的维持建立在毫不诉诸情感（包括同情心、仁爱之心）的基础上，认为助人不能是“为乐”的过程，不能怀有仁爱心、同情心、怜悯心、愉悦感甚至义务情感，是值得商榷的。康德只在他的情感领地里给对理性的敬畏之感留有仅有的一席，其他情感都被排除，虽然有了对道德法则的无限敬重，但是却少了现实的可能性。在现实生活中，就连康德自己应该也能感受到根本做不到。人单有理性是不足以维系道德的。

再一次回到刚才悠悠球事件的讨论，假如直接告知学生，自由、有规律的行动就是必须遵守的道德律令，可以想象到这样做的滑稽，因为“蛋蛋后”们远远没有我们想象的那么简单；假如我的教学讨论不诉诸学生的情感，不通过学生赞同与反对的讨论，学生永远不会明白自由与自律与实践之间的关系，也就不会真正从内心认同这一价值。如此下去，道德认知与道德实践脱节就是再正常不过的事情了。假如学生没有从内心情感上真正认同某一价值，道德认知和道德实践还没有脱节，那才是不正常的事情。

2. 道德价值是基于对“自私地利他”的认同中得出

这种道德价值的讨论过程，从孩子们签字的动机来看，完全是一种“为己、自私的利他”动机。孩子们是因为整个事情对自己的“欲望达成”有利，才会选择做出利他的道德行为，才会选择在课堂上控制自己的欲望做出道德的行为；才会在上课打铃之前按时回来上课，控制自己的欲望做出道德的行为；才会在玩球时考虑到别人的安全，为别人着想，做出道德的行为，等等。从孩子们的签字动机上，我们看到了“功利主义”的影子以及带来的课堂和谐、师生关系和谐、学生欲望得到满足等诸多好处，看到了“功利主义”给整个班级大多数成员所带来的“最大多数人的最大幸福”；而相反则看到了“义务论”的苍白与无力。

签字们的孩子，虽然对自己的行为是有所悔悟的，但是他们能在公约上签字，最直接的目的就是为了“能在班级中重新玩球”。正如爱尔维修所说，“利益是我们的推动力。人们好像在牺牲，但从来不为别人的幸福牺牲自己的幸福，河水是不向河源倒流的，人们也不会违抗他们的利益的激流”①。签字们的孩子好像在牺牲自己的自由，好像在被约束，好像在这样的情况下“为科任教师、其他同学”提供更好的环境，更加考虑他人的安全，但是做出的这一切的牺牲，对自己的欲望做出的一切压制，其目的都是为了能“重新玩球”，都是为了自己的利益。在做出让步的过程中，其中是蕴含着“利益、方便、优势、有利、实惠、好处、幸福的意义”的。

这正如边沁在提出他的功利原则时所提出的，当我们对任何一种行为予以赞成或者不赞成的时候，当事人主要是看这一行为是增多还是减少当事人的幸福。密尔同样指出，功利或最大幸福原理是各种道德生活的根本，行为之正当与否取决于其带来快乐和免除痛苦还是相反。②

这种功利主义就其自身来说，常被理解成为一种“必要的恶”，是人类为了达到利己目的（保障社会的存在和法则、增进每个人的利益）而

① 弗兰克·梯利. 何意译. 苗力田校. 伦理学概论［M］. 中国人民大学出版社出版，1987，109.

② 周辅成. 西方伦理学名著选辑（下卷）［M］. 北京：商务印书馆，1987，242.

创造的害己的手段（压抑、限制每个人的某些欲望和自由）[1]。[2] 即最后形成的班级公约对于班级中的儿童，尤其是乐于玩球的孩子来说是一种必要的恶，但是这种“害己”的手段可以达到班级和谐、安全，个人获得玩球权利的目的。这种“必要的恶”，从结论角度符合功利主义所确立的“一总两分”的道德终极判断标准。[3]

从优劣来讲，义务论道德标准，义务论是最恶劣的道德。因为义务论的道德标准，首先对每个人的欲望和自由侵犯严重，“存天理，灭人欲”成为了这种对欲望和自由侵犯的最佳范式。另外，义务论增加社会福利缓慢，增加每个人的福利最为缓慢。因为它否定利己以及追求利益，重义轻利，从而堵塞了人们增加社会和个人福利的基本动力源泉。

而功利主义道德标准则完全相反，是一种比较优良的道德。它基于人的欲望和自由，它侵犯的仅仅是损人利己的欲望、自由，因此对增加社会福利、个人福利的帮助最大。因为它鼓励利己利他，鼓励有利社会和他人的个人利益追求，每个人都有了最大的增加社会和个人福利的动力。回到例子，虽然每一个在公约上签字的人都是为了利己的目的，但是这样的利己，最后也是一种利他，所以这种功利主义的进路相对义务论更值得提倡。而全面禁止每一班级孩子带球到学校来玩，无私地利他、利班级、利科任教师、利班主任老师、利同学等等，都不是最优良的，对增加最大多数人的最大幸福没有帮助。

3. 道德价值是基于对“自私[4]的本性”的理解中得出

（1）儿童本身就喜欢娱乐

“孩子们在玩悠悠球的时候，只要允许他们把球带到学校，只要是他们自己把球带来的，心中就会一直“惦记”的。上班主任老师的课的时

---

① 孩子们做出决定，要在上课的时候集中精力听课就是一种害自己欲望、压制自己欲望的手段。

② 王海明. 伦理学导论［M］. 复旦大学出版社，2009：60.

③ “一总两分”总标准：增加每个人的利益总量。第一分标准：无害一人地增加利益总量。第二分标准：人们利益发生冲突而不能两全的情况下表现为“最大多数人的最大利益”标准。

④ 这里要强调的是，对自私的理解，一定要将其作为一个没有情感取向的中性词去理解，因为自私本身就是一个中性词而已，只是人们在使用的过程中将其情感化了而已。自私，是人类社会发展的基本动力源泉之一。没有人性自私的一面，人类社会就会出现如同经济学家茅于轼在《中国人的道德前景》一书中所举出的君子国的例子一样。连最基本的交易和买卖都难以进行，社会会失去最基本的发展动力。

候，在有很多客人听课的情况下，还能有将近十名同学拿出悠悠球来摆弄，可见它对孩子们的吸引力有多大。

(2) 儿童在较小纪律约束力的科任课上“抵制诱惑”更有难度

孩子们在上科任老师课的时候，因为科任老师对孩子们缺乏像班主任老师那样的纪律约束力，因此有更多的同学摆弄悠悠球，这使得很多科任老师因为此事感觉到疯狂。单纯的一对一的制止是没有效果的，孩子们看到是科任老师的课，因此会听到上课铃声了，仍然无所畏惧地躲在厕所里尽可能地多玩一会。上课了，老师在上面讲，孩子们会在下面随意地玩。甚至同桌之间、前后桌之间、好朋友之间公然地切磋球技。

(3) 儿童也喜欢炫耀

孩子们对悠悠球的各种技能、技巧充满了好奇，尤其是高难度的一般人做不出来的高难度技巧、花样。因此在玩的过程中会呈现两种倾向：要么极其羡慕拥有高难度技巧及花样的同学，自己刻苦练习；要么向周围的同学卖弄自己的技巧，以此博得羡慕和荣誉。在练习的过程中以及展示的过程中，因为无所顾忌，又充满了相互之间的身体上的过失伤害。

(4) 儿童也喜欢沉浸于“名誉”“富人感、富有感”的快乐

孩子们对各种昂贵的，拥有更好性能的悠悠球充满了羡慕，因为拥有了更好性能的悠悠球，就在工具上比别人拥有更多的优势，在比赛中拥有更多优势。同时，昂贵的悠悠球，尤其是限量版的悠悠球，也会引来“羡慕”的目光。

假如没有这些欲望，就不会有“班级公约”的存在。假如孩子们对于悠悠球没有玩的欲望，在课间、在课上、在人前，悠悠球对大多数孩子们并没有吸引力，孩子们根本就不想，就不会有班级公约的产生，也不会有对“应该从自律的角度实践自由”的价值认同。你直接告诉他们，人“应该从自律的角度实践自由”，学生们会去实践吗？不会。

上述所列的各个角度的切入点，都向我们现实地展示出了，在要求孩子们“应该‘从自律的角度实践自由’”，就必须考虑儿童的“需要、欲望和情感”，否则一味地压制，或者直接取消儿童玩悠悠球的权利，儿童在道德层面上并不会获得发展。也许玩悠悠球的权利可以被取消，可以被禁止，但是儿童可以将悠悠球替换为“三国杀”“游戏机”“课外书”“手机”，等等。从自律的角度实践自由并不能被学生认识到，儿童

也不可能在此维度获得启示、获得发展。

无论是“在课上想玩球”，还是“炫耀”“攀比”，都是一种基于利己基础的欲望。道德伦理的建构、道德教材的编写、道德教育的展开，都要以“欲望”等人性的利己假设作为一个人性假设的基础而得到的。人性利己而产生一种情感上的态度和表达，不同的人之间的情感的交流、碰撞和表达会生成道德的价值。

马斯洛认为，人的需求、行为动机都是高度个人化的，生理、安全、爱、尊严和自我实现五个需要层次中，越往低端的层次越利己。最低端的生理需要是极度的个人利己主义的，是极度的自我中心的。直到底层的生理、安全的需要得到基本满足，爱的需要、尊严的需要才会相继占据支配地位。[①] 而越往高层次，关涉他人的满意与否，需要得到他人正面的评价，这才开始与利他沾得上边。[②]

马克斯·韦伯认为对私利的追求是人类社会任何时代的普遍的正常现象。正如韦伯所说的“获取的欲望、对营利、金钱（并且是最大数额的金钱）的追求……这种欲望存在于并且一直存在于所有的人身上，侍者、车夫、艺术家、妓女、贪官、士兵、贵族、十字军战士、赌徒、乞丐毫不例外。坦率地说，现实世界中所有国家、一切时代所有的人，不管能不能实现这种欲望，全都渴求着”[③]。

亚当·斯密更加重视社会化生产链条中个体对私利追求的重要性。认为“我们期望的晚餐并非来自屠夫、酿酒师和面包师的恩惠，而是来自他们对自我利益的关切”[④]。

车尔尼雪夫斯基认为：“我的行为也有高尚的一面，但这行为的原动力却是我自己天性中的利己欲”[⑤]。“一般地只需稍加留意那些表现为大公无私的行为和情感，我们便可以看到，它们的基础依然是那种关于个人利益、个人快乐、个人福利的思想，即依然是称作利己主义的情感。”

① A. H. Maslow. A Theory of Human Motivation [J]. Psy-chological Review 1943, 05. 370-396.

② A. H. Maslow. Motivation and Personality [M]. Second Edition. New York: Harper&Row, 1954, 100.

③ 韦伯. 雷震译. 新教伦理与资本主义精神 [M]. 中国社会出版社, 2008, 152.

④ Adam Smith. An Inquiry into the Nature and Causes ofthe Wealth of Nations [M]. A Penn State Electronic Classics Series Publication, 2005, 18-19.

⑤ 车尔尼雪夫斯基. 怎么办 [M]. 北京: 人民文学出版社, 1996: 361.

“利己主义是每个人行为的唯一动机。”①

英国生物学家道金斯提出生物体利己的本质和基础在于基因的利己性。他说“一个单纯以基因那种普遍的、无情的自私性法则为基础的人类社会，生活在其中将会令人厌恶之极”，然而“我们无论怎样感到惋惜，事实毕竟就是事实”②。

只有自私的基因片段才能在漫长的物竞天择、适者生存竞争中存活下来。而复制和保存这些基因片段正是包括人类在内的一切生命体的终极理由。③ 可以这样说，人“生来是自私的”④。

马尔萨斯认为，人的欲望是无限的，而自然界的自然资源却是有限的。有限的资源和无限的人类欲望之间构成的矛盾，使得人性必然自私。人口增长的潜力是以几何级数计算的，而人类在有限的空间资源的食物供应潜力要低得多，历史上，人类主要通过战争、饥荒和瘟疫等抑制人口的过度增殖。⑤ 在当今时代，因为没有战争的困扰，有了医学技术的突飞猛进，从1800年到1999年，世界人口的增加额是1800年之前整个人类历史上人口增加额的7倍。⑥ 这样的矛盾，使得人们不得不变得自私。只有自私才有生存的空间，满足更多的欲望。

深度心理学家、荣格的学生诺依曼认为，人若要避免邪恶，就必须压抑和排斥阴影中的兽性一面。然而，阴影却惊人地坚忍不拔，它是绝不会被彻底征服的。⑦

为什么现代人总感觉道德是用来压抑人、束缚人的？为什么现代人面对诱惑要守住道德那样艰难？我们的道德究竟出了什么问题？审视史实，会发现其实是因为我们对人性的预设出了问题，现代人对人自身的理论出了问题。这种人性预设，是将人格中善与恶分裂、光明与黑暗分离，把自己与光明等同，矢口否认自己的“阴影”——包括人的消极面、

① 十八—十九世纪俄国哲学［M］．北京：商务印书馆，1987：365-366.

② Richard Dawkins. The Selfish Gene［M］. New Edition. Oxford University Press，1989：4.

③ 同上。

④ 同上。

⑤ 马尔萨斯．人口原理［M］．商务印书馆，1992：66.

⑥ 福格尔．第四次大觉醒及平等主义的未来［M］．北京：首都经济贸易出版社，2003：99.

⑦［德］埃利希·诺依曼著．高宪田，黄水乞译．深度心理学与新道德［M］．北京：东方出版社，1998：1-2.

不完善面乃至人性中恶的一面。①

综上所述，对于人性中的“欲望、需要”等人类最自私的本性而言，是不可回避的，也回避不了的。假如进行相应的伦理建构、进行相应的德育教材编写、开展相应的德育活动、进行相应的道德教学等等，不考虑人性中的欲望和需要，那就是对人的本真的一种背离。建立在背离本真基础上的一切内容，都将是不稳固的、不牢靠的，发挥的作用也是难以预测的。不充分考虑人性欲望、需要的道德教育，其极端形式将使得道德教育成为人道德形成的一种异己力量。明确地说，忽视真实人性的道德教育，其所开展的教育所发挥的教育负功能作用可能远远超过正向功能。本来不进行道德教育，可能孩子还在按照既定的习惯、传统、习俗去无意识地做，可能做得很好。但是一味地进行了“错误的灌输”之后，所造成的逆反心理会给学生造成更大程度的不信任。因为就灌输的内容而言，它本身就不是客观存在的东西，教师非要说成是客观的东西，非要说它就是真理，非要让孩子相信，这本身就是一种连教师自己都难以相信的“谎言”②。教师在用自己都不相信的“谎言”去欺骗学生，这本身就是在为学生生活中说出更大的“谎言”，而且是毫无羞耻地说出谎言、编造谎言提供榜样示范。

因此，进行相应的伦理建构、进行相应的教材编写、开展相应的道德教育活动，一种整合的观点必须予以采纳。人性恶、人性自私自利、人性阴影的一面必须被与人性善良一样完整地整合进来作为基础。我们必须摆脱徒然的抱负和完美的要求，我们可以拥有和应付我们的全部人性。在这方面，最高的价值不再是尽善尽美，而是完整与现实！这样的道德要求我们认出和直接地对付我们的不受欢迎的人性，而不是将它投射到敌人身上。这个敌人作为我们的被拒绝的阴影的媒介物，即使我们

---

① 〔美〕默里·斯坦因著. 喻阳译. 日性良知与月性良知——论道德、合法性和正义感的心理基础［M］. 东方出版社，1998：16、4.

② 其实对于以人类的自利之心建立的市场经济体制，本身是需要助人为乐。但是仅仅向计划经济时代那样仅仅助人、无私地助人、毫不利己专门利人的助人，对学生来说就可能是一种“堂皇的谎言”。作为教师都根本做不到，也不相信一般人会做到。那用这样的谎言去教学生，学生会做到吗？教师不进行这样的谎言教育还好，教师真的开展了这样的教育，相反为学生提供了“撒谎不脸红”的正面榜样。

试图摧毁它，也依然是我们心理上的必需品。①

（三）道德价值与经验的改造

分析的切入点：道德价值的形成也依赖于经验的改造与改组。

车站、图书馆、超市三个地点放置自行车的不同情境，给学生提供的是一种更大意义上的带有启发性质的提示。而发生在他们身上的悠悠球事件，与这种启发式的提示整合到一起之后，发生了良好的“化学反应”，学生自己的经验在发生着改造和改组。假如仅仅有引发的情境，改造和改组不会发生；假如仅仅有经验的讨论，没有合适的带有启发性的文本，改造和改组同样不会发生。班主任只是一味地采取批评、没收、禁止带球的做法就是现实的证明。

“心灵的管理员”一课是笔者上了两年道德课之后感受到的非常典型的一次孩子们内心的思想、心灵高度真正提高，行为上立即付诸行动的非常成功的一课。这不禁让笔者联想起了杜威“教育即经验不断的改造和改组”的个人命题。也许只有真正地经历对学生的教育、教学的过程，才能从内心真正理解杜威这个教育命题的真理性所在。

在杜威看来，经验是世界的基础，教育就是通过儿童自身活动去获得各种直接经验的过程。教育的主要任务并不是教给儿童既有的科学知识，而是要让儿童在活动中自己去获取经验。“经验是世界基础”的观点引申出他“一切学习来自经验”的看法。他认为，教育就是通过儿童的活动去获得各种直接经验。人类在适应环境的活动中，必须以旧经验为基础来解决问题。因此，杜威认为“教育即生活”“教育即生长”“教育即经验连续不断的改造”。

继续不断地重组经验，使经验的意义格外增加，同时使控制后来经验的能力也格外增加。社会的组成是因为人们具有互通的信仰、目的、意识和情感，是由于人们之间的联系和交际，而教育正是实现有效联系和交际的渠道。教育的职能就是延续社会生命，即教育能传递人类世代积累的经验，丰富人类经验的内容，增强经验指导生活和适应社会的能力，从而维系和发展社会生活。不管正规教育还是非正规教育，实际上都在进行经验的改造。

---

① ［德］埃利希·诺依曼著. 高宪田，黄水乞译. 深度心理学与新道德［M］. 北京：东方出版社，1998：1-2.

生活和经验是教育的灵魂，离开了生活和经验就没有生长，也就没有教育。教育能传递人类积累的经验，丰富人类经验的内容，增强经验指导生活和适应社会的能力，从而把社会生活维系和发展起来。广义地讲，个人在社会生活中与人接触、相互影响、逐步扩大和改进经验，养成道德品质和习得知识技能，就是教育。

对于杜威这样论述性的话语，在没有走入教学一线之前，是一种观点性的认识。而现在真正认识到了道德品质的养成，脱离了生活经验是万万不行的。就如同这节“心灵的管理员”。在这里以一个故事的插曲来加深对本节的讨论吧，也权作对“道德教育及经验的不断的改造与改组”的一个亲身体验性回应。

其实“心灵的管理员”这一课对于文中所述的六年十班来说并不是新课，而是上过一遍的课。在2009年曾经用过这个文本给这个班级的孩子上过校内的公开课。当时设计的思路就是讲文本、分析文本。在一节课上，我举了很多例子，比如十字路口为什么要放红绿灯，为什么要设置各种各样的交通规则，等等。学生在道理上明白得很透彻了，但是心中始终觉得在下课之后并没有解决什么实质的问题。公开教学结束之后，经过向各位学校领导的请教，为这次公开课懊恼、质疑了几乎是几个月的时间。每当夜里想起这堂公开教学的情景，内心就有隐隐的伤痛。后来信息组把上课的DVD刻录出来送回来之后，我立即将DVD扔进了抽屉，没有勇气去再回首那节令人懊恼的公开教学。

直到学生们遇到了悠悠球的问题之后，我将这一文本重新拿了出来进行讨论，才真正地发现了那次公开教学的问题所在——严重脱离学生生活经验！（这样看教材是有问题的吗）整堂课虽然在不断地给学生讲解自由、自律、有规律的行动的道理，拿各种例子做例证，但是每一位同学都没用联系自己的生活经验作出自我反思和经验的改造。只有从学生的角度出发，从学生的经验出发，对其进行具体化的改造与改组，道德素养的提升才真正的有可能！

上完那节课，解决完了悠悠球的问题，最让我欣喜的是《班级公约》① 的产生，这个是孩子们完全自主组织弄的一个东西。孩子们从班主任那里重新争取回了玩球的权利，这个班也成为了年级组 17 个班级当中班主任老师允许带悠悠球的两个班的其中一班。这是给我道德教学的最好回报！

也许孩子们对于自由与规则、自律的认识还很肤浅，但是，起码他们在以前更为肤浅的基础上又向前迈出了一大步。

当然，我不能保证这节课中所有的学生都实现了经验的改造和改组，从经验的改造和改组中获得了对“自由”这一道德价值的真正理解。尤其是这个班级当中的大部分女同学。在整个悠悠球事件中，首先是扮演了告状角色的那个女孩子，她自己不玩悠悠球，且对玩悠悠球的男同学被抓住之后感觉很开心，起码是一个开心的旁观者。而班级中大部分女同学也不玩悠悠球，因为这项运动基本上是属于男孩子的游戏。对于这些女同学来说，对他们的“经验”引起的触动相比较玩球的男孩子来说，强度上就小很多。

我们从“心灵笔记”中能感受到这节课对于部分女同学（共 9 名女同学、3 名男同学有类似的心灵笔记）的作用相比较而言要小一些。

我觉得班级那些玩球被老师抓的同学罪有应得。现在报了我被伤到膝盖的仇了，活该他们！

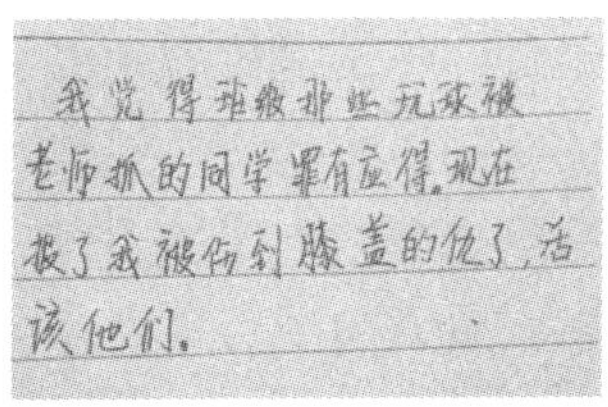
我觉得班级那些玩球被老师抓的同学罪有应得，现在报了我被伤到膝盖的仇了，活该他们。

李老师就应该禁止这帮野蛮的男生玩这么野蛮的游戏。他们能悔改吗？我倒要看看。

从选取的这两份心灵笔记来看，直观地感觉是这两位女同学心思并没有放在对真正的“自由”的理解上。她们一个是更加关注“私利”的满足，即老师没收了球，是一件对自己来说更有益处的事情，帮自己报仇了，很满足。对真正意义上的自由并没有思考。

第二位女同学持有的则是一种“观望”的态度，即对于这些男孩子的脾气、秉性、习惯等应该是非常了解，感觉这些男生可能一时觉得错了，但是过后还是会不知悔改的。明显地心中对这些男生有着不信任的

① 将道德行动理解为一种自主过程而不是规则遵循过程，也就是说，道德应当基于内在的自觉而不是外在的强制，道德教育要以个人的自主、自觉、自决为根基，而不能本末倒置地将抽象的道德规范作为道德教育的出发点和归宿。

李老师就应该禁止这帮野蛮的男生玩这么野蛮的游戏。他们能悔改吗？我倒要看看。

态度存在。这则心灵笔记中的关注点更多地是“一种不信任态度的表达”，从反面则例证了对真正的自由思考得不足。

当然，选择了这两位作为“局外人”，即没有有关自由与限制自由的经历、体验的女生的心灵笔记作为例证，只能从一定意义上反映出一个人的经验对于道德价值形成的重要作用。这里，并不必然地能反映出关于自由的理解，两位女生比其他的这些男生要差。也许，这两位女同学，在更早的时候就已经深深地理解到了关于自由的真正内涵。

第三章　情感主义伦理学的理论阐释

可以举任何一个被认为是罪恶的例子，比如故意杀人。从各个方面考察它，看看你是否能找到称之为恶的事实或真实性存在……你从来没有找到过，直到你反观自己的内心，并且发现一种在你内心升起的、谴责这一行为的感情。这就是事实，但它是情感的对象，而不是理性的。

——大卫·休谟《人性论》(1740)

情感主义伦理学（Emotionalist ethics）是现代西方元伦理学的典型理论形式之一。情感主义伦理学的理论宗旨在于：在“情感”的基础上论证道德的普遍性与合理性。情感主义者认为伦理学不具备科学性、知识性和规范性特征，不具有如同科学或者逻辑那样的普遍确定性、逻辑必然性。因此，伦理学的命令不能纳入科学范畴。即使伦理学命题是事实陈述，这样的陈述既不具有命令的意味，也不提供带有普遍性的行为规范。简而言之，情感主义伦理学把伦理学作为一种“非事实描述的情感、态度”的表达。

道德情感理论产生于17-18世纪的英国，沙夫茨伯里创建于前，休谟将其彻底精致化于后。代表人物有沙夫茨伯里、哈奇森、休谟、亚当·斯密、A·史密特。到了现代，随着道德情感主义理论的不断进化，韦斯特马克（芬兰）、马克-杜埃尔·罗杰斯、沙尔浦（美国）、A·萨杰尔林德和A·舍恩德（英国）①、史蒂文森（美国）等加入到情感主义伦理学阵营。其中，英国18世纪著名的哲学家、伦理学家休谟，堪称全面批判理性主义道德学说、倡扬道德情感主义、促进西方哲学由传统向现代转变的集大成者。

简要梳理道德主情主义产生、发展的脉络，有助于我们历时态地感知主情主义葆有的理论要旨，明晰其对哲学的贡献，客观地审理其存在

① （苏）伊·谢·康主编．王荫庭、周纪兰、赵可、邱濂译．伦理学辞典［Z］．甘肃人民出版社，1975，249.

的难以僭越的“短板”，从而做到扬长避短，批判性地吸收！

在道德情感理论发展的整体过程当中，尽管各位思想家的侧重点不尽相同，但是理论基石却是相同的——将道德置于情感之上。道德情感理论的基本原理的意义在于，把人的心理所固有的特殊的道德情感看成善与恶的根源，在此基础上，人对各种现象进行评价，并制定出自己的行为规则。

情感主义伦理学具有以下的基本发展脉络及基本理论观点：

一、情感主义伦理学的产生背景

伦理学上的道德情感论产生在十八世纪的英国。它的产生，是伦理学自身发展链条中的重要一环，是当时对新的经济关系、社会秩序、人文精神、文化心理结构进行道德思考的产物，是资产阶级革命胜利后心态的一种折射。道德情感论产生的历史必然性，体现出历史和逻辑的统一。

（一）社会发展进步的孕育

十八世纪的英国，正值英国资产阶级摧毁封建制度、扫除封建残余势力、排除发展资本主义的障碍、调整各阶级的利害利益冲突、确立适应资本主义经济生产关系的价值观念及道德准则、典型资本主义社会的阶级结构形成之时，充满着反省、怀疑精神。

1. 工业化革命带来的城镇化对道德发展的要求

工业化革命带来的城镇化要求确立以“个体的道德感”为基础的新的道德伦理。十八世纪的英国，工场手工业及后来的工业革命的飞速发展，使得对自由劳动力的需求快速增长。加之圈地运动使大量自耕农失去土地，不得不进入城市，最终导致了城市的扩大带来商品经济的繁荣，城市分工日益复杂，商业繁荣。

工业化、都市化的时代特征带来了地缘群居方式，这种方式变化要求转换相应的价值体系。工业化以前，人们生活在城镇的熟人社会里，邻里之间、“熟人之间”形成的外在禁忌、约定俗成的规范、相互的情面等是较为有效的人际条件方式，这种人际关系的调节方式稳定、简单。但是工业化、城镇化带来的“陌生人关系”打破了这宁静的一切。陌生人之间没有外在统一的权威，缺少约定俗成的历史规条，可以不顾及情面、没有羞愧。因此，在这样的人际关系中，个体的道德感以及“自我的合适调节”就显得尤为必要。

2. 宗教改革运动催生自我意识的觉醒

宗教改革运动带来的“自我意识觉醒和个性解放”进一步催生着以“个体的道德感”为基础的新的道德伦理。路德的新教伦理体现出了强烈的个人主义倾向，认为无须外在的法律和戒律的约束，只要有信仰，就可以获得基督教的公义和永恒生命。这种个人自由主义精神的倡导，为思想家开启全新的道德思考奠定了精神基础。

3. 自然科学发展带来对个体生命的体认

自然科学的发展带来的对个体生命的认识、采取的依赖经验以及观察而非依赖权威的方式在以“个体的道德感”为基础的新的道德伦理中打下烙印。天文学、解剖学、生理学等自然科学的各种发现，以及量子力学的发展，为道德情感论的产生提供了沃土。自然科学的研究和活动因其主要依赖经验，依赖观察而非权威，因此如此的研究成果以及研究方式都对社会科学产生了巨大的影响。比如休谟后来采用的“思想实验”的范式，就是深深受到自然科学研究范式的影响。

（二）欧洲哲学史上经验主义与理性主义的博弈

纵观全部欧洲哲学史，经验主义和理性主义的思想可以说古已有之，经验主义和理性主义是欧洲哲学史上两个基本的认识论流派，欧洲自古至近代哲学的发展历史从整体的宏观发展脉络来说，是一个经验主义与理性主义相互斗争、相互促进、共生共存的矛盾发展史。经验主义与理性主义围绕着认识的来源、内容这一中心问题，进行了长期论争。可以说，总体上看来，虽然没有一个严格、明确的划分，但是十六世纪末至十八世纪的欧洲哲学史可以看作是一部经验主义和理性主义哲学产生、发展、斗争和终结的历史。

古希腊早期，哲人们中间已表现出了经验主义和理性主义两种倾向，其对立逐渐展开。毕达哥拉斯派理性主义色彩浓重，赫拉克利特经验主义色彩浓厚。后来普罗泰戈拉和苏格拉底开始了两派直接对立。亚里士多德在二者之间摇摆，皮浪因为看到了二者的各自弱点而走向怀疑主义。中世纪，两派对立在经院哲学中以唯名论和实在论的形式表现出来。资本主义产生并发展到一定阶段之后，两个派别作为哲学认识论上的两种流派，论争以比较典型的形式全面系统地展开。

论争的焦点首先表现为知识来源问题上的分歧。经验派哲学家培根、洛克等人认为，没有经验就没有知识，知识来源于感官经验，只有从经验归纳起来的理性、原理才合乎真理。知识并非来源于神的启示、传统的权威、或者与生俱来的理性公理及天赋观念。经验在所有人那里都以相同的方式被感受，所有经验可以成为普遍性的知识。归纳法是获得科学知识的思想工具。理性派哲学家笛卡尔、斯宾诺莎、莱布尼茨等人认为天赋观念，人的理性有将经验提升到普遍原理的能力，普遍性、必然性的知识是心灵固有。

两派论证的第二个焦点是在感性认识与理性认识关系上的论争。经验主义认为，理性是不可靠的，感性是唯一可靠的、真实的，理智中的无一不存在感觉之中。理性主义者则完全相反，认为感性是获得真理性认识过程中必须排除的干扰。

欧洲哲学发展史的烙印打在伦理学的领域，所表现出的就是伦理的理性主义对欧洲社会的千年影响。伦理理性主义反映了人类对确定性的追求。苏格拉底以“美德就是知识”和普罗泰哥拉作为“万物尺度”的“人”针锋相对的命题，建立的“伦理——认识平行论”延续千年，深具统治力。到了斯宾诺莎那里，“伦理——认识平行论”被以极端形式提出来，直至公式化。这种对确定性的自信，导致了一种轻视感情的伦理学。他们认为，种种炽情惑乱心性，蒙蔽理智。而理性可以帮助我们控制情感的力量。这种理性主义推至极处，活生生的人就异化为了达到某种先验道德的手段。伦理理性主义反映了未能充分觉醒的人类在道德上的迷误，对生命个体能量的忽视。

因此，产生于18世纪的道德情感主义的取向，就是在经验主义哲学对理性主义哲学的斗争、批判中产生。经验派哲学的培根、霍布斯、洛克、巴克莱、休谟的认识论学说，虽然在很多方面各各相异，甚至正相对立，但是却有一个共同特点：他们都承认知识和观念都起源于经验这样一个基本原则（尽管他们对经验的理解也很不相同）① 正是在这种经验主义哲学与理性主义哲学“针锋相对”的讨论氛围之下，道德情感主义

① 陈修斋. 欧洲哲学史上的经验主义和理性主义［M］. 人民出版社，2007，57.

理论应运而生。道德情感主义作为对理性主义的否定，从一定意义上来说是对道德理性主义的一种纠偏，它是以一种“纠偏者”的身份出现的。

（三）伦理学研究对象的转变

欧洲的中世纪伦理学，是抛弃了古希腊伦理学的研究对象：人，代之以神为核心去研究人的道德。“人”作为伦理学的研究对象可以说在中世纪是退居了幕后的。我们在现实中看到的人，都是服从上帝“指令”的渺小的人，而不是“伟大的人”，那个时期的人，在道德规范的实践中可以说是唯上帝之命是从。中世纪的伦理学可以称之为神学伦理学。神性伦理学的核心，不是考虑人自身需要哪些德性，而是上帝要求人遵守怎样的德性。

但是，在14—16世纪的文艺复兴运动之后，人文主义者重新开始将目光拉回到了人的身上，自然人性对人道主义的高扬、对神学伦理学的反叛，使得各个学科领域，包括伦理学也开始关注人本身。17世纪，霍布斯的以自然人性为基础对道德开展的研究，直接恢复了古希腊的以人为研究对象的伦理学思想传统。伦理学开始慢慢关注道德的发生与人性的关系，促使道德思考的对象发生了转向。自此，人们开始对道德的基础进行重新思考，情感主义开始慢慢地从幕后走向前台。

（四）方法论上的不断发展

18世纪的启蒙运动最典型的特征就是在方法论上抛弃了传统的形而上学的抽象演绎的方法，以分析还原、理智重建的方法论取而代之。分析还原、理智重建的方法，强调在认识某一对象时，要对其进行分析，将其还原为组成因素，然后在思想中将这些因素再重建为整体。这种方法论在当时心理学、宗教批判、历史学、法学、美学等多种领域被广泛应用。

同时，随着牛顿力学及其科学实验方法在物理学和化学领域发挥更大作用，其使用的经验实证的方法直接推动了心理学和哲学认识论的研究进步。

可以说，从形而上的抽象演绎的方法论到注重经验实证、分析还原性的方法论的过度，二者互为表里，在哲学领域反对从一般原理原则直接推演出现象和事实，成为道德情感主义伦理学的产生、发展且不断成熟的助推器。注重从现象、事实推演、上升出一般原理原则，正是这种方法论转变的一个产物。

二、情感主义伦理学的理论演进

在英国近代伦理思想发展史上，自弗兰西斯·培根提出伦理学应该注重情感研究的任务以后，伦理学中的情感论倾向不断浓郁、明朗、清晰。哲学家洛克在唯物主义感觉论基础上对情感以及情感的各种情状开展了基础性研究。之后，伦理学家沙夫茨伯里将道德感概念引入伦理学，哈奇森和大卫·休谟的进一步丰富、修正和发展，形成了与唯理主义伦理学说相对立的情感论伦理学派。之后，亚当·斯密、斯蒂文森等人不断对其进行完善，逐渐形成了情感主义伦理学思想体系传承。

情感主义伦理学派，在基本的观点上“强调道德来源于情感，情感来源于感觉经验，人性本质是‘趋乐避苦’的道德情感，并把驾驭理性之上的仁爱情感同增进人们的利益、大多数人的幸福联系起来，尤其是休谟的通过同情感受把人的利己心和利他心统一起来，并且通过同情感受使利己心走向利社会的同情论观点，表现出功利主义的新倾向。”①

（一）沙夫茨伯里（Anthony Ashley Cooper Shaftesbury）②

沙夫茨别里，（1671—1713），英国自然神论者。早期英国启蒙运动的代表人物之一，沙夫茨伯里的关于伦理学的相关论述主要收录在《对人的评述、风俗、舆论、时代》（三卷）中。

关于沙夫茨伯里，国内学界相对还是比较陌生。沙夫茨伯里是明确地将“心理体验”作为伦理学基础的第一位伦理学家。他提出道德起源于人类的情感，“道德宁可以说是被人感觉到的，而不是被人判断出来的。”③ 并用经验论的认识方法和心理学的考察方法来论证“道德感”存在的必然性和发生机制。

在众多的情感范畴中，莎夫茨伯里围绕“道德感”重新定义并区分了善与德性；考察了人类的本性与情感；对霍布斯以自我为中心的社会契约论进行了批判；探索了人类道德发生机制，发现善和德性建立在怎

① 薛为昶．伦理学与经济学的离分与复归——斯密体系及斯密以来经济学伦理意蕴研究［D］．东南大学博士论文，2005，35．

② 国内学者对其名字称谓多种多样，有沙夫茨伯里、沙夫茨伯利、舍夫茨伯利等。

③ ［英］休谟．人性论［M］．北京：商务印书馆，1980，510．

样的人类本性之上；追问了善和德性以及这个世界的关系；将道德感这样的伦理情感延伸到美学领域而发展成为一种审美无利害情感；提出道德与宗教可以相分离，因为道德感是与人性紧密关联的，宗教并非判断人是否有道德的终极标准。

沙夫茨伯里的伦理思想，通过哈奇逊间接影响休谟的伦理思想，且与后来的功利主义相联系。另外，对康德、赫尔德尔、席勒等人的观点也产生过重要影响。

1. 人天生有德

沙夫茨伯里的思想是在反对伦理理性主义（如柯德华和克拉克）、伦理感性主义（如霍布斯）、抨击宗教思想的基础上建立起来的。他立足自然神论的基本哲学基础，提出了自己道德理论的两个基础：第一，道德可以独立于宗教而存在。其二，人自然有德。沙夫茨伯里把自然情感作为其伦理学体系的基点，明确地把伦理学的注意力从理性转移到情感冲动上来。通过对经验的详尽分析明确地区分出人们自然欲望中无私和自爱的因素。沙夫茨伯里认为道德原则"应该"是早已存在人的心中，美德是自然的，人天生有一种情感，仁爱是人类心灵最基本的品质。即"人天生有德"，道德决不是从外部由教会灌输进去的。

2. 批判伦理理性主义把善归结为抽象理性

沙夫茨伯里否定了理性在价值判断中的统治地位，认为人先天的就具有一种内在的"内感官"，沙氏将其称之为"道德感"。道德感是天生的，因而不学而知，是非理性的，因此不虑而辨。

3. 批判霍布斯用感觉经验来判断善恶价值观念

沙夫茨伯里认为，不能把道德看作是一种感觉经验的产物。他认为，感觉经验所凭借的基础是外在感官，外在感官知觉关联的是直接的"苦乐感"和"利害感。"当一种行为沦落为单纯的、毫无原则的"趋乐避苦""趋利避害"，那这样的行为并不能被称为道德的。

沙夫茨伯里的道德理论并不否认人类的"自利"。他的理论承接着洛克的自利本性的理论，论述了自利行为能够给带给社会的一系列好处。人人都自私就可以带来一个社会的和谐的看法的主要奠基人是霍布斯和孟德斯鸠，这个看法也隐含于洛克的作品之中，沙夫茨伯里是洛克的学生，他从他的老师那里接受了这样一个理论，认为自利未必是一件坏事，它也许是上帝和谐计划的一个部分。但是他也反对“人性自私”之说。

沙夫茨伯里的道德情感伦理思想走出了道德感觉论的局限，初步批判了道德理性主义。其思想体系总体呈现一种渐进、调和、稳健的社会启蒙特征，并最终发展成为情感主义伦理学。

（二）弗兰西斯·哈奇逊（Francis Hutcheson）

英国道德哲学家，十八世纪苏格兰启蒙运动的奠基人，苏格兰启蒙运动中第一个主要思想家，苏格兰哲学之父，道德情感论学派的代表人物之一。哈奇森论述伦理学问题的著作主要有：《论美》《论道德的善与恶》《论激情与感情的本性与表现》《对道德感官的阐明》《论人类的社会本性》《道德哲学体系》，等等。哈奇森以“为了大多数人的最大的幸福”的信条奠定了古典功利主义基础，他的伦理观深刻地影响了休谟与亚当·斯密。

哈奇森的伦理思想与沙夫茨伯里有密切联系。他继承了沙夫茨伯里关于人性仁慈、利公为德的基本思想，明确支持沙夫茨伯里的利公观点，反对曼德维尔的利己主义。他还从不同程度上发展了沙夫茨伯里道德可以计算，道德可以与宗教分类等思想。他的最主要贡献是将沙夫茨伯里的“道德感”理论明确化、系统化，扩大了这一理论的影响，有力推动了后来情感主义伦理学的发展。在某种意义上来说，哈奇森的道德学说是用“道德感”理论贯穿起来的，他作为近代伦理学史上重要思想家的地位与他的这一理论息息相关。

1. 道德感是什么

哈奇森的道德感理论是以经过修正的洛克的经验心理学为依据的。他认为，人心中的一切观念都来自感觉和反省，它构成了认识的基本材料。在《论激情与感情的本性与表现》一书中，他区别出了与外部改进不同的四种内部感觉：内感觉，即审美感（对事物美或丑的知觉）、公众感（对他人的幸福感到快乐和对他人的苦难感到不快的知觉）、道德感、荣辱感。道德感是指我们观察到的一个具有道德倾向的行为或动机时心中出现的一种“特殊的”快乐或者不快，我们感受或接受这种快乐或不快的官能就是道德感。或者说，道德是心灵对道德对象的“德”或

"恶"的知觉，是对道德上赞成或反对一个对象的一种"决定"。[①] 道德感与生俱来，是人的本性结构的一部分，是人类普遍具有的，归根结底由造物主植入人心之中。

2. 道德感与道德对象相联系

"德"在于普遍的仁爱之心和对公共利益的追求，当人们看到这种行为或动机时，就感觉到快乐；"恶"就在于自私自利之心以及由此发生的破坏社会和公共利益的行为，当观察到后一种动机或行为时，就感觉到不快，且产生道德上的不赞同。道德感只对仁爱和利公的行为感到愉快和赞同，对自私和利己的行为感到厌恶和不赞同。道德感与外在的厉害无关，只与"人的内在本性"有关。即使某件不道德的事情因为对我们自己有利而得到了我们的同意，那么也不能消灭我们对此事的道德感，且我们还对别人有类似的行为感到厌恶，对自己的行为感觉到厌恶。

3. 从道德感的性质和作用角度讨论道德行为的动机

哈奇森是一个道德上的动机论者。他认为，道德行为的直接动机和原因必定是人类普遍仁爱的情感，而不是狭隘的自爱和自利。道德感是判断一切道德行为的标准。如果一个行为始终出于一种仁爱之心，致力于他人的快乐，同时又不危害他人，那这种行为在道德上就是善的。他认为，霍布斯将人的"自爱"与"仁爱"的情感对立，将其普遍化，将其看作一切行为的动机和源泉是站不住脚的。因为这种观点不能说明人类行为中常见的友谊、感激、慷慨、同情、公益等诸多行为和品质。当然，哈奇森不排斥自爱，认为某种程度上自爱对于人类来说是必要的，关键是要将自爱限制在一定的范围之内。

4. 行为的善恶有大小，因此道德可以衡量或"计算"

针对这一问题，哈奇森提出了五条公理：

任何行为者所造成的公益的量是他的仁爱与能力的复合；

任何行为者所造成的私利的量是他的自爱和能力的复合；

当两行为的能力相等时，他们的行为在相同的情况下造成公益的量与他们的仁爱成正比；

当两行为的仁爱相等，其他情况也相同时，他们造成的公益的量与

---

① ［英］弗兰西斯·哈奇森著. 江畅、舒红跃、宋伟译. 道德哲学体系［M］. 浙江：浙江大学出版社，2010，2.

能力成正比；

所以，行为者的德或他们的仁爱，永远与相同情况下他们造成的公益的量成正比，与他们的能力成反比。[①]

哈奇森的计算思想为道德行为的普遍化和平民化提供了依据。

5. 对理性主义展开了批判

在《对道德感官的阐明》中，哈奇森对当时最有影响力的克拉克、沃拉斯顿等人的理性主义观点进行了集中批判。理性主义者当时非常流行的一个观点是：道德行为必须与“真命题”或“真”相“符合”，只有与“真命题”相“符合”的行为才是道德的或合理的。“理性被理解为发现真实命题的能力，合理性必定意味着与真实命题或真理相符的事物。”[②] 哈奇森指出，与真命题相符合不能决定行为的道德性质和我们对行为的选择。因为不论是道德的行为还是罪恶的行为都可以与相应的“真命题”相符合。但是这种符合不能使我们在两种行为中做出选择，并赞成德行，反对恶行。

哈奇森的“道德感理论”是一种利他主义的情感主义伦理学，这种伦理学延续了源自霍布斯以人性论为基础来解释道德情感主义路线。哈奇森的道德感理论把私人利益与公共利益之间的关系问题转变成伦理学的基础问题。他提出一种完全体现在人性之内的行为动机问题，即人类具有两种情感，自私的情感和仁慈的情感。哈奇森的论证，实现了由利己主义的情感主义路线向利他主义的情感主义路线的转换，纠正了曼德维尔式的“私利即公德”的偏向。这为17世纪以后思想家们解决个人生活与社会秩序、私人利益和公共利益之间的关系铺平了道路。

（三）大卫·休谟（David Hume）

苏格兰哲学家，情感主义伦理学的核心中坚力量，主要著作有：《人性论》（1739—1740）、《道德原则研究》（1752）、《人类理解研究》（1748）、《宗教的自然史》（1757）等。与约翰·洛克（John Locke）及乔治·贝克莱（George Berkeley）并称三大英国经验主义者。

---

① ［英］弗兰西斯·哈奇森著．江畅、舒红跃、宋伟译．道德哲学体系［M］．浙江：浙江大学出版社，2010．2．8．

② ［英］弗兰西斯·哈奇森著．戴茂堂、李家莲、赵红梅译．论激情和感情的本性与表现，以及对道德感官的阐明［M］．浙江：浙江大学出版社，2010，14．

休谟从对理性的批判开始，建立起来了以感觉经验为基础、以道德感和同情学说为辅助的道德哲学体系。

1. 以感觉经验为基础对理性主义的批判

休谟的情感主义伦理学思想体现在其代表作《人性论》及由此改编的《道德原则研究》。休谟首先在原则上反驳道德问题上的理性主义观点。休谟认为在道德判断中主要发挥作用的是人的“感觉、情感”。休谟认为，理性的主要作用是发现真伪，而“真”“伪”所体现的主要是判断与实施之间是否符合。“理性是，并且也应该是情感的奴隶，除了服务和服从情感之外，再不能有任何其他的职务。”①

休谟认为，理性更主要在于处理观念之间的关系，观念之间的关系通过比较、推演的方式定其真假。而在现实生活的实践领域，人们并非通过观念之间关系的理性推演与比较来确定其善恶。“理性固然可以使人们认识到什么是正确的行为，但是不能成为人们行为的决定力量”。这是问题的关键所在。

2. 休谟问题及道德感理论

休谟认为道德判断是关于“应该”“不应该”的价值判断，而不是关于“是”或者“不是”的事实判断，这就是著名的休谟问题。“可是突然之间，我却大吃一惊的发现，我所遇到的不再是命题中通常的‘是’与‘不是’等连系词，而是没有一个命题不是‘应该’或一个‘不应该’联系起来的。……而且我相信，这样一点点的注意就会推翻一切通俗的道德学体系，并使我们看到，恶和德的区别不是单单建立在对象的关系上，也不是被理性所察知的。”②

休谟对事实和价值两个不同的领域进行了区分和比较狭隘的理解。他认为，价值是人在思考、认识对象时主体内心因为具有天性结构而产生的感觉或者情感。价值本身不是对象本身所具有的性质，不在对象之中，而在对象和主体的关系中产生。对象中存在的是事实。而人的行为是受“苦”“乐”的情绪、情感支配的，理性是为情感服务的，理性是情感的奴隶。

既然价值是人思考或者认识对象时产生的反应或者结果，那么情感

① 休谟. 人性论［M］. 北京：商务印书馆，1997，453.

② 休谟. 人性论［M］. 北京：商务印书馆，1997，510.

是道德的根源，一切道德善恶之分最终取决于人心自然的、内在的道德感。“只要说明快乐或不快的理由，我们就充分地说明了恶与德。发生德的感觉只是由于思维一个品格感觉一种特殊的快乐。正是那种感觉构成了我们的赞美或敬羡。”① 人的道德感使得其作出要么认可，要么否定的判断，那些使得人们快乐的行为就是善的，那些使得人们感到痛苦的行为就是恶的，“苦”“乐”是道德善恶评价的一个基础标准。

3. 同情说

“人心是彼此之间的镜子”，这是休谟的“同情心”理论的基本原理。

休谟认识到了这种道德感理论的个体性和相对性问题。因为感觉不可避免地因人而异，在不同的环境、条件下，不同的个体会有不同的感觉，针对同一问题、同一对象、同一事物，可能不同的人会有截然不同的情感体验。从感觉的本质看，人们也不可能由不同个体的同一个行为来产生基本的认同，假如这个问题得不得到根本性地解决，那普遍的道德原则或者准则就是一种虚无缥缈的幻想，这个问题归结起来就是道德的普遍性问题。

休谟针对道德感理论的这个问题提出了“同情说”，这种同情学说后来在亚当斯·密那里得到了极大的传承和发展。“一切人的心灵在其感觉和作用方面都是类似的。凡能激动一个人的任何感情，也总是别人在某种程度内所能感到的……一切情感也都由一个人迅速地传到另一个人，而在每个人心中产生相应的活动。”② 人可以通过联想的作用，使人们形成普遍的道德感，形成共同的价值判断的基础。以同情为基础，表征于每个个体的私德可以产生，同样，比如博爱、慈善、温和、公道、慷慨等公德也依此为基础而产生。休谟的同情学说基本解决了道德感理论容易走向道德相对主义的致命问题，使得人们可以在道德原则上取得基本一致。

4. “习惯是人生伟大的指南”

休谟认为价值是情感的表达，虽然否定了建立伦理规范的可能性，但是并不是反对规范，因为规范确实存在，否则人的生活将没有依据。

---

① 休谟. 人性论［M］. 北京：商务印书馆，1997，511.

② 休谟. 人性论［M］. 北京：商务印书馆，1997，617-618.

休谟所持有的这种非规范的立场，其非规范性是指伦理学所作出的一切规范都没有确定的根据。而人们之所以还按照规范在生活，是因为“习惯是人生的伟大指南”。我们生活的社会、群体、共同体、传统文化都会给我们提供各种各样的规范。规范不是制定出来的，而是形成的。（因果论）

（四）亚当·斯密（Adam Smith）

亚当·斯密（1723—1790），经济学的主要创立者，被誉为经济学的鼻祖。斯密首先是伦理学家，其次才是经济学家。“当时，他是一位身为哲学家的大学教授，而今天他被看成是当代经济学的奠基者。在他有生之年，他因哲学文献而不是经济学而闻名于世”① 斯密一生研究的领域涉及政治哲学、伦理学、经济学。尤其是伦理学与经济学，是其交替进行的两个互补、互通的研究领域，《道德情操论》《国富论》是其在两个研究领域的经典之作。《道德情操论》主要阐述伦理道德问题，《国富论》主要阐述经济发展问题。虽然二者在某些观点是有些不同，如对利己主义行为的控制上，《道德情操论》寄重托于同情心和正义感，而在《国富论》中则寄希望于竞争机制。但对自利行为的动机的论述，在本质上却是一致的。

斯密一生的思想发展，深受亚里士多德、霍布斯、洛克、哈奇森、休谟、孟德斯鸠等人的影响，同样，对后人，比如马尔萨斯、李嘉图、密尔、凯恩斯、马克思、恩格斯、米尔顿·弗里德曼等人的思想形成也是影响深远。

关于斯密是否可以被归入情感主义伦理学的阵营，国内学界没有过讨论。在零星的文章介绍中，有的在介绍代表人物时，会提及斯密的思想，尤其关于斯密有关“同情”的思想。而有的介绍则忽略斯密。存在这样的状态，也是有其原因的。

就斯密的伦理学思想逻辑发展而言，就像学者万俊人所言，“早期的斯密关注的是同情或同情心、诸情感（包括诸道德情感）之间的‘合宜性’、以及诸如心理联想或情感位移等‘关系论性质’的元素在人类伦理生活世界中的作用和可能。但到了晚年，斯密却更为关切诸如自制、谨

① R·福斯菲尔德．杨培雷译：现代经济思想的渊源与演进［M］，上海财经大学出版社，2003，33.

慎、正义等更为确定的美德品质在人类道德生活中可能发挥的影响。”斯密的伦理思想，尤其是早期的伦理思想，与情感主义伦理学在诸多观点方向存在较多一致，与情感主义伦理学的代表人物哈奇森、休谟等人有诸多思想的传承与发展，因此本研究中将其某些方面的伦理思想归入“情感主义伦理学”阵营。其实，《道德情操论》是斯密对哈奇森、休谟理论的一种发展。哈奇森和休谟的情感论都在当时的时代先进地表现出了功利主义倾向。但是他们的功利主义思想仅限于仁爱情感范围内，仅限于仁爱情感对于社会作用的回应。但是，二位学者对于当时社会实际生活中已经日益显露的“阶级冲突”“社会矛盾”“经济矛盾”并没有作出解释，作出很好的回应，斯密在这个问题上“更进一步”。哈奇森和休谟“虽然主张自由主义，却没有用自由主义把伦理学和经济学贯串起来，从经济关系中找到道德感和伦理原则的根据，把自由主义的伦理原则贯彻到对社会经济现象和经济生活的研究上，这个任务是由斯密来完成的。”①

斯密继承了哈奇森的道德感理论，沿着休谟的路线，在自由主义哲学基础上更进一步地系统发挥了关于道德同情的理论。“同情”的概念是斯密伦理学思想体系的一个基础性概念、轴心性概念。

1. 同情的内涵

按照斯密的理解，“同情”就是把自己和别人等同起来，“表示我们对任何一种激情的同感”，使自己分有别人的感觉、情绪或感情，或者说，人们设身处地并同他人分担由环境所激发起来的感情，它包括人的本性中都明显地存在着某种关心别人的命运和幸福的情感，也包括人们看到或想象到别人的不幸时所产生的“哀他人之所哀”的感情。②

2. 同情的天性依赖于感觉、经验、想象，而非神启

斯密在《道德情操论》的开篇就开宗明义地指出：“无论一个人在别人看来有多么自私，但他的天性中显然总还是存在着一些本能，因为这些本能，他会关心别人的命运，会对别人的幸福感同身受，尽管他从他

① 罗国杰等：西方伦理思想史（下）[M]．北京：中国人民大学出版社，1992，233.

② 薛为昶．伦理学与经济学的离分与复归——斯密体系及斯密以来经济学伦理意蕴研究[D]．东南大学博士论文，2005，24.

人的幸福中除了感动高兴以外，一无所得”。[①] 他和洛克一样从感觉论出发，认为道德同情心的形成，感觉是产生同情心的基础，同情心主要依赖于在一定生活经验基础上的感觉和想象。“通过想象，我们设身处地地想到自己忍受着同样的痛苦。我们似乎进入了他的躯体，在一定程度上同他像是一个人，因而形成关于他的感觉的某些想法，甚至体会到一些虽然程度较轻，但不是完全不同的感受。”

3. 如何判断人们行为和情感正当与否

斯密认为，情感与行为的动机、目的有着密切关系。人们判断任何人的行为和指导行为的情感时，都是从“行为动机上”和“行为后果上”来考虑和判断情感是否合宜。

情感与行为的这种联系表现为两种基本的形式：一种与引起行为的动机相联系，另一种与行为所要达到的结果相联系。情感与引起情感的动机是否合宜，构成随之而来的行为是否合宜。从行为结果来看，感情所趋向的行为结果是有利或有害，就构成行为的善与恶，决定行为应受报答或惩罚的性质。判断情感是否合宜的标准，是“情感”与“引起情感的原因”之间的合宜程度。

就“评价自身情感和行为的原则”而言，斯密提出了“旁观者”的概念，评价自身情感和行为的原则与评价别人的情感和行为的原则相同。我们要将我们自己置于另外一个人的角色，用这个“旁观者”的眼睛观察自身的行为，从“旁观者”的角度出发，看我们对影响自己行为的感情和动机能否完全进入并产生共鸣。

4. 与个人的品质关联的“谨慎、正义、仁慈”美德范畴体系

斯密从同情心出发，提出了“谨慎、正义、仁慈”为核心的美德范畴体系。关于个人品质，斯密认为必须从两个方面来考查才更加全面。首先，它对自己的幸福所能产生的影响。“个人的身体状况、财富、地位和名声，被认为是个人的舒适和愉快所依赖的主要对象。对它们的关心，被看成是通常称为谨慎的那种美德的合宜的职责。”[②] 其次，它对其他人的幸福所能产生的影响。“对自己幸福的关心，要求我们具有谨慎的美

① 亚当·斯密著. 王秀莉等译. 道德情操论［M］. 上海三联书店，2008，3.

② 亚当·斯密. 蒋自强等译. 道德情操论［M］. 北京：商务印书馆，2002，5.

德；对别人幸福的关心，要求我们具有正义和仁慈的美德。”①

5. 情感、经验、理性对于道德原则的形成都重要

在理性、情感的关系问题上，斯密既不否认理性作用，又与唯理主义者有着明显的分歧，保持着清楚的界限。原则上，斯密坚持的是情感论和经验主义的立场，坚持用“体验”“经验”来解释赞许原则形成的根源。

在讨论道德评价的赞许原则时，斯密对伦理学上出现过三种不同的哲学、伦理学体系做了分析。一种是自爱说，认为对自己或对别人的行为的赞许，仅仅是出于自爱，也就是出于对自身有利还是有害的考虑。第二种是理性论，认为人们之所以对自己或别人的行为赞许，完全是依据理性本身的辨别能力，即理性本身具有的区分真伪、辨别行为和感性适当不适当的能力。第三种是情感论，认为区分行为的正当不正当完全是情感的能力，完全是产生于对某种行为引起的看法满意不满意的情感。② 斯密对霍布斯为代表的自爱说的错误提出了批判。斯密就这个问题，更加倾向于理性论的观点与情感论观点的一个结合。斯密认为，道德原则如同其他原则一样，在体验和经验的基础上形成，而情感则是道德原则的根源，同样，理性在道德原则过程形成中也发挥着重要作用。但是斯密同样认为，理性的作用也要借助于经验，经验是理性的动力之一。道德原则和概念假设仅仅依据多变的感情来确定，那么它们就会非常含糊和不确定。因此，这些含糊、不确定、正确、错误，要形成最可靠的判断，就需要理性加以调整。

（五）伯兰特·罗素（Bertrand Russell）

伯兰特·罗素是二十世纪英国哲学家、数学家、逻辑学家、历史学家，与弗雷格、维特根斯坦和怀特海一同创建了分析哲学。罗素是现代情感主义伦理学的拓荒者。他的伦理学思想发展经历了如下两个阶段：

第一阶段：非自然主义的认识主义的伦理学时期。这一时期是他伦理思想发展的前期，作为摩尔伦理思想的诠释者；

第二阶段：非认识主义的情感主义伦理学时期。“在前期，他是摩尔伦理思想的诠释者，在20世纪20年代以后，由于受到自然主义伦理学的

① 亚当·斯密．蒋自强等译．道德情操论［M］．北京：商务印书馆，2002，343.

② 罗国杰等：西方伦理思想史（下）［M］．中国人民大学出版社，1992，244.

代表人物桑塔耶那等人的攻击，促使罗素从早期非自然主义的认识主义的伦理学立场转变向了非认识主义的情感主义伦理学。”①

罗素继承并发展了传统情感主义伦理学的基本观点，把伦理学从科学的王国中驱逐出去，认为要把真假的科学问题与善恶的价值问题分开。价值是科学以外的事情，价值问题不能诉诸于逻辑分析，价值本身不具有客观性，价值不过是人们欲望和情感的表达而已。他说：“严格地说，我认为并不存在道德知识这样一种东西。”罗素反对建立什么绝对的道德标准，在他看来，既然道德只是个人欲望与情感的表达，那么，一个必然的逻辑结论就是：“在个人的欲望之外，并不存在道德标准。”道德只是相对的，在主观情感的基础上不可能建立普遍绝对的价值判断标准。②

从罗素开始，情感主义伦理学开始有走向极端情感主义伦理学的倾向产生。

（六）鲁道夫·卡尔纳普（Rudolf Carnap）

鲁道夫·卡尔纳普是美国哲学家，经验主义和逻辑实证主义的主要代表。曾受罗素和弗雷格（Frege）的著作影响。

到了卡尔纳普这里，情感主义伦理学的被极端化，他本人也成为极端情感主义伦理学的代表。

卡尔纳普从两个方面论证了伦理学理论研究的非科学性：

第一，从伦理学的规范性特征来看，它只能表达个人的情感、愿望和心理，而不可能表述任何可以证明的经验事实。

第二，通过对语言功能的分析否定伦理学作为科学知识的可能性。他认为，语言具有两种作用：表达的作用、表述或描述的作用。卡尔纳普认为，许多语言只有一种表达的作用而没有表述的作用，而具有表达功能的语言只能抒发情感、表达意愿，没有断定的意义，因而这种语言表达“不含有知识”、伦理学命题只有表达的功能而没有描述的功能，因而不能被当作知识。③

（七）查尔斯·L·斯蒂文森（Charles·L·Stevenson）

哲学思想的发展通常会经历几个阶段。首先，这个思想被以粗糙、

---

① 万俊人. 现代西方伦理学史［M］. 上卷. 北京：北京大学出版社，1990. 362.

② 万俊人. 现代西方伦理学史［M］. 上卷. 北京：北京大学出版社，1990. 364，365.

③ 张言亮、陈瑾. 麦金泰尔对于情感主义的批评［J］. 科学·经济·社会，2006. 04.

简单的形式提出，出于某种原因，人们会发现这个思想非常具有吸引力。之后，随着人们关注的增多，粗糙的理论会不断受到攻击和批判性的分析。在批判分析中人们会发现这些理论有很多不足。此时，人们可能会因为反对意见的强大而选择逐渐放弃这个新的理论，但也会有人保持对这一思想的基本核心，试图提出更高级别的版本去修正它。一段时间的修正之后，这个理论可能被打磨的更加精细、系统，这个时候，批判和讨论可能升级，反对者又会提出对新版本理论的质疑。这时，又会有人选择放弃，而有人继续去修正它，建构更高的“提高版”，整个修订、批判的过程又重新开始。情感主义伦理学的发展基本就遵循了这样的发展思路。

在斯蒂文森之前，情感主义伦理学者们提出的理论范本，被冠以了“朴素主观主义”的名头。休谟等人的理论，因其“朴素主观主义不能解释一致、暗含着我们总是正确的”等诸多理由广受批判。到了20世纪，情感主义在美国哲学家斯蒂文森那里得到了发展和修正，斯蒂文森提出的理论比朴素的主观主义更为精细和复杂。

1944年斯蒂文森初步《伦理学与语言》，正式加盟情感主义阵营。这本书主要通过对价值语词的情感用法和描述用法进行了分析，对价值与事实的关系、道德语言进行了分析。

作者在该书中主要有两个方面的目的：

第一，坚持元伦理学的研究方向①，提出伦理学的任务是分析伦理语

① 进入20世纪后，伦理学的学科属性，在摩尔、艾耶尔那里发生了一次转向或者偏向。他们反对将伦理学划归为心理学或社会学等经验科学的分支，而倡导将其作为语言哲学的一个分支。在摩尔、艾耶尔那里，做的更多的工作是对伦理学语言的一些最基本的“元分析”。1903年，G. E. 摩尔的《伦理学原理》出版，标志元伦理学的兴起。摩尔在此书中提出要对伦理学的最基本概念（对他来说，最基本的伦理学概念是“好”）进行分析。摩尔认为如何定义“好”的问题是理学的最基本的问题，只有回答好了这个基础问题，才能回答“什么事物是好的”的问题。A. J. 艾耶尔在其著作《语言、真理和逻辑》中声称，“伦理学唯一能做的工作就是分析伦理学词项，给出它们的定义，或者判断某些定义的合法性与可能性。其它的伦理学问题都应作为伪问题排除掉。”斯蒂文森继摩尔和艾耶尔之后，继承了语言分析的路径，但是对伦理学采取了一个较之摩尔、艾耶尔更为缓和的立场。更为细致深入地发展了情感主义理论。“本书并不处理整个伦理学，而只处理它的一个狭小的专门部分。它的第一个目标是澄清伦理学词项的意义———诸如“好”、“正当”、“正义”、“应当”之类的词项。它的第二个目标是刻画能证明或支持伦理学判断的一般方法。”斯蒂文森承认分析性的元伦理学的工具性性质，不像艾耶尔那样将语言分析作为目的性的，认为元伦理学的研究开展是为了伦理学研究改善工具。

言的意义和功能，而非制定或论证道德规范。

第二，自己的理论不“拒斥规范伦理学”，而是要研究规范伦理学所使用的方法。首先，从情感意义上分析道德语言，其次，深入研究人们在现实生活中进行的道德争论的性质、意义和功能，从而建构起一个系统的情感主义伦理学理论体系。

在斯蒂文森之前的情感主义，其核心的基本理论观点可以做如下概括：当一个人说某件事情是道德上善的或恶的，这意味着他同意或不同意那件事情，没有其他更多的含义。

X 是道德上可接受的
X 是正确的
X 是善的
X 是应当做的
}所有这些都意味着：“我（说话者）同意 X”

X 是道德上不可接受的
X 是不正确的
X 是恶的
X 是不应当做的
}所有这些都意味着：“我（说话者）不同意 X”

斯蒂文森虽然提出了上述观点，但不否认规范伦理学的可能性，他只是提醒人们注意语言的情感用法。斯蒂文森认为，一个语词被说出来，一般都蕴含并影响着听者的情感，语词的使用几乎不是中立的。

“一边去，朗斯！”

“下地狱的哈姆雷特。”

这些语句中没有“真的”或“假的”。这些句子不是用来陈述事实，而是用来表达说话者的态度。

像这样的道德语言，不是在陈述事实，而是在表明态度，影响人的行为方式。

斯蒂文森认为，只有带有态度、情感的语言，其作用不都是坏的。自私的政治家可以用它来改变人的态度，以至于成为改变世界的有力手段，同样，无私的有道德的改革者也可以用。“无论我们是希望使用还是力求避免情感术语，理解这种术语经常能够产生的强烈效果，都是绝对必要的。”①

三、情感主义伦理学的理论观点

西方道德情感理论的思想家们，虽然立论及侧重点不同，但是在一些伦理学的基本理论问题上观点却是基本保持一致。概观道德情感理论流派的情感理论，其核心的理论观点及思想主张如下：

（一）道德起源：道德起源于人的情感而非理性

道德情感理论把自然情感作为道德的基础与来源，把道德归结为人的自爱与同情②，虽然忽略了决定道德存在和发展的社会经济根源，但是他们“反对用理性的社会义务原则来制约自爱之心，反对用上帝的意志来解释人的道德的来源，用人的社会情感的自然性确证了道德存在坚实的人性基础，确立了人的情感与道德生活和谐发展的可能性。”③ 其理论和实践意义极其深远。

沙夫茨伯里主张道德起源于情感。情感不同于理性，也不来自于外在的“苦乐”感觉，而来自人先天“内在感官”。他批判柯德华斯认为的道德源于人的“理智自性”，反对霍布斯、洛克等人认为的道德起源于苦乐感觉。

哈奇森认为道德就是来源于洛克所说的“内省”即我们知觉善恶的情感。他使得“道德来源于情感”的命题被赋予了直觉主义的气质。

休谟更是旗帜鲜明地提倡“理性是情感的奴隶”。“理性既然永远不能借着反对或赞美任何行为，直接阻止或引生那种行为，所以它就不是道德上善恶的根源。”④ 因为道德属于社会活动的范围，远远超出了知性的判断水平，只有情感才能影响人的道德，情感是道德的真正来源。

（二）道德行为发生动机：仁爱、同情是第一因素

情感主义伦理学敏锐地注意到了道德行为的心理基础问题，认为情

① 斯蒂文森．伦理学与语言［M］．北京：中国社会科学出版社，1991，71．

② 这样的观点与“把道德的最终来源归结为人的趋乐避苦的本性”是有区别的，道德情感理论并非是一种这样简单的感觉论者。

③ 从道德理性走向道德情感：近代西方道德情感理论述评［M］．中南工业大学学报：社会科学版．2000，1、6．

④ 休谟．人性论［M］．商务印书馆，1980，453．

感才是行为发生的“第一推动力”。[①] 情感主义伦理学把人的情感、仁爱和同情作为道德行为得以发生的动机及首要因素。这样的观点，看到了道德行为孕育的动机、意图、目的，看到了人的态度倾向性对道德行为的影响，发现了道德行为与人的“价值倾向”“主观意志”的关联，注意到了人的道德行为、抉择、选择的主体性。在这点上，同情说可谓崇论闳议。

沙夫茨伯里虽没有正式提出同情理论，但他从人性善出发提出人生来具有道德感。人生而具有的适合于社会群体生活的、基本倾向是互助合作的仁爱情感。“各个人的热情或情感中，对于一种族的同类的利益有一固定的关系。在天然情感、慈爱、对于后裔的热忱、对于幼儿增殖和养育的关切、爱群、同情互济等等情形中已有说明。”[②]

哈奇森发展了沙夫茨伯里的思想，认为道德行为必须是出于仁爱的动机。出于仁爱的行为令人快乐；反之，则令人痛苦和不安。

休谟将同情作为道德行为过程中的一个基本“通则”，认为动机的善良本性在于同情，同情是直接诱因。斯密发展了同情说，提出同情是一种人的高级情感，同情能使人基于想象，将他人的痛苦看作自己的痛苦。同情为人本性所拥有，“无论人们会认为某人怎样自私，这个人的天赋中总是明显地存在着这样一些本性，这些本性使他关心别人的命运，……这种本性就是怜悯或同情，就是当我们看到或逼真地想象到他人的不幸遭遇时所产生的感情。”[③]

同情原则为研究道德行为发生提供了一定的方法论基础，为道德行为的知与情、内与外之间在整个道德情感理论体系中架起了桥梁。但这一观点也带有强烈的直觉主义倾向。受当时时代发展、研究水平的限制，在今天看来显现出了其心理学表述的简单。

（三）道德情感与理性的地位：重视情感，但并不排斥理性

情感主义理论者虽然强调情感的作用，但是并没有把理性从道德生活中剔除出去。他们也注意到了理性的作用，他们只是主张用“个体理

---

① 现代心理学家汤姆金斯（S· Tomkins）认为人类活动的内驱力的信号需要有一种媒介才能激化有机体去行动，起这种放大作用的就是情感。

② 周辅成．西方伦理学名著选辑（上卷）［M］．北京：商务印书馆，1987，763.

③ 亚当·斯密，蒋自强等译．道德情操论［M］．商务印书馆，1997，5.

性”代替“社会理性”。这样可以充分发挥每个个体的主体性，并且在个人和社会之间达成统一。

比如沙夫茨伯里就给了理性适当的地位。他认为，人的“内在感官”（道德感官）与人的理性相结合，是有理性的生物的一种自然本性。在完美的人格中，这两种对立的情感是和谐平衡的。

休谟认为，理性在指导意志方面并不能反对情感，“当我们谈到情感和理性的斗争时，我们的说法是不严格的、非哲学的”。①

斯密强调理性对情感的调控是美德的前提。

（四）道德判断的依据：道德情感是道德判断的依据

情感主义者强调情感对于道德判断的重要意义，强调情感是道德价值判断的内在依据。反对对道德理性主义者提出的伦理学同几何学一样可以达到同样的确定性观点。

沙夫茨伯里根据道德情感确定善恶价值，他认为：“凡出自不公正的情感所作的，就是不义、恶行和过失。如果情感公正、健全而良好……这就必定在任何行动中构成我们所说的公平和正直。”②

哈奇森也认为道德感是道德判断的根据。“若没有道德感，那么，我们的合理行为，一定会看来既像是美丽的，又像是丑陋的，同时一切赞美都将出自赞美者的立场。”行为或行为者的道德价值完全是由我们的情感决定的，构成道德判断的核心是情感。③

休谟首先发现了道德判断与事实判断不同，是一种价值判断。道德判断是用“应该”与“不应该”来连接，代表着判断主体有益或无益的倾向，是一种心理态势。而事实判断用“是”与“不是”等系词来连接，表达的是事物本身的真或伪。

斯密认为“同情”是道德判断的核心，强调情感共鸣在道德判断过程中的作用。评价别人时，依靠的是“设身处地体会别人的处境”时的情感体验；评价自身行为时，也是依据这种同情的感觉。

（五）道德行为的选择：利己与利他的统一

道德情感论者认为人虽有利己之心，但只要以同情心为基础在不损

① 休谟．人性论［M］．商务印书馆，1980，453.

② 周辅成．西方伦理学名著选辑（上卷）［M］．商务印书馆，1987，760.

③ 周辅成．西方伦理学名著选辑（上卷）［M］．商务印书馆，1987，787.

害他人利益的基础上的自利也是应该值得理解的。以“自爱”为核心的“个人意志自由”与以“仁爱”为核心的“社会制约”完全可以达到统一。个人利益与他人利益、社会利益相矛盾时，行为主体要根据内在的道德信念选取一种可能的、具有最大道德价值的行为，即有利于“最大多数人的最大幸福”实现的行为。

为了解决“仁爱”与“自爱”之间的矛盾，道德情感论者基本都采取了计算的方法。提出了道德可以“计算”的思想。

沙夫茨伯里首次把量的计算的思想引入道德理论领域。“我们计算所有各项情感，由此决定了（用加法或减法）幸福的总数或总量的增加或减少。如果在这种道德的计算中，没有一件例外，则所处理的问题可以说具有如数学数目字中可见到的高度的明确性。”①

哈奇森在历史上第一次提出功利主义计算公式：德性=善的量×享受的人数。“凡产生最大多数人之最大幸福的行为，便是最好的行为，反之，便是最坏的行为。”② 他认为，德性与善的数量和涉及的人数成正比。如由行为所发生的快乐程度都是相等的，那么凡称为德性的行为要看快乐所普及的人数来决定；若人数相等，那么德性还须看快乐或自然善之量而定。

四、情感主义伦理学理论观点的评鉴

情感主义伦理学的形成与发展，是西方伦理学思想史上发展的一个里程碑。情感主义伦理学，作为理性主义伦理学思路的对立面的出现，是人类道德理论研究逐渐走向成熟的一个标志，它的出现，具有着重要的承前启后的作用。

从情感主义伦理学的理论核心观点中，我们可以闻到远古时期“人是万物的尺度”的气息，同样也明确感受到了几百年前情感主义理论思想家们就先知般提出的“呼唤人的道德主体性”的呼唤。情感主义伦理学，上述伦理理性主义的弊端，下开功利主义先河，甚至从一定意义上来说，站在伦理理性主义的对立面立场上，通过批判的方式无形地深化了伦理理性主义的立场和观点。评鉴情感主义伦理学的得与失、利与弊，可以让我们从更加理性的角度，在小学道德教材的编写中“取其精华，

① 周辅成. 西方伦理学名著选辑（上卷）[M]. 商务印书馆，1987，782.

② 周辅成. 西方伦理学名著选辑（上卷）[M]. 商务印书馆，1987，807.

弃其糟粕”。在批判情感主义伦理学问题的同时，不至于“将洗澡水与孩子同时倒掉”，避开情感主义伦理学的问题，将其长处为我所用。

（一）情感主义伦理学遭受到的批判

1．康德及麦金泰尔的批判

（1）康德的批判

在唯心主义的哲学中，康德哲学的结构非常庞大，而且精细。在这里我们不作深入、全面地展开性讨论，而只就康德本人对于情感主义伦理学理论观点的一个基本态度予以梳理。

康德哲学，本质上是一个先验论的理性至上主义的道德哲学，他在情感、理性对道德的作用问题上从一个极端走向了另一个极端，对主情主义给以最深刻、最彻底批判的当属康德。

康德对情感主义给予批判，最为核心的角度是“理性与情感”关系的角度。康德虽然也在《判断力批判》《纯粹理性批判》《实用人类学》中讨论情感，对情感予以分类，讨论情感能力的先天根据，讨论“敬重”① 这种纯粹智性的愉快，但是在二者的关系上，康德认为，情感只是道德需要的源泉而已，虽然人们期望一种先天的道德感发挥更大的作用，但它却不具有绝对的价值。对康德而言，判断一个行为的道德价值，完全是取决于意志对于道德法则的尊重，是“出于义务”，而不取决于情感。

康德坚定地认为：“理性所颁布的诫律是不可违抗的，它从容坚定，决不向爱好让步。”② 只有“在理智战胜了人欲、克服了由爱好而来的冲动并且历经艰难困苦，完成了棘手的责任的时候，人们心身愉悦，胸中充满深沉的宁恬，这就是道德生活中的真正幸福。”③

康德认为，情感主义的关键问题在于：“把道德感，这种被认为特殊的情感，请出来也同样作用甚微，那些不会思想的人，相信情感会帮助他们找到出路，甚至在有关普遍规律的事情上也通行无阻。然而，在程度上天然有无限差别的情感，是难于给善和恶提供统一标准的，而且一

① 康德将“敬重”这种人的情感作为实践理性的动机，但并非将道德行为建立在情感的基础之上。在康德那里，敬重是一种非常独特的情感。敬重将一切基于爱好的愉快或不愉快都给剥夺了。

② 苗力田译．康德．道德形而上学原理：代序［M］．上海：上海人民出版社，2002，8．

③ 苗力田译．康德．道德形而上学原理：代序［M］．上海：上海人民出版社，2002，8．

个人感情用事，也不会对别人做出可靠评价。”①

（2）麦金泰尔的批判

麦金泰尔在其著作《德性之后》中集中对情感主义进行了彻底的现代性批判。麦金泰尔从西方现存的道德危机反思为出发点，对情感主义所造成的相对主义的困境进行了三个方面批判。

第一，道德分歧存在的罪魁祸首是情感主义

麦金泰尔将道德危机与情感主义两个内容联系在了一起。他认为，道德危机最突出的特征就是人们关于某一问题的纷争不断。

麦金泰尔列举了三个当代道德争论中经常提到的例子：正义战争、人工流产、公费医疗和教育，通过三个例子中人们支持的理由和反对的理由同样充分，阐释了这种纷争的难以解决。麦氏认为纷争就是由道德分歧所引起的，情感主义又是导致道德分歧的根本原因。

麦金泰尔看到，是传统的道德观念被抛弃，价值观念被抛弃，从而造成了当代道德的危急和贫乏。现如今所有的评价、判断、道德判断，都是一种基于偏爱、态度或者是感情的表达，情感主义的思路使得道德判断成了个人主观好恶的一个产物。

麦金泰尔给情感主义下了这样的断语：“情感主义是这样一种学说：所有的评价性判断，尤其是所有的道德判断，就其在本性上，它们是道德的或是评价性的而言，都不过是爱好、态度或感情的表达。”②

第二，情感主义“事实与价值”的二分理论基础是不够坚固

情感主义伦理学，尤其麦金泰尔拿来做靶子的斯蒂文森在阐述其理论的时候，都特别强调事实与价值的二分。麦金泰尔通过论证，认为事实与价值之间并没有情感主义伦理学家所想象的无法跨越的鸿沟。首先，从历史角度看来，这条鸿沟就没有存在过：“在荷马史诗中，一个人以某种方式行动，就足以善。因而，断言一个人有怎样的行为在通常的意义上无疑是事实性的；而荷马使用的“善”在通常评价意义上则无疑是评价性的。事实与评价之间所谓的逻辑鸿沟，在荷马那里，并不是一条上面架有桥梁的鸿沟。那里根本就没有这样一条鸿沟，并且全然不知道要

① 杨国荣．伦理与存在：道德哲学研究［M］．上海：上海人民出版社，2002，62.

② 宋继杰译．A．麦金泰尔．德性之后［M］．译林出版社，1995，12.

到哪里去开挖这条鸿沟。”①

其次，麦金泰尔认为人是一个功能性的概念，人应当做什么的价值问题可以从作为角色的人所拥有的功能性规定推理出来，即一个表述“是”的前提能够在一定场合包含一个表达‘应该’的结论，至少不会有语法上的谬误。就比如说“他是大副”这句话完全可以推理出“大副应该做……”的结论。

因此可以说，麦金泰尔的分析动摇了情感主义伦理学的基础。

第三，情感主义理论自身存在不可克服的矛盾

他认为主情主义道德观的要害在于：“缺乏任何终极标准”。不论情感主义自我声言忠于什么标准、原则或价值，这些东西都须解释为态度、偏好和选择的表达，这些态度、偏好与选择本身并不受标准、原则或价值的支配，因为它们是基础，是先于对标准、原则或价值的信奉的。由此可以推出，情感主义的自我从一种道德行为状态或责任转换到另一种时，不可能有任何合乎理性的历史。②

2. 自身理论观点遭到的批判

（1）道德来源阐释过于单一

道德的起源问题是伦理学中的重大课题之一。对道德起源问题的不同回答，决定了对道德功能、发展与变化规律的不同认识，关系到其伦理学体系架构的基本内容、基本倾向。情感主义伦理首先遭到攻击的就是关于道德起源问题的观点。情感主义伦理学将道德来源归之于个体的情感、态度，是失之于简单化的。

在起源问题上，情感主义伦理学忽视了道德存在的社会历史发展需要、忽视了道德的种系发生、忽视了社会政治发展的需要、忽视了经济发展的需要、忽视了文化发展的需要。道德是社会政治、经济、文化、心理等多因素交互作用而产生的，认识不到这一点，仅仅关注到道德产生的心理前提，那么在其基础上建构起来的理论体系可能就会失之偏颇。

（2）道德行为发生动机的判断过于单一

就一个道德行为发生而言，它的背后是充满了复杂性的。将道德行为的发生归之于其情感的动机、归之于“同情”，是有一定合理性的。但

① ［美］A. 麦金泰尔. 龚群译. 伦理学简史［M］. 北京：商务印书馆，2003，30.

② ［美］A. 麦金泰尔. 龚群等译. 德性之后［M］. 北京：中国社会科学出版社，1995，43.

是在行为发生机制上只专注于“情感的诱发和冲动”是有失偏颇的，因此受到了批判。在道德行为的现实发生过程中，情感有可能导致善的行为或者恶的行为，有可能导致道德行为的产生，也有可能不必然导致道德行为的发生。道德行为的发生也可能受到个体人格、现实利益、所处情境等多重因素的影响。道德行为的发生可以说是情感、情境、认知、价值、利益、想象、需要等各方面因素交互作用、统整酝酿之后的一个结果而已。虽然这个过程可能非常的短暂，也可能这个过程是在潜意识当中被整合完成的，但无论怎样，道德行为的发生都存在这样一个多重因素整合、相互牵制、相互抵消，其中主体较为认同的强势的那种因素整合其他因素从而做出决定，做出道德行为的一个过程。可以肯定的是，情感只是动机之一。

（3）“道德感”理论具有直觉主义气质

早期英国情感主义者几乎都认为，一个人出生，除了有眼耳鼻舌身等感觉器官之外，还有一种与之并列的官能，这就是道德感官。这种道德感官先天性地具有判断自己行为的功能，人们可以凭借这种道德感来区别善恶。

首先，在对道德感本身的把握上，把道德感及其真理性看作是不证自明、直接就可把握的，具有明显的直觉主义性质，这种直觉主义实质上是主观唯心主义。这种用直觉主义来解释道德情感的作法，虽然反对了机械唯物主义的某种片面性，但同时也否认了道德的客观价值标准。

另外，道德感理论所提出的人先天具有道德感，这种道德感能先天地具有直接地判断、区分出善恶的能力，也被指夸大了感性和情感在道德区别中的作用。

（4）对情感概念缺乏严谨、科学的理解

对情感主义伦理学而言，情感可以说是一个非常核心的概念。情感伦理学者都对情感内涵有着理解。

沙夫茨伯里认为，情感是一种意向，客观外物作用于人的感官时，引起一种感受、爱憎的意向，就是情感。

休谟《人性论》中将人性分为知性、情感和道德学，从而给予了情感以独立的地位，使得情感与伦理学关联起来。休谟认为情感是将伦理建立在人的同情心之上的，是“自然原则”。他用知性说解释同情，认为道德情感是观念和想象作用的结果。

亚当·斯密在《道德情操论》中从“人有同情心”来阐释其理论。他认为，“不论一个人多么自私，即使最大的恶棍，最执迷不悟的惯犯，在他的本性中都明显地存在着某种关心别人的命运和幸福的情感，这种情感即为‘同情’”。“同情”就是把自己和别人等同起来，使自己分有别人的感觉或感情，或者说，是使人们设身处地并同他人分担由环境所激发起来的感情的人类天性。”

综观情感主义伦理学中的各个观点，都是基于一种假设、一种想象、一种直觉去给情感下定义，去理解情感的内涵。而实际上，关于情感的理解，在哲学领域、社会学领域、心理学领域，等等，都有着极其深刻的认识，尤其随着近现代心理学研究不断取得新进展，相关研究也不断深入。有关情感的理解日益走向科学化。

而反过来看情感主义伦理学者基于自己的感性认识而理解的情感，并且依此框架构起了整个伦理学体系，很可能因其可能把握不住情感的本质而使得理解失之偏颇，从而影响对道德起源问题、动机问题、判断问题，等等，一系列体系内的衍生理论出现偏差，从而影响该理论体系的严谨性和科学性。

（二）情感主义伦理学理论观点的可取之处

作为主情主义的情感主义伦理学的基本理论观点，有其内在的合理性，这些合理之处可以为我们开发小学道德校本教材所利用。

1. 确信了人天生“性善”的立场

情感主义伦理学的产生，就是在批判霍布斯、孟德维尔等人的利己主义立场和观点上发展起来的。洛克之后，英国伦理思想围绕“人的本性是利己还是利他”“道德是先天还是后天”依然在延续着讨论。霍布斯在1651年出版的《利维坦》中，以“个人生命自我保存”（心理利己主义）为根基构筑了一种政治伦理学说。从霍布斯开始伦理学被捆绑上了诸如“利益、快乐、幸福”这样一些概念。霍布斯的观点引发了剑桥柏拉图学派人物（莫尔、卡德沃斯、昆布兰等人）以及他们的支持者沙夫茨伯里等人的反对。他们反对霍布斯、孟德维尔等人关于道德发源于人的“自私、利己”本性的观点，反对利己主义，主张自私不是人类本性，人的本性是向善的，是具有社会性、追求公共利益、关心他人的，主张人的道德善恶是起源于人类先天就有的道德感。因此，从情感主义伦理学所奠基的“道德感”理论来看，从对“自私、利己”观点的立场确立来看，情感主义伦理学虽然倡导个人道德情感的作用发挥，但是本质上持有的是一种人天生“性善”的立场。

2. 确立了“道德与人性”的关联

从整个欧洲的历史发展脉络以及伦理学发展史来看，情感主义伦理学是在对“伦理理性主义纠偏”，反对中世纪外在性的“神性道德”的基础上发展起来的。可以说，正是由于情感主义伦理学的出现，才真正地在近现代伦理学发展理论中确立了“道德与人性”的真正关系，使得道德成为人自身的规定性，而不是外在于人的对立物。对于道德与人性的关联，确立了道德情感理论的基础。情感主义伦理学的思想家们的论述，从人性出发，从人的情感出发，论证人的感性、欲望、态度、情感的合理性，直接撼动了上帝、神、天理等虚幻的力量在道德生活实践中的统治性地位。

情感主义伦理学对于道德与人的关系的认识，对于把人置于了人性基础之上，使得道德真正成为了人的道德，这一点就对我们现在的道德教育、道德教材的编写有着重要的启发作用。这样的关联，使得道德不再简单地凌驾于人之上、简单地与人对立起来、简单地将道德与人性割裂开来，导致那种道德教材文本编写上在道德价值、目标确定上所容易导致的“高”“大”问题。

3. 确立了“道德行为与动机”的关联

情感主义伦理学的第二个可取之处就在于对道德行为的心理基础的重视，第一次发现了情感作为道德行为发生的初始动机的重要秘密。

道德行为与动机的这种关联性，正如新个体主义伦理学家爱因·兰德所形象地进行的描述：“情感是人类价值判断的天然结果，它深藏在潜意识之中。情感算计着什么是促进其价值的、什么是阻碍其价值的；什么是有利于他的以及什么是有害于他的。瞬间的评估给予他损失或得益的结果。①

情感，从一定意义上说，是行为发生的第一推动力。理性当然在道

① 爱因·兰德. 新个体主义伦理观［M］. 秦裕. 上海：三联书店，1993，24.

德行为的发生上也具有重要意义，但是情感要先于理性而对某一事实做出反应，情感无论怎样都在理性产生作用之前而“条件反射”性地发挥作用。因为情感，一定会产生对某一问题的“好”与“恶”，一定会产生直觉上的、甚至良心意义上的“赞同”或“反对”。

因此，情感主义伦理学对于道德行为发生的驱动机制问题的发现，对于道德教材编写而言也有重要的启发。深刻认识到道德行为的触发、驱动机制，可以使得编写者有目的性地选择好文本材料，避免容易感觉到太“假”的文本资料被选择进来。一眼就能让孩子看出来这个文本资料或者故事是虚构的、是假的、是不真实的素材，那每一个教材的读者、使用者根本就不会对素材产生真正意义上的情感。假如真的产生情感的话，那也是一种“不信任”的感觉。一旦这种不信任的感觉成为一种常态后，学生就会落入一种“学坏容易学好难”的境地，再想慢慢地说服他们，真的太难了！学生基于这种教材而不断地产生不信任，在相应的情境中付诸相应的道德行为就成为一种奢望。

4. 确立了“情感与理性”“自由意志与社会制约”的统一

首先，在道德生活中，情感与理性的关系问题上，情感主义伦理学绝对不是简单意义上的“不可知论者”“个人主义者”。在二者的关系上，情感主义并不必然地排除理性的作用。沙夫茨伯里虽然把自然情感作为道德的基础，但并没有把理性从道德生活中排除。休谟直接指出：“当我们谈到情感和理性的斗争时，我们的说法是不严格的、非哲学的”①情感与理性的统一，对于道德教材编写中弘扬道德主体性，同时关注确定性的美德伦理，增强道德责任感、培育人的道德素质是非常有意义的。

另外，情感主义伦理学在道德行为最后的选择问题上，虽然主张个人的自由意志，但是却强调个人意志自由与社会制约的统一。

情感主义伦理学强调在个人利益与社会利益、个人利益与他人利益发生矛盾时，要行为主体根据内在的情感、态度选择一种具有可能性的、具有最大道德价值的行为，或者说做出有利于“最大多数人最大幸福”的选择。比如沙夫茨伯里，在处理自然情感与自我情感的关系时就认为，解决二者的关系，就是解决好个人利益与社会利益的关系，提出个人利

① 休谟. 人性论［M］. 商务印书馆，1980，453.

益与社会利益相一致，认为个人私利只有通过社会功利才能得到满足，促进社会功利的同时也是对个人私利的满足有利的事情。也只有这样才能使得个人私利得到最大程度的满足和实现。

在道德选择过程中，就善恶判断的做出、责任担当等都受道德情感的支配而言，这样的思想对于道德教材的编写也是深刻的，因为如果我们只是承认理性对于道德选择的唯一支配、统治权，那么我们进行教材编写的核心就是要厘清到底哪些是需要理性地给予学生的道德价值。把这些价值厘清了，选择什么样的素材去呈现、承载这些道德价值就是一个更下位的次要性问题。而假如我们能关注到个人意志自由的问题，能关注到情感之于道德行为形成的问题，那么作为道德价值承载载体的文本素材的呈现方式同样重要。假如不关注文本呈现方式的问题，那驱使行为主体进行道德选择的准则和规范，就只能归结到“强制”的框框里。只要是强制型的、机械性的靠理性去灌输社会认同的道德价值取向，那么只能导致个体存在的人格解体、对自身存在价值的冷漠、无视。这是我们进行教材建设必须引起惊醒的大问题。

当然主情主义有先天的缺弊。孤立的、单一的主情主义容易使人难以获致道德涵义全貌，有其自身难以僭越的限度。在本文通篇一以贯之的是情感主义，对道德这一复杂的认识对象采用了“拆解”的研究方式，但我们一定要自明那是一种“拆解式”的研究方式，无论是主情主义、主知主义、主意主义，等等，都是这种研究方式。采用这种研究方式，是为了更深入地对某一个研究领域进行深入地探究，有助于人们直接地、切近地理解道德研究深入之后，要跳出来，正确的致思趋向应当是抛弃“非此即彼”的二元对立的思考问题方式，树立一种整合的观念，从道德人格的整体特性上对理性、情感予以统观，从而使理与欲、知与情从分殊自立走向整合交融。惟其如此，才能获得对道德本质的全面把握。

以情感遮蔽或取替道德的其他要素，就会遭致个体分别以自己的情感视差为探查点，疏离以至委弃道德的一般性和普遍性的道德规范，自然不免陷入道德相对主义的渊薮。道德的实践和教育就会蜕变为一种“主观的奢侈”或“虚幻之物”。这一点是必须引起重视的。

第四章 “日本”小学道德教材编写的主情主义路径

日本文化有双重性，就像菊花与刀。菊花是日本皇家家徽，刀是武家文化的象征。日本人爱美而又黩武，尚礼而又好斗，喜新而又顽固，服从而又不驯，忠贞而易于叛变，勇敢而又懦弱，保守而又求新。

——鲁思·本尼迪克特《菊花与刀》

战后日本的道德教育论是一种典型意义上的主情主义理论。日本学者松下良平指出：战后的日本道德教育，诉诸于心灵的思想根深蒂固，而将“心灵”作为架起认识（即知）和行为（即行）间的桥梁，并培育“心灵”的心情主义道德教育论，也广泛地席卷了当今日本的教育界，深深地根植在了人们的心理。① 在这里，按照松下的解释，“心灵”“心情”指人的“情绪、感觉、情感”等方面的内容。②

我国的日本道德教育研究专家饶从满也指出了日本战后道德教育研究的情感主义特质：“在日本重视‘心灵教育’，不仅仅意味着重视道德教育，还意味着日本在道德教育中重视情感教育。可以说，这与追求无私清明的心情，实现完美的人际关系的伦理，日本人的伦理意识是息息相关的。在道德教育中重视情感，表现为在目标上强调情感能力的培养，在方法上重视情感的熏陶。即使是战前的修身科教育，也决不仅仅是止于道德知识的传授，而是通过国语、唱歌、学校仪式等进行道德情感的培养，而战后的道德教学，也并非是单纯地知识传授，而是在总体的倾向上极力地抑制知识要素，而把着力点放在‘道德情感’与‘精神准备’的培养上。”③ 在整个日本这种主流的道德教育论影响下的日本道德

① 松下良平．知ることの力—心情主義の道徳教育を超えて［M］．東京：勁草書房，2004．III-V．

② 松下良平．知ることの力—心情主義の道徳教育を超えて［M］．東京：勁草書房，2004．III-V．

③ 饒従満．日本の道徳教育の方法的特徴［J］．道徳教育，2001，(10)：107-108．

教育，在整体的国家政策、道德教育目标、道德教育的途径、道德教育的方式方法、道德教材的编写等各个方面都体现出了主流性的情感主义特色。

一、日本现行小学道德教材编写的背景

（一）文化背景

战后日本道德教育理论及其影响下的情感主义教材编写，与日本文化的主情主义是分不开的。

美国人类学者本尼迪克特曾经非常形象地用“菊花”与“刀”概括了日本人民族性中的矛盾和性格的二元性。“菊花”是皇室的家徽，而“刀”又是武士道文化的象征，显然这种概括是有深意的。

“刀”所代表的自大等方面的民族性，这种民族性支撑了二战时期的武力扩张，同样支持着现代日本把丰田汽车打造成汽车制造业的 NO. 1。而“菊花”则是一种民族的情感核心。亦刚亦柔、既穷兵黩武又崇尚美感、既生性好斗又温和谦让、既桀骜自大又彬彬有礼、既顽固不化又能屈能伸、既忠贞而又心存叛逆、既勇敢而又懦弱、既保守而又敢于接受新的生活方式……菊花与刀正好象征了这种矛盾。

而以“爱菊”为核心的民族情感因素与文化基因投射于日本社会生活的各个领域，对日本人的生活特别是伦理道德生活产生着重要影响。比如，日本人最喜欢的身体小享受之一就是洗热水澡。就连最穷的农民也会同富裕的人一样每天傍晚到很烫的热水中去泡泡澡，并已经成为了生活惯例之一。日本人重视每天洗澡的原因之一和其他民族一样是为了保持清洁，但是他们还对洗澡添加了对纯艺术的消极的放纵的情调，这在其他民族的沐浴习惯中难以复制。再比如，即使日本幼儿园里的孩子，在三九严寒我们还穿着厚厚羽绒服之时，幼儿园的孩子们却穿着单薄的衣服、光着脚丫在室外的冷水中玩耍。对于衣服而言，在寒冷的中国北方，人们赋予它更多的是保暖的功能。而日本人除了将其视为遮身蔽体的东西之外，还附加了更多情感的期望：他们把身体裸露于严寒之中，以锤炼孩子们从小就能够面对人生的困难。这种情感的寄托并非仅仅是特例，而是在整个民族的历史中延续久远。

再细致到更加具体的日常生活的道德领域，更能体现出这种情感的

投射。过马路能很好的管理好自己规矩地按红绿灯指示行事，与他人交流一般都是先点头鞠躬并面带微笑，与社会接触总能事先考虑到集团的利益……当然，通过这种简单化的、外在化的道德行为的表征，不能简单化地就判断每一个日本人自身都那么的高尚、发自内心的高尚、发自情感的高尚。而是可以看出，他们日常道德生活当中的道德行为更多的是受到一种以“耻感文化”为根本特征的情感投射，“耻感文化特征”的影响是日本人所特有的。这和欧美等国家的“罪感文化”以及中国特有的儒家的“仁道文化”完全不同。耻感文化是借助于外部的约束力来使人行善，这和真正的罪恶感文化借助于内心的服罪或者借助于中国人所说的良心来行善是不同的。耻辱感是对别人批评的一种反应，一个人感觉到耻辱是因为他被当众嘲笑或者遭到摒弃，或者他自己感觉被嘲弄了。这种道德要求旁观者在场或者至少有一个臆想出来的旁观者。日本人把这种耻辱感当作道德的原动力。

日本人认为对耻辱敏感的人就是能够实践善行的一切标准的人。对于日语而言，“知耻的人”有时会翻译成“有德之人”，有时也会翻译成“讲信用”的人。耻辱感在日本伦理道德中与欧美社会中的“良心”“在上帝面前不虚妄”“避免罪恶”等西方伦理中的一样，具有同等的地位。从这里也就不难理解日本战后道德教育改革为什么要以心灵教育为核心去展开。其实以心灵教育为核心的改革，除了解决孩子们心灵荒废的问题之外，其最根本的是文化基因遗传自日本人的文化性格。也就是上面所说的以情感为核心的耻感文化。每一位日本人都会对公众对自己行动的评价非常关注。他们只需要推测出别人做的判断，然后会针对别人的判断而确定自己的行动准则。因此，在日本的道德课中，总是不停的从不同的角度体会不同角色的人的不同心情、情感、观点这件事情也就不难理解。能悉心观察别人行为中的一切暗示、并能强烈感觉到别人对自己行为的评价，慢慢培育起了孩子的道德敏感。对道德行为、事件从情感上敏感了，又慢慢累积起来了道德感。

美国学者赖肖尔观察日本文化，对于日本文化也给出了自己的评价：

"日本人倾向于感觉,[①] 而不是理性;擅长微妙敏感的表达,而不是明晰透彻的分析;偏爱实用主义,而不是理论思想;喜欢组织的技能,而不是恢宏的学术观念。"[②]

总体看来,日本的文化是一种具有共感性的共同体文化。这种具有共感性的共同体文化中强调同一团体内部的人融洽相处,拥有共同的感觉、情趣、习惯、生活方式,融洽集团气氛等;对于自己亲近的、能容忍的、同质的东西,能够从内心中接纳而不至于残酷拒绝。在日常生活中,日本人表现得"轻柔、礼貌而温和",他们总是以"温和的人的感情",而不是以"干巴巴的、生硬的理论思想"来表达他们自己。因而和大多数其他民族相比,日本人更受易感情的约束。[③] 日本文化血液中流淌的这种独有的"重情、重感性"的基因,为道德情感角度的教材编写提供了温情的土壤。

(二)政策背景

1. 道德教育由全面主义到特设主义、新学力观的转变

战后日本道德教育体制经历了一个由全面主义到特设主义的转变。在1947-1958年之间,日本实行的是以社会科为中心的全面主义道德教育体制。而社会科是包含修身、公民、地理、历史等的综合性学科。这样的教育体制设计是希望所有的学科领域都进行或者渗透道德教育,但是实施后的结果却是由于道德教育领域过分分散而谁也不管道德教育。另外,社会科也因为强调社会态度培养而忽视个人德性培养屡遭批评。

自1958年之后,日本在中小学一方面坚持全面主义思想,即通过学校全部教育活动来进行道德教育,另一方面又设立专门的道德时间,每

① 这种对于感性的表达,也许在日本的文学作品中,可以更加直观、明显的感觉到。比如川端康成的小说《伊豆的舞女》。作品情节非常简单,描述了一名高中生独自在伊豆旅游时邂逅一位年少舞女的故事。伊豆的青山秀水与少男少女间纯净的爱慕之情交织在一起,互相辉映。据说伊豆的舞女是川端康成的自传体小说。读者在读这样的小说之时,都会被其中细腻的情感描写所吸引,并且为日本小说在情感方面表达的擅长而唏嘘慨叹。其他的比如川端康成的《雪国》、紫式部的《源氏物语》,等等。读过这些书之后,每一个读者都会被小说中那种淡淡的哀伤、凄美、唯美的情绪所包围。

② [美] 埃德温·奥·赖肖尔. 当代日本人——传统与变革 [M]. 陈文寿译. 北京:商务印书馆,1992,172.

③ 日本文化の特徴 [EB/OL]. http: www. geocities. jp/tillich37/sasaki. idol1. html. 2012-11-20.

周利用一个小时的时间在道德时间实施道德课，期待道德课对学校全部教育活动中的道德教育发挥补充、深化和整合的作用。

20 世纪 80 年代之后的日本教育改革，鉴于本国“考试地狱”“自杀”“校园暴力”等教育病理现象的出现，跟随着世界范围内声势浩大的教育改革浪潮拉开大幕。1991 年 3 月 13 日文部省的《修订小学、初中学习指导纪要通告》中明确提出了“新学力观”的概念，自此，新学力观被视为 20 世纪 80 年代末 90 年代初期至今的推进日本学校教育改革的核心理念。“这种新学力观尊重每一个学生的个性、自主性、主体性，重视创造力的发展，重视人际沟通与合作能力，旨在培育每一个学生的思考力、判断力、想象力、创造力以及人际交往与合作能力等。”① “新学力观”概念下的教育，因为其更加重视过程，着眼于儿童“优点”的可能性，谋求实现丰富的自我，让儿童学会感受生活的意义，因此，为道德上的情感主义逻辑取向编写教科书提供了大的政策背景。

2. 心灵教育在日本的发展

20 世纪 70 年代中期以后，日本开始出现以欺辱、校内暴力和其他青少年不良行为为主要特征的教育荒废现象，反映了日本学校教育出现的荒凉和衰退现象，显示了青少年道德危机的严重程度。此时，针对矫正日益严重的道德危机、强调以培养儿童“充实的心灵”为主要内容的心灵教育得到了日本政府的关注。

心灵教育源于 18 世纪末、19 世纪初瑞士著名的民主主义教育家裴斯泰洛齐的回忆性著作《天鹅之歌》。在这本著作中将教育分为头脑的教育、心灵的教育和手的教育，首倡心灵（Heart）教育。1877 年毕业于纽约州奥斯威哥州立师范学校的日本人高岭秀夫将心灵教育传到日本②。在此后的一个多世纪中，由于有关心灵教育在人格形成中的作用，心灵教育在日本得到了很好的继承、研究和发展。

日本政府 1976 年教课审的咨询报告《关于改善小学、初中和高中教育课程的基准》首次在官方文件中提出培养学生“丰富的人性”，标志着“心灵教育”政策的萌芽。临教审 1986 年发表的第二次咨询报告首先提

---

① 浙江学前教育网. 佐藤学教授与华东师范大学钟启泉教授对话录（二）[EB/OL]. http://news.06abc.com/20080327/5047.html, 2012, 1-12.

② 曹能秀著. 当代日本中小学道德教育研究 [J]. 北京：商务印书馆，2007，245.

出了“心灵荒废”一词。1998 年 6 月，第 16 届中教审发表了咨询报告《关于从幼儿期开始的心灵教育的应用状态》，在此报告中，中教审以心灵教育为中心，探讨了家庭、社区和学校应该如何培养儿童丰富人性的问题。这个报告是日本政府首次明确提出心灵教育的含义，集中阐释了心灵教育的内涵、外延以及方式方法，并把心灵教育提到重要的议事日程，在日本心灵教育发展过程中具有里程碑式的意义。2003 年 2 月，新成立的中教审发表了《关于适合新时代的教育基本法和教育振兴基本计划的应用状态》的咨询报告，该报告在其第一章第二个目标中提出“培养充实的心灵和锻炼健壮的身体”。该咨询报告中单列一段对“充实的心灵”基本含义进行了阐释，即“除了儿童应该有最基本的规范意识之外，还要教育儿童有自律之心，诚实、勤勉，有公正感、伦理观，有感激和同情之心，有能够理解别人的痛苦和体贴之心，有礼貌，有爱自然之心，对美丽事物的感动之心，有重视生命之心，有对待自然和崇高的事物的敬畏之念”。这次咨询报告与以往报告中所涉及之心灵教育相比，主张明确，论述集中，在心灵教育中只强调培养充实的心灵，没有培养儿童社会性的内容。

《充实的心灵》道德教材正是在这样的编制背景下编撰而成。这套教科书希望通过其实施，将孩子们磨炼成为了解自己、丰富其心灵、拥有丰富内心世界，并能将其付诸于具体行动的人。

（三）理论背景

日本道德教材编写所呈现出来的情感主义特质，在理论研究上首先是受到了学界乃至教育政策中对道德性的内涵理解。

日本道德教育中对作为道德教育目标的“道德性”的内涵理解，虽然在其结构上也与我国一样，从道德情感、道德判断、道德意志、道德行为等几个方面进行因素的构成划分，但是与我国道德教育中的“品德”“品格”是有着较大区别。

在我国，通常将品德理解成为一种稳固的特征或倾向，是个人根据一定外在的道德行为规范行动时所表现出来。而日本则将道德性理解为一种内在化的支撑道德行为的素质或基础，即“道德价值的统一体”，把价值意识和自然性视为道德性的构成要素，而将道德情感、道德判断、道德实践意愿和态度等要素视为道德性的外在表现形态或功能。[①] 在这里理解的基础上，日本的道德教育实质上是如何形成儿童的内在价值意识的问题，而内在价值意识的形成，更多的是与情感联系在一起的，表现出了情感主义的特点。具体到具体的道德教材编写领域，无论是在编写理念上，还是编写的具体呈现方式上，都要为这种内在化的道德性的培养服务。

在日本，影响较为广泛的当属金井肇的结构化道德教育理论。结构化道德教育理论“以创建生动活泼而又富有成效的道德教学为主旨，强调明确培养道德性的原理的重要性，主张在道德教学中以真实的人性为基础，让学生思考其与价值间的关系，从而加深其对价值重要性的自觉。”[②]，其基本理论体系的阐释在 20 世纪 70 年代末开始构想，1996 年出版的《道德教学的基本结构理论》中进行了较为系统地阐释。金井肇所创生的结构化道德教育理论表现出了最为明显的情感主义特征，是日本情感主义道德教育理论最为典型的代表。

1. 道德教育的总体目标是培养道德性

关于道德教育的总体目标，金井认为，其着眼点不是“培养具体的道德行为”，而是要核心性地培养“作为行为基础的道德性”，在学生内心培养起来“植根于内部的道德性”。“道德教育不能只盯着儿童的行为。它在根本上是培养道德性的。通过培养道德性，才能够培养每个儿童自我实现的能力；通过培养能够生动活泼地生存的儿童，才能够培养出在行动上能够践行所期望的行为的儿童。”[③] 而所谓的道德性“是指人为了追求人之所以为人的存在方式和更好的生存方式而践行道德行为并形成的可能的人格特性，它是构成人格的基础。而且，它也可以说是作为人的优点，是各种道德价值在每个人内心之中经过整合的产物。”[④]

2. 如何培养道德性

就如何培养道德性而言，金井从伦理学视角阐述了道德性培养的

---

① 饶从满. 愉快有效的道德教学何以可能——结构化方式道德教学论解析［J］. 教育研究，2009，(6)：94.

② 饶从满、张德伟. 结构化方式道德教学论的本体论基础考察［J］. 外国教育研究，2000，(5)：22.

③ 金井肇. 明るく楽しい構造化方式の道徳授業（小学校・高学年編）［M］. 東京：明治図書，1996. 6-7.

④ 文部省. 小学校学習指導要領解説・道徳編［M］. 東京：大蔵省印刷局，1999. 13.

原理：

（1）培养道德性的本体论原理

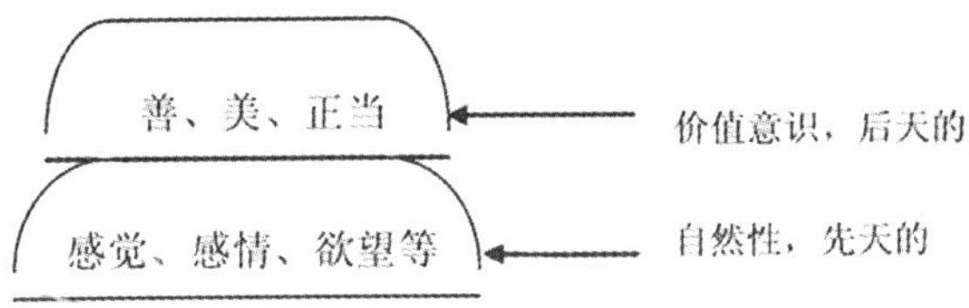

首先性结构的形象图

资料来源：金井肇．道徳授業の基本構造理論［M］．東京：明治図書，1996．27.

金井通过自己构建的道德性结构的形象图，向大家展示了道德性的本体结构，认为人的价值观结构或者道德性结构是两个部分构成。一部分为人的自然、先天的感觉、感情和欲望，为人先天就有，处于道德性结构的基础性部分。这一部分不需要进行特殊的教育，因为会随着身心的逐渐成长而变得逐渐强大起来；第二部分为价值意识，即人类所追求的善、美、正当等，是在先天的自然性基础上发展而来的。这一部分是需要后天进行教育的。人的道德性就是在自然性部分与价值意识部分的互动、均衡的基础上发展而来。二者相互渗透、相互依赖，密不可分。

而当道德性结构具体到每个人时，金井提出每个人的道德性结构构成是具有个性化特点的，各不相同的。

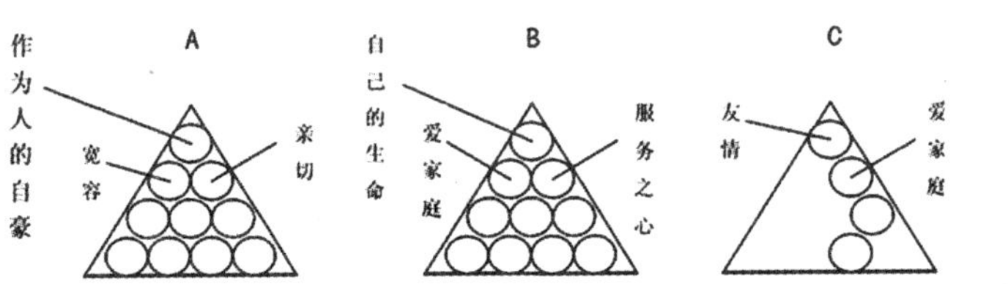

注：1. 价值序列化的方式和体认深度因人而异。

2. C 尚未成熟，判断力还停留在不成熟的阶段，儿童一般属于这一阶段；A 和 B 一般属于成人阶段。

个人化的价值体系的模型

资料来源：金井肇．こうすれば心が育つ［M］．東京：小学館，2003．53.

就顶端部分的具体的价值体系而言，在每个人心目中对其进行排序的话，最重要的只有一个，这个最重要的价值处于最顶端。每个人就这个最重要的价值的选择都是不同的，有的人可能将友谊作为价值体系中最为重要的顶点，有的人可能将正义、公正作为价值体系的顶点，等等。然后往下依次是较为次要一些的价值。以此类推，从上至下构成一个价值序列。越下位的价值，其包含的数量会越多。从上至下不同层次的价值构成了每个人心目中的价值体系。

（2）加深对道德价值自觉的方法原理

使学生的内心真正深刻地接受道德价值，从而真正培养出儿童的道德性，就是加深对道德价值自觉的内涵。就如何加深道德价值的自觉，金井提出最好的途径是弄清道德价值是通过什么样的方式方法曾能真正深入到学生的内心。

“在道德教育中，对于道德价值，不能仅停留于知性的理解，还必须加深为自觉。由于自觉是内心之中深刻地体认到该价值对自身的真正重要性，所以是情感上予以接受的东西。诉诸感性，才能够加深自觉。因此，要加深自觉，利用感性的路径极其重要。”① 金井更加重视的是学生在自然性的基础上，通过与自然性的关联，从而发展人的道德价值，使之从内心的情感意义上真正接受这样的道德价值、认可这样的道德价值。因此，为了加深学生对某一道德价值的自觉，金井说：“要弄清该道德价值在某种场合下与人的自然性到底有什么样关联，并且要以人的自然性为基础或出发点，在明确各种价值与心灵结合的机制的基础上进行教学。这样，就能使道德价值深入学生的心灵。”②

有鉴于此，我国学者饶从满明确指出：“从结构化方式道德教学理论将感性、情感置于核心地位来看，我们可以将其归为情感主义道德教育论。”③

除了金井的理论之外，押谷由夫的“综合单元性道德学习理论”④ 也

① 金井肇．道徳授業の基本構造理論［M］．東京：明治図書，1996，36.

② 金井肇．道徳授業の基本構造理論［M］．東京：明治図書，1996，52-54.

③ 饶从满．愉快有效的道德教学何以可能——结构化方式道德教学论解析［J］．教育研究，2009，(6).

④ 押谷在其著作《新道德教育的理念与方法》中对“综合单元性道德学习理论”进行了解释，即“综合地把握学生养成道德性的场合，以道德时间为中心，使发挥各学科、特别活动和综合学习时间等的特点进行的有关道德价值的学习形成有机的统一性，以便能够开展重视儿童的意识流程的道德学习而进行的计划。”

是情感主义道德教学理论的比较典型的代表。“综合单元性道德学习理论”以“主体性”“综合性”为核心内核，构建了一种二者相交融，并且具体化了的动态的、立体的道德教育体系。押谷由夫在《教育的新时代》中提出，构建生动活泼的道德教学时，必须注意三点。其中之二就是“强调积极培养道德心情，因为道德心情的养成，在道德性的培养中发挥着非常重要的作用，它是促使道德判断能力走向实践的不可匮缺的东西。”① 押谷由夫非常强调在道德教学中让儿童获得感动的体验。换句话说，就是使道德教学成为一种打动儿童心灵的教学，只有这样才能真正的有效。押谷由夫的思想闪烁着可贵的情感主义之光。

另外，像日本高知大学伊藤启一教授统合性道德教育理论，将道德教育的重点放在“尊敬”“同情”等价值项目的培养之上，认为“尊敬”是道德性的核心，认为“同情”是支配诸德的基础德性，儿童只有具备了这两样，才能与他人建立良好的信赖关系，从而深厚两项之外的其他道德价值，从内心形成价值的内在自觉。②

荒木纪幸的两难教育论把“将人作为人来尊敬的人间尊敬精神，作为道德性的核心内容”加以强调，并认为在内化人的尊敬精神为道德性时，道德情感的要素是不可欠缺。③

因此，从总体的日本道德教育理论研究来看，尤其是基于本土创生的道德教育理论研究，总体倾向上都表现出了一种“内化论”意义上的情感主义特质。道德教育理论的开路性、奠基性研究，为道德教材的编写开辟了理论道路。

二、日本小学道德教材的内容结构

日本小学道德教材科书《充实的心灵》有着众多版本。日本光文出版社平成16年（2004年）9月出版发行的东京都版《充实的心灵》道德教材，是在《学习指导要领》的框架下，由日本淑德大学教授新宫弘识、

---

① 押谷由夫．道徳教育新時代・生きる喜びを子どもたちに［M］．東京：国土社，1994，80-81．

② 高亚杰、饶从满．伊藤启一统合性道德教育论解析［J］．比较教育研究，2011，（11）：60．

③ 荒木紀幸．ジレンマ資料による道徳授業の改革—コールバーグ理論からの提案［M］．東京：明治図書，1994，100-105．

千叶大学教授上杉贤士主编的一套小学道德教科书。这套教科书与其他版本相比，体现了日本小学道德教育理论研究和实践探索的最新进展和较高水平。本部分将从此套教科书的编写背景、编写方针、编写体例以及呈现方式四个方面进行教科书特点的客观静态分析。而对教师教学、学生学习的动态过程中所涉及到的有关此套教科书的问题将不予涉及。

《充实的心灵》道德教材主要依据《小学校学习指导要领》以及《小学指导要领——道德编》作为参照坐标编写，共分6册，供小学1年至6年级在每周的道德时间作为使用参考。对于这套教科书来说，编写方针、编写体例、呈现方式等三个要素是其编写构成的主体。对这三个要素进行深入研究和阐释，可以很好地展现这套教科书的概貌和轮廓，有助于我们对此套教科书有一个较为系统、深入的了解。

（一）编写基本方针

1. 着力于培养儿童“生存能力”

《充实的心灵》所展开的教育是以“生存能力”的培养为核心，通过在道德教育时间中，使用《充实的心灵》，从培养儿童的道德性的角度提升其生存能力，促进其人生的幸福。

2. 搭建教师和孩子沟通的平台

《充实的心灵》的各项内容是以《小学校学习指导要领》为指南编写的。其内容可以作为教师和儿童同时进行思考、谈话和实践的联系纽带。这些内容为教师和儿童之间有效沟通和交流搭建了平台。通过教师引领儿童对这些内容的学习，可以让老师和孩子们一起通过对内容项目的了解寻找到好的生存能力和方法，寻求人类幸福生活的方式。

3. 兼顾知情意行等方面的培养

《充实的心灵》在使用时，其教学目标关键在于培养孩子们在道德认知、道德情感以及道德实践方面的意愿。但是培养知、情、意等方面并非仅仅注重精神方面的目标，而是在拥有丰富心灵的同时还能用实际行动去证明自己的思想，培养具有实际行动能力的孩子才是本书的最大目的。

4. 引领儿童道德性的自我形成

《充实的心灵》通过影响孩子们的心灵，让孩子们形成自己的独立的生存观念和方法。即使在没有老师指导的情况下，孩子们也能通过本套教科书的自我阅读，自己寻找到更好的生存方式。这套教科书的教育方向就是让孩子们自我形成可以幸福生活的能力。

5. 打造多功能及多用途的读物

《充实的心灵》虽然仅仅是一套道德教科书，但是它在很多场合可以很好地发挥出不同功能。这是一本不仅可以在道德课上培养能力，还可以活用到学校各个方面教育活动、班队会以及家庭或生活社区的儿童读物。

（二）编写体例

《小学校学习指导要领》中在第三章单设一章，对道德教育的目标以及内容进行了详细阐释。《充实的心灵》根据《小学校学习指导要领》的内容项目要求，从“与自身相关的事情、与他人相关的事情、与自然以及崇高的事物相关的事情、与集体和社会相关的事情”四个方面，四线并进、螺旋上升地编排内容体系。每个方面又细化为三至四个方面的内容项目，具体如表1所示：

内容项目框架图

内容项目	细化项目以及解读	
1. 与自身相关的事情	1—（1）有节制的生活态度	留心身体健康及人身安全，珍惜自己的物品和钱，整理周边，不任性，有规律地生活。
	1—（2）勤奋、努力	认真完成必须要完成的学习任务和事情。
	1—（3）勇气	辨别是非，把认为正确的想法转化为行动。
	1—（4）正直、明朗	不撒谎，不欺骗他人，坦诚、轻松自在地生活。
2. 与他人相关的事情	2—（1）礼仪	留意让人心情愉快的问候、语言、行为等，并开心地接受这些。
	2—（2）关心、亲切	以温暖的心，亲切对待身边的幼儿或老人。
	2—（3）友情、合作	和朋友和睦相处，互相帮助。
	2—（4）尊敬、感谢	对平日照顾自己的人表示感谢。

<table>
<tr><th>内容项目</th><th colspan="2">细化项目以及解读</th></tr>
<tr><td rowspan="3">3. 与自然以及崇高的事物相关的事情</td><td>3—（1）亲近大自然，爱护动植物</td><td>亲近身边的自然，用温柔的心接触动植物。</td></tr>
<tr><td>3—（2）尊重生命</td><td>很庆幸生命还存在，拥有重视生命的心。</td></tr>
<tr><td>3—（3）敬畏</td><td>接触美丽的东西，变得神清气爽。</td></tr>
<tr><td rowspan="4">4. 与集体和社会相关的事情</td><td>4—（1）公共意识，尊重规则</td><td>珍惜公物，遵守约定和规则。</td></tr>
<tr><td>4—（2）爱家人</td><td>尊敬爱护父母、祖父母，做家庭的助手，感受能为家庭做贡献是很令人高兴的事。</td></tr>
<tr><td>4—（3）爱校之心</td><td>敬爱老师，亲近学校的人，愉快地度过班级和学校的生活。</td></tr>
<tr><td>4—（4）爱故乡</td><td>熟悉故乡的文化和生活，对故乡有留恋之情。</td></tr>
</table>

表1中所列内容体系及其细化是总体编写框架，而具体内容项目实施则根据不同年级学生的不同水平，分配到不同阶段不同年级，不同的目标通过六个年级六册教科书的文本学习与理解达成。每册教科书一般由35篇文本（一年级34篇）、八篇辅助材料构成（见表2）。

各内容项目在不同年级分布图

项目 年级	与自身的关系	与他人的关系	与自然和崇高的事物之间的关系	与集体和社会的关系
一年级	12	8	7	7
二年级	9	8	8	10
三年级	10	8	6	11
四年级	10	8	6	11
五年级	11	7	5	12
六年级	11	7	5	12

就内容安排而言，小学六个年级被分成了三个年段，即低年段、中年段和高年段。总体上在不同年段内容安排呈现出以下三种趋势：

首先是逐渐减少的内容①。随年级上升而逐渐减少的内容主要是与自

① 日本文部省编．小学校指导要领：道德编．平成11年，校内翻译材料．

身相关的有关基本生活习惯方面的内容。一年级学生刚入学，整个年度中有关基本生活习惯养成如“有节制、有规律的生活”等相关内容比重较大，随着年级升高与适应性增强，其相关内容逐渐减少。

其次是逐渐增加的内容①。随年级上升而逐渐增加的内容，主要是与社会生活有密切关系的内容，变化趋势最为显著，从低年级的20%上升到高年段的约34%。在此部分内容设置中，低年级以家庭以及近邻社会为对象，而随着年级的上升，逐渐扩大到对社区、国家和世界的关心。

最后是各年级始终强调的内容②。各年级始终强调的内容主要是有关诚实、节制、诚恳、体谅、热爱自然、对美好和崇高事物的虔敬、为公共社会尽力、遵守社会规范、敬爱家族、关心日本文化和传统等内容。当然始终强调的内容并非始终一个形式，而是一个由简单到复杂，逐步整合的过程。

就同一内容项目而言，各个年级虽然始终强调，但是并非无意义的重复，而是在不同年段呈现出螺旋上升趋势。例如，关于内容项目1－(1)“节省节制的生活态度”，在二年级和三年级的程度水平就不同。我们可以通过两课来加以对比：二年级通过《收拾得整整齐齐》一课来达到主要目标，通过整理让学生发现、感悟干干净净的环境能让自己保持好心情，在生活中能够做到主动整理好自己的东西。而到了三年级则通过《青椒和熬夜大魔王》一课，逐渐过渡到孩子们对节制的生活态度的感悟，让孩子们注意自己的健康，不要任性，通过过有节制的生活，从而感受到健康生活的好处。二年级主要是通过节制、整理给自己带来的好心情引导学生节制的意识，而三年级则通过节制带来的不良后果使学生深入感悟节制生活的好处，内容水平逐渐递进。

（三）呈现方式

教科书的呈现方式是教科书的总体形象，而形象的背后又隐含着编者的课程观与教材观。它是教科书编写者和读者之间对话的重要途径和载体，因此它必须符合教科书的功能定位和要求，为实现教科书的编写理念而服务。《充实的心灵》呈现方式具有以下几个方面的特点：

---

① 日本文部省编．小学校指导要领：道德编．平成11年，校内翻译材料．

② 同上。

1. 课的设计：独立自洽，自成系统

从横向内容编排来看，每一单册的35篇文本（一年级34篇）之间，虽然内容水平相同，但是每一课都独立自洽，自成系统，即使两篇文章属于同一个内容项目也是如此。每一册从头至尾既非线性的逻辑编排，也非主题板块式编排。例如，第一册第一课《喂，一起玩吧》，是“与他人的关系”内容项目中友情、协助的内容。而第二课内容为《收拾得整整齐齐》，是关于培养节省以及节制生活态度的内容项目，两课之间内容联系相对松散，没有必然的逻辑关系或者因果联系。

2. 版式设计：简单明快、细致入微

《充实的心灵》版式设计封面设计采用了童话式的绘图，让孩子看过第一眼之后就会从心底里喜欢这本读物。文本内容的呈现简明、清晰、流畅，低年级每篇文本占两个版面，中年级变化为三个版面或者四个版面，到了高年级主要以四个版面一课的文本内容量为主。这样的文本内容版面总量控制，孩子们利用三至五分钟时间就可以把这个完整的小故事读完，便于开展后续道德教学与讨论。每个版面中的版式设计灵活多样，低年级基本以图配文字为主，符合低年级学生以直观形象思维为主的认知特点；中高年级基本以文字配图，而图片中既有来自于孩子们真实生活的场景，也有虚构场景，做到了虚实结合，非常富有吸引力。

另外，就每一篇文本的版式设计而言，其设计简约、一目了然，给人以简洁明快之感。每篇文本都是由三个部分构成：主题名、正文、课外延伸。主题名用十个字以内的短语清晰明确地表达出本课的主题目标，正文基本都用第一人称的方式叙述展开，而课外延伸则用一两句话来表达希望孩子们继续探索或者实践的事情。尤其是正文的设计中做得更是细致入微，为了方便孩子们学习、阅读时迅速找出自己阅读的行数，教科书以每五行为一个单位表示出了行数，极大地方便了孩子们阅读以及教师开展教学。

3. 文字叙述：对话呈现、中立客观

从叙述的人称来看，大部分文本中主人公的叙述口吻都以第一人称“我”为主，从自己的视角讲述故事或者展示事件发生过程，增加了故事的真实性、过程性，更赋予了微观的心理状态描写。这与我国小学德育教材基本都从第三人称的角度叙述故事有着鲜明的差别。

从叙事的结构来看，该教科书文本的叙事风格与我国传统或现行的德育教科书也有着诸多区别，最明显的区别就在于呈现方式。大部分故事都以对话的形式展开，生动地展现了故事发生的整个过程。例如，第五册第六课《妈妈的工作》一课，通过女儿给坚持做义工的妈妈捶腰时的对话，让孩子们明白勤劳支撑着社会生活，同时学会用爱心美化自己心灵的方法，能够体验到为了别人和社会参加劳动时的自身的成长和喜悦，自己也能积极地参加志愿活动等对社会有用的活动。这篇小故事中既有妈妈和女儿之间的对话，也有解释性语言，如同真实生活场景的再现。

另外，从文本的整体叙事语言风格来看，都呈现出中立客观的品性。在叙事语言风格上，我国传统德育教科书习惯以明显、明确“传递性句式”为主，例如，苏教版《品德与社会》第一单元第二课《不和烟酒交朋友》，从文本题目就可以看出这是一种强势的传递性语句表达。而《充实的心灵》叙事语风与我国德育教科书有着鲜明的差别。从文本标题到内容，它基本都体现出了一种清新自然、中立客观的语风。第一，从文本的标题来看都是以中立性陈述为主，并没有任何的价值指向。例如，第六册第二课文本题目为《摆着花瓶的车站》，第五课为《书店的姐姐》。第二，每篇文本正文中鲜见传递性的句式。文本内容叙述展开都是以疑问句、中立的肯定句式为主，带有明显说教式的价值性肯定句几乎没有。各种疑问句的使用，可以真实体现出角色人当时的疑惑，同时会引起读者相同的疑惑和心灵共鸣，引发读者主动积极地思考；中立的肯定句式的大量使用会留给学生主体以自我思考、探究的机会，这与带有价值取向的肯定句式相比，其作用、效果以及引起的学生的反应，差别巨大；第三，教科书中鲜见带有明显说教意义的祈使句，像类似与“我们应该”等之类的祈使句很少使用。

三、日本小学道德教材的主情特征

就日本的小学道德教材而言，其主情主义的意味相当浓厚。下面，我们将从本研究中选择的两篇日本道德教材①其中的一篇《吉尾的手表》

① 另一篇即《心灵的管理员》。

的部分内容，来共同感受这种浓厚的情感主义意蕴。

有点担心手表，所以不时地回头看看。突然，我看到小林拿着手表向吉尾跑去。

我不由自主地打了个寒战。小林对着吉尾连续低了好几次头，看到他俩的样子，大伙儿把他们围住了。

肯定不能是一个人弄坏的。我哆哆嗦嗦地走近一看，吉尾手里拿着手表和已经拔出来的表轴，眼睛里满是歉意，小林也是同样的脸色。

我很想说点什么，但是看到他俩的脸色真的开不了口。我安慰自己说“不是我弄坏的。”但是，心里非常沉重。

虽然是三十年前的故事，但直到现在，我的内心深处还留着当初没有说出实话的痛苦。

（一）功能定位：补充、深化、整合的作用

单纯一套道德教材自身所具有的功能是有限度的，开发时对其功能准确定位可以更好地发挥其自身“实然”所具有的作用。在日本小学道德课程实践中实行的，是特设道德教育体制，即一方面坚持全面主义思想，通过学校全部教育活动来进行道德教育，另一方面又设立专门的道德课，并期待道德课对学校全部教育活动中的道德教育发挥补充、深化和整合的作用。1998 年修订后的《学习指导要领》将学校课程领域划分为学科、道德、特别活动、综合学习时间四个领域，道德作为与其他几个方面以及学科平行的领域单独设立。道德课的课程定位直接决定了教科书的基本功能定位。《充实的心灵》道德教材的开发与《学习指导要领》的定位相一致，将其基本功能定位于全部教育活动的补充、深化和整合，教科书是落实道德课功能与作用的实际载体。《充实的心灵》道德教材功能的发挥以其他各学科、特别活动的德育功能发挥为基础，强调各学科、特别活动的本质，更充实了道德教育，而不是脱离了各学科、特别活动的目标和内容实行道德教育。而《充实的心灵》又将道德课程、学科教育、特别活动、综合性学习课程、家庭及社会的道德教育联系起来，取贯穿深化、补充、综合等形式，制作成为连贯的教学课程。

（二）置换作者：强调师生读者的主观解读

在这篇教材案例中，从作者的角度来看，他已经不是一个“意义的决定者”“ 立法者”，他的身份背景已经不是专家、教育家、知识分子，等等“精英身份”。他仅仅是一个普普通通的人，一个曾经受到了一个平凡事件折磨了心灵30年的“平民意味”的人而已，一个平静地诉说着自己过往的“讲故事的人”而已，全然不是“布道者”。

作为一名读者来说，通读了这篇文本之后，无论读者身份是教师还是学生，在通读时无论从标题，还是到最后的一段话，都没有明显感受到作者在解释其遭遇到的事件的优先权，没有感受到作者在向我们“宣示某种真理”。而我们能强烈地感受到的是作者因为没有承认自己所犯下的错误而承受那三十年的痛苦！能强烈地感受到作者那种备受心灵折磨的感情！

在这一文本的表达中，就作者本身而言，传统的“立法者”角色被置换成了“解释者”的角色，作者“不提出普遍的真理主张，也不提供任何指令，他（她）只是勾画出各种选择，并以一个平等者的身份参与各种‘公开的争论’”。①

在这一文本面前，读者的思想不再显得无足轻重，不再被视为被动的思想接受者“容器”，读者的思想不好被作者和文本所约束。这样的文本，也可以形象地将其称谓“书写者文本”，它如同“制造解释的机器”，它可以被每一位与之邂逅的读者进行重新地书写、解读。换句话说，文本的意义不是由作者建构而定的，而是由读者建构而定的；文本的意义可能部分源于作者的制作，但是更多地源于读者基于自己的“经验”对其进行的接受。这样对文本的解读和理解就显示出了个性化的特点、多样性的特点、理解性的特点。这种形式的文本，赋予读者以绝对的自主权，极大地激发了读者的创造性，从而使得文本阅读过程不是一种简单的价值复制过程、知识复制过程，而是成为了一种探索的建构性过程。

从教育文本的理解角度来看，这种置换作者的意图，就意味着：充分尊重教师和学生作为读者的理解权利！意味着尊重个体立足于不同境遇的个性化体验！意味着强调教学过程不是一个单纯、简单的授受过程，更是一个意义创生的过程、精神解放的过程！

更为主要的是，强调师生读者的主观参与其中的解读，就为每个人

① Bauman（1987），Legislators and interpreters：Modernity，post-modernsty and intellectuals. Ithaca，N. Y.：Cornell University Press，8.

对文本产生不同的"解读视角"提供空间，为基于这种"个人化"的视角产生"情感立场"提供了平台，更为"真实地显现出学生内心真实的思想境地"提供了平台。这一点对学生进行道德教育是"最为重要的核心"。假如学生不能将内心真实的思想境地真实地展现给教师，教师永远也不会了解学生真实的"内心心灵深处"，不能了解，就不能掌握学生的思想状况。

因此，从这个角度来说，这种为读者提供了更为广阔空间的文本，较之于作者直接给规定了"价值取向"的文本，更能了解学生真实的思想状态，从而有的放矢地进行教育。

日本道德教材自身所显示出的这种置换作者，强调师生读者主观参与的态势，与20世纪80年代末90年代初期推行至今的"新学力观"所强调的"尊重每一个学生的个性、自主性、主体性，重视创造力的发展，重视人际沟通与合作能力，旨在培育每一个学生的思考力、判断力、想象力、创造力以及人际交往与合作能力等。"课程改革主流是一致的。

（三）召唤结构：不动声色地引领情感生成

假如对日本的小学道德教材的内容给予一个类型划分的话，也许"召唤结构"这个词最能形容好日本道德教材的独特特点。

召唤结构，是由20世纪60年代，德国接受美学家沃尔夫冈·伊瑟尔（Wolfgang Iser，1926年7月22日—2007年1月24日）提出来的。伊瑟尔从微观方面研究文本与读者的相互作用和关系，着重揭示文学阅读的心理过程。伊瑟尔认为：文学作品中存在着意义空白和不确定性，各语义单位之间存在着连接的"空缺"，以及对读者习惯视界的否定会引起心理上的"空白"，所有这些组成文学作品的否定性结构，成为激发、诱导读者进行创造性填补和想像性连接的基本驱动力，这就是文学作品召唤性的含义。由意义不确定与空白构成的就是"召唤结构"，由于文学作品中存在许多不确定的因素与空白，读者在阅读时如不用想象将这些不确定因素确定化，将这些空白填补满，他的阅读活动就进行不下去，他就无法完成对作品的审美欣赏与"消费"。"缺乏（空白、不确定）就是需要，需要就会诱发、激起创造的欲望，就会成为读者再创造的内在动力。”①

日本的小学道德教材中的文本，就具有这种召唤结构的特点。比如，“我突然停止了动作，感觉到自己闯祸了，慌忙地把手表递给了旁边的小林，然后悄悄地离开了那里。”这句话。慌忙地把手表递出去时，文中的“我”是出于一种什么样的动机？“我”家的经济条件能承担赔偿这块手表的能力吗？“我”在这个时候为什么会下意识地选择“慌忙”地将手表递出去，是因为我本质上就是一个坏人吗还是出于人的自我保护的特质？“我”这种做法是合适的或者是可以被理解的吗？“我”的不道德行为或者说尴尬境地可以被避免吗？一句话中所包含的不确定点和空白是非常多的，作者并没有给出确定性的解释。

再比如说：“虽然是三十年前的故事，但直到现在，我的内心深处还留着当初没有说出实话的痛苦。”一句，从这句话中我们可以感受到作者的懊悔之情，但是其中仍然是不确定性点和空白众多：作者三十年常怀着-·种懊悔之心，可能是良心在发挥作用吧，那么假如再回到三十年前的那种境地，他会选择勇敢地承认错误吗？承认错误，给自己家庭带来沉重的负担之后，他会如何面对？假如他的家庭真的是不堪重负，真的赔付不起怎么办？假如他有一个脾气暴躁的爸爸怎么办？假如吉尾又是一个脾气暴躁的急性子，当场就揍“我”，我该怎么办？

而日本教材所具有的这种召唤结构，为读者与自己的经验及对世界的想象联系起来，基于自己的经验，进行想象和填充作品潜在的价值提供了无限的可能。因为特别是没有一个权威的固定化的价值的束缚，读者针对“道德事件”就会不自觉地将自己的“情感”投射进去，从而做出自己的判断，不自觉地做出自己的“道德选择”“道德裁决”。②

对于一个涉及道德问题的事件而言，只要你没有给读者划定一个标准，那读者一定会自己给出自己的道德判断，一定会有自己是“赞同”或是

① 朱立元．接受美学导论［M］．合肥：安徽教育出版社，2004，179.

② 当然，基于个体的道德选择、道德裁决、道德判断、价值选择等，包含着一个其“价值判断是否正确”的问题。这是另一个层面的问题了，是教师在教学层面需要运用自己的引导智慧去完成的问题和任务。基于个体、自由意志的道德判断容易使人走向自利、不道德的反面是诸多反对者最为担心所在。但是这个问题，只要教师把握的好，一定可以圆满地得到解决，这在我自己的教学、研究团队成员的教学中已经得到了实践验证。也就是说，基于个体自由意志的讨论，并不必然走向“不道德”。其中起到关键作用的在于教师。

“反对”的态度，同时基于这种赞同和反对的情感，给出自己理由。

由此看来，日本小学道德教材，引起召唤结构的形式表达，可以做到不动声色地吸引和激发读者的情感表达，文本的空白召唤，吸引着、激发着读者用自己的经验、想象形成一定的情感立场，去完成文本。

（四）触及人性：求自然性上加深价值自觉

从上述给出的《吉尾的手表》而言，所选择的材料本身是基于一种“感觉、感情、欲望”等的人的自然的先天的感觉、情感和欲望部分的一个真实的材料选择。这也是日本小学道德教材编写的又一显著特点。

这篇道德教材，从目标上来看，与《学习指导要领》中所倡导的道德教育的总体目标是一致的，即着眼点不是培养具体的道德行为，或者说不培养“无论怎样，都应该勇敢地承认错误”的这种“应然”的道德行为。这篇教材的目标是培养“作为行为基础的道德性”的一个“学材”，即学生学习的材料。这种道德性培养的目标，反应在此篇文本中，就是要培养一种：

尽量地做到不隐瞒自己犯下的错误，做一个正直、快乐的人

* 每个人都会犯错，都会失败，重要的是怎样对待错误和失败。
* 认识到老实承认错误的重要性。
* 要明白正直的人格能产生明朗的性格。
* 学会即使犯下错误，也能用正直明朗的心态去面对。

培养具有这样道德情感、道德判断、道德态度的人格特性。

为了能形成价值意识，是通过“诉诸感性”的做法实现的。教材在学生自然性的基础上，通过与人的自然性的关联，从而发展人的道德价值，使学生从内心的情感意义上真正接受道德价值、认同道德价值。《吉尾的手表》与人在犯了错误之后，为了避免惩罚、避免承担可能会带来的严重后果、避免可能带来的身体以及心灵受到的伤害等“趋利避害”①方面自然性的人性紧密关联了起来。文本真实地对“我”弄坏了吉尾的

① 趋利避害是生物与生俱来的本能，也是人性的本能之所在，并体现在人的每一个行为细节里。趋利避害的本能是生物不断向高级进化的保证，是生物最大的潜在驱动力。生物的存在必须满足两个充分条件：第一，求生；第二，畏死。趋利使生物习得更强的生存能力，避害使得个体的生命得到延续，二者结合起来保证物种的延续。而被延续下来的优胜者，在从被淘汰的威胁突围中促使着物种不断进化。因此，趋利避害的行为，是可以被理解的，也是应当被理解的。当然，“理解”是一回事，是“弘扬它”还是“抑制它”又是另一个层面的问题。

手表之后，慌忙地“递给小林”这种趋利避害的本能地“嫁祸他人”的行为进行了真实地展现。

因为趋利避害是人的本性之一所在，儿童作为读者也是人的群体分子之一，同样会普遍性地具有这样的人性特点。这样的文本展现，与儿童内心作为人的特性、自然性产生“对接”，从而引起“灵魂的震撼、心灵的震撼”。这就为在人的自然性基础上、感性、情感、欲望的基础上打开“学生的心灵之门”，学会控制自己的欲望、控制自己的感情，慢慢地形成一定的价值意识提供了“一把金钥匙”。

（五）情感认同：个人与社会之间合理平衡

只是立足人性、立足人的自然性基础求得加深价值自觉并非日本小学道德教材的一个终点。他们的目标不仅仅是考虑到个体的自由意志的表达，不仅仅是立足经验激发出情感的赞同或是不赞同，不仅仅是为了加深价值自觉，更是为了取得某一具有正能量的价值的心灵认同、情感认同。当然，这一具有正能量的价值，能取得情感认同的价值与社会的主流、核心价值观是一致的。日本的小学道德教材很好地做到了这一点。比如说就《吉尾的手表》文本而言，虽然没有明确地给出社会所弘扬的主流价值，但是读者阅读之后，就能隐隐约约地感受到文本一种总体上的“良心责备”的气氛。读者们都会为读者当初“嫁祸他人”的选择而感觉到自己的“同情心”所在。假如教师利用这样的文本展开了教学之后，告诉学生：“我们每一个人面临这样的选择的时候，都会有趋利避害的本能冲动。这是可以理解的。但是，作为一个有良心的人来说，我们犯了错误，假如能勇敢地面对的话，就会过上心情舒畅的生活，就会更加阳光。这样，对别人的伤害也会更小一些！”教师给出这样的态度立场之后，不会有学生从内心抵制这种立场和态度。

实际上，小学道德教材是大多数国家试图让未来的公民尽早接受和内化权力集团认同的价值观，养成相应的行为习惯的重要载体。但是教材中过度的控制性表达会直接导致教师的灌输以及学生对接受道德教育失去兴趣，同时学生在主体方面所具有的发展能力也难以被挖掘出来。《充实的心灵》在目标达成、内容选择等方面很好地平衡了社会规范、控制与学生主体之间的关系，注重个体性与整体性的结合。

《充实的心灵》道德教材是东西方文化在交流、对话、融合基础上的产物。二战结束后，西方民主主义思想以及自由主义风气输入日本，加上个人自由主义理论、存在主义、价值澄清学派等西方道德教育理论学派在强调个人价值选择的自由等思想影响，《充实的心灵》道德教材重视个人的价值，以增加学生人生幸福，促进学生的发展作为基本宗旨。同时，由于日本受强调集体主义的文化传统和道德教育强调个人服从社会的历史传统的影响，因此《充实的心灵》编写又注重个人服从一定的社会规范，有一定的道德准则，反对道德相对主义，反对“去道德化”。《充实的心灵》所提供的文本材料，很好地处理了吸收西方理论、促进人生幸福与个人服从一定社会规范之间的关系，在二者的冲突中实现了很好的融合。

在加强核心价值观、文化传统和爱国心教育方面，主要通过“心灵教育”的方式实现。而在量的方面，据统计，《充实的心灵》总计 218 篇文本中能直接反应核心价值观的文本有 28 篇，占文本总量的 12. 84%，其余文本都是具有普适性的文本，两者之间实现了很好的平衡。而让孩子们接受“规范”的同时更注重学生的发展，发扬人性的光辉，对幸福的追求以及对人生意义的探索。文本呈现的话语方式更具中立气质，这为学生充分发挥自己的主体性，从心灵方面实现文化认同做了很好的留白。

第五章　基于“主知主义”的我国小学德育教材编写

主知主义“首先频繁地强调理智而忽视情感以及其他精神方面的因素。它经常只允许一种对于首先知识的理解，并假定在总体上可能存在着某种全然性的客观观点。”

——（美）赫斯利普

一、我国小学德育教材编写的历史发展及传统

我国的道德课开设以及相应教材的使用，大致经历了以下几个阶段：

（一）形成时期（1902—1949 年）

纵观这将近五十年的时间，道德课的开设以及道德教材的编写，主要体现出了一个不断融合的特点。这种不断融合主要体现在传统道德与现代道德的不断融合以及政治教育内容与道德教育内容的不断融合。

1. 晚清时期（1902—1911 年）

我国正式设置道德课是 20 世纪初期的清朝末年。这一时期的德育教材编写体现了传统道德与现代道德开始融合的状态，现代道德教育开始从课程名称、课程的地位、课程的某些内容的方式进入传统道德教育的话语体系。1902 年清政府颁布《钦定学堂章程》，规定了蒙学堂和小学均开始修身课，分别教以孝悌、忠信、礼义廉耻、敬长尊师、忠君爱国等内容。

（1）来自于民间的编写尝试

最开始的道德教科书编写并非出于官方，而是来自于民间如新式学堂、民间书坊、学者个人的“自编教科书”的尝试。其编写经验多借鉴日本教科书的编写经验。这一时期的教科书形式、体例丰富多样，基本上具备了现代教科书的基本要素。

这一时期有据可查的教科书，首先为蔡元培在中西文化大潮的交流

之中，审时度势，从1904年就开始了编写教科书的尝试。涉及修身科的主要有《最新修身教科书》（初等小学，1904）、《修身教科书》（中学堂用，1907）。尤其后者，一套共有五册，在中国伦理思想的基础上糅合进了进步的伦理思想，力图为中国的中学生提供一种全面、积极、可行、上进、能体现现时代和社会发展要求的社会修身标准。

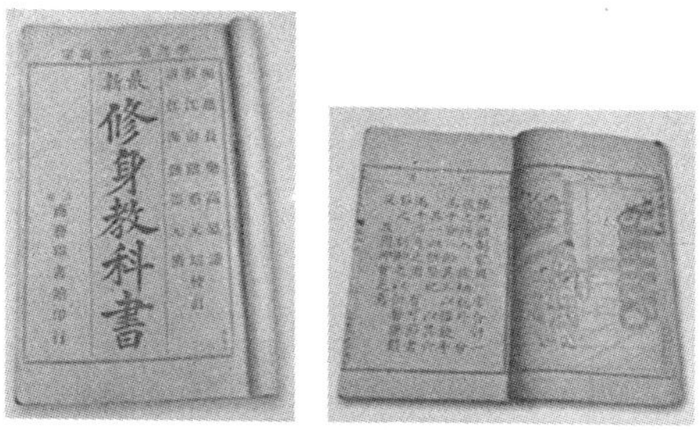

1904年蔡元培、张元济、高凤谦校订的《最新修身教科书》及内文《贮蓄》

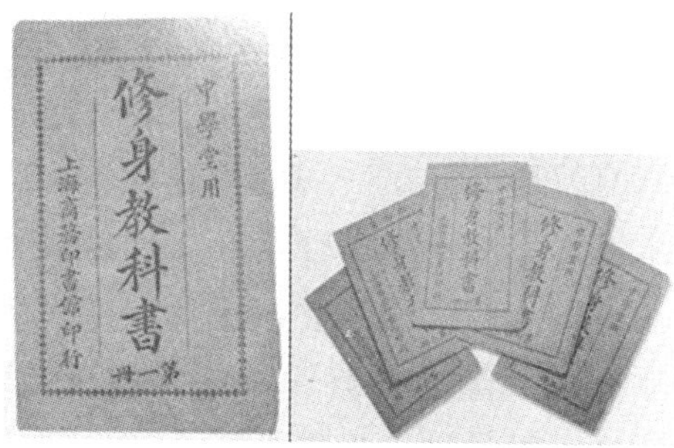

山阴蔡振（蔡元培匿名）于1907年编撰的《修身教科书》（中学堂用）

资料来源：石鸥、吴小欧. 百年中国教科书图说［M］. 湖南教育出版社，2009，34.

第二种，“中国图书公司”于1907年出版的《初等小学修身课本》。

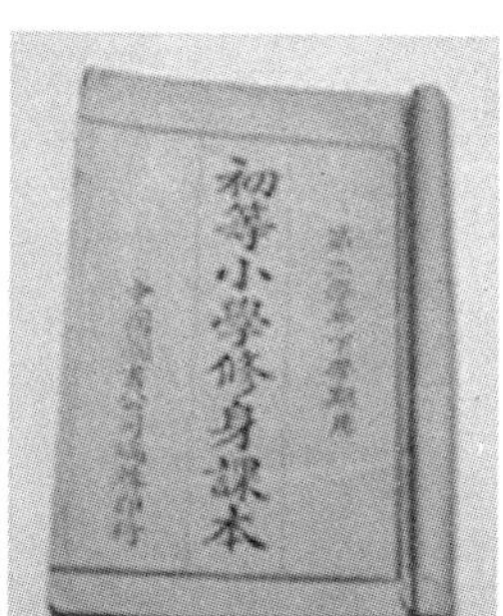

出版于光绪三十三年（1907）年的初等小学修身课本

第三种，由近代诗人蒋智由分别于1906、1911出版的两套《小学修身书》《蒋著修身书》。

光绪三十二年（1906）蒋智由出版的《小学修身书》P37.

宣统三年（1911）出版的《蒋著修身书》P36.

第四种，女子修身教科书。在中国的封建社会，广大妇女长期遭受封建礼教束缚，基本谈不上接受正规教育。自1844年浙江宁波女子私塾开办之后，才慢慢出现了女校。戊戌变法之后，随着维新派逐渐倡导男女平等，女子教育才渐有兴隆之态势。1907年晚清政府准予设立女学，但禁止男女同校。适应这样的社会发展潮流之需，1903年，会文学社于1903年出版了《初等女子修身教科书》。

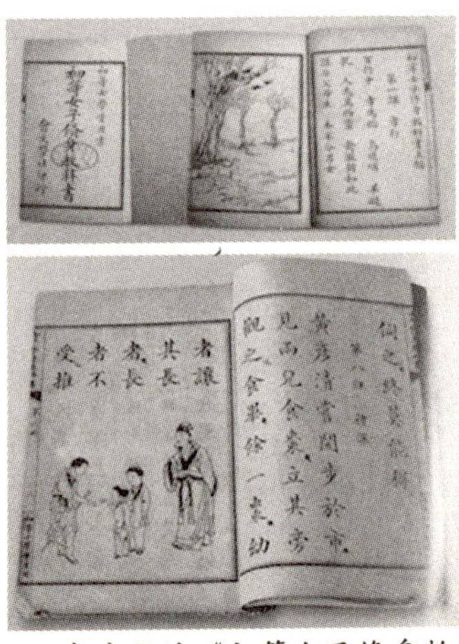

会文学社1903年出版的《初等女子修身教科书》P44.

1906 年，会文学社出版了何琪编辑的《最新女子初等小学修身教科书》。

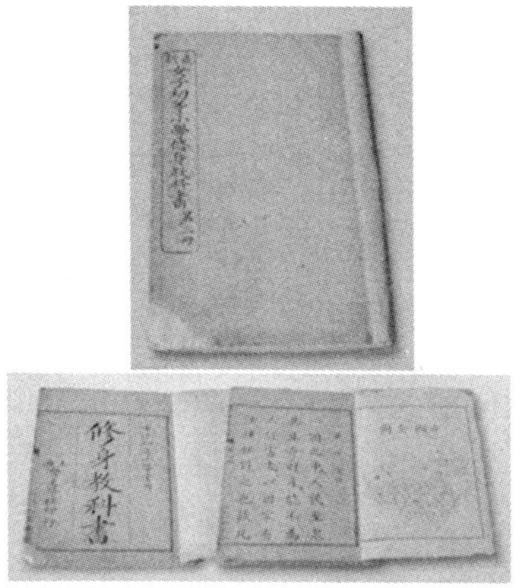

1906 年 2 月，会文学社出版何琪编辑的《最新女子初等小学修身教科书》P43.

（2）现代意义的修身教科书诞生

1904 年，清政府颁布并实施《奏定学堂章程》，把“修身”课列于小学课程之首。章程中规定“其要义在随时约束以和平之规矩，不令过苦，并指示古人之嘉言懿行，动其欣慕效法之念，养成儿童德性，使之不流于匪僻，不习于放纵，尤须趁幼年时教以平情公道，不可但存私吝，以求合于爱众亲仁、恕以及物之旨。此时具有爱同类之知识、将来成人后即为爱国之根基。”

随着癸卯学制的颁布以及 1905 年科举制度的废止，新式学堂如雨后春笋般涌现，因此出现了对教科书的大量需求。商务印书馆应时之需，全面启动教科书编写业务。其中最为著名，也是癸卯学制颁布后最早最完整的教科书为商务印书馆印刷的《最新教科书》系列。就修身科而言，《最新修身教科书》第一次出现了彩色插图。该套教科书的诞生，标志着我国现代意义教科书的诞生。

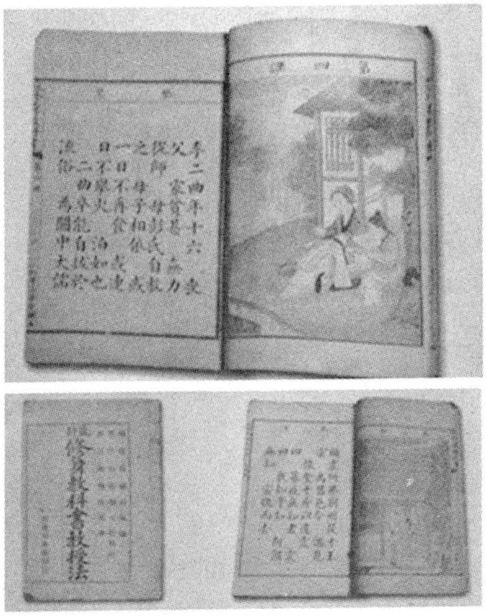

1904 年商务印书馆出版 商务印书馆编《最新修身教科书教授法》P62、63.

（3）官定统一教科书的强化时期

新学堂对教科书需求量的迅速增大，加之当时晚清政府对教科书的出版管理并不是十分严格，鉴于教科书市场的政治以及经济意义，民间机构、组织所出版的教科书可谓是一派繁荣。

这一时期的教科书繁荣的背后，也有隐忧。第一，诸多出版社处于经济角度纷纷加入教科书出版行列，一些水平较差的出版社使得教科书出版质量下滑；第二，诸如会文学社、教科书译辑录社等热衷翻译国外的教科书。教科书两方面的特点使得晚清政府失去了在教材方面的控制。处于政治统治的需要，掌握新式教育走向，统一教科书成为了当时重要的教育任务。

清政府先后成立大学堂编书处、编译图书局，作为审定学堂教科书的专门机构。

从 1906 年开始，中国第一套由官方组织编写的现代教科书及各科参考书陆续正式发行，其中蕴含了晚清政府试图通过教科书来实施社会控制的政治理想。

就修身教科书而言，与其他民间结构组织编写的教科书编书上，在形式上，有了更加规范的统一性、权威性。

第一，扉页竖排书写大字“学部第一次编纂初等小学修身教科书；

第二，反面有 XX 年 XX 月学部图书局印行字样；

第三，教科书内无广告；

版权页上应有“学部编译图书局”印章，版权页之前，有一孩童手捧“学部编译图书局”印章图片。

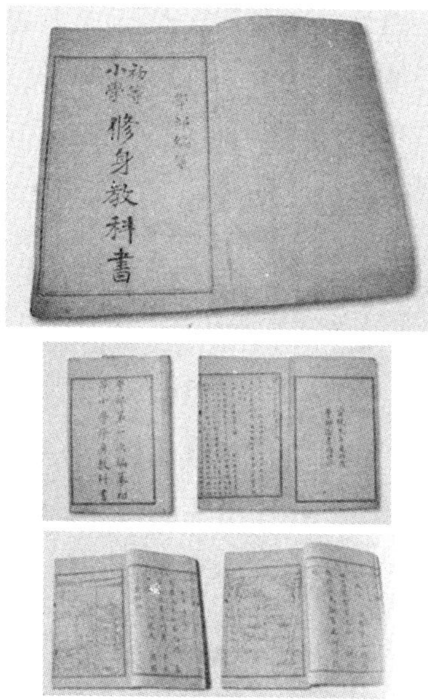

1904 学部编译图书局编纂《初等小学修身教科书》P75-78.

在内容上，其编纂照顾到了学生的年龄特点。比如说，一年级，因为刚刚入学尚未识字，因此都是以图为主。如一年级的《初等小学修身教科书》二十课就全是图片，每课两版，有的是一幅图，有的为两至三幅图。

1904 学部编译图书局编纂《初等小学修身教科书》第一课《学堂》

2. 民国时期（1912—1949）

辛亥革命之后，我国进入中华民国时期。这一时期，以蔡元培为代表的资产阶级教育家进行了一系列教育改革。全新的教育宗旨、学制系统及课程标准陆续公布，不断完善，教科书进入一个平稳的发展时期。尤其新文化运动之后，白话文的教科书逐渐成为主流，内容和形式都发生了飞跃性的变化。尤其1922年新学制颁布之后，教科书呈现出了规范化、多样化并存的繁荣时期，教科书的现代化进程又向前迈进了一步。

1912年，民国成立，在蔡元培的主持下，民国政府颁布“壬子癸丑学制”，即1912—1913年学制。学制颁布后，根据新的学制以及新的教育宗旨，急需新的教科书。因此在这一时期，中华书局、商务印书馆等成为教科书编写的主体。

第一种，中华书局的《中华教科书》。1912年1月，中华书局出版陈懋功、汪涛编撰的《中华初等小学修身教科书》。

1912年1月陈懋功、汪涛编撰的《中华初等小学修身教科书》P96.

中华书局的修身教科书，最大的特点是注意到了一课占有一个整版或者两个整版。另外，国外的一些名人的故事比如说林肯也开始进入到修身教材当中。

1912 年 1 月所出版的《中华初等小学修身教科书》为了抢占出版市场出版匆忙，因此于当年十月又出版了《新制中华教科书》。修身科方面于 1913 年 1 月，正式出版了戴克敦、沈颐、陆费逵编撰，范源濂等校订的初等小学及高等小学《新制中华修身教科书》。从下图所给出的右图内文，可以清晰地感受到内容的另一个变化，即对于生物的友爱，在道德学科中是笔者目前见到的最早的有关生态伦理的内容。

1913 年 1 月，出版戴克敦、沈颐、陆费逵编撰，范源濂等校订的初等小学及高等小学《新制中华修身教科书》P117.

中华书局还根据许多学堂一时难以改变清末春季始业的习惯，编写了专供春季始业的学堂使用的教材。教科书按照春秋两季共 40 周分配。本套书的特点是扉页、版权页、封面、封底、广告页全为红色字体印刷。

1913 年 11 月，中华书局印行的范源濂、沈颐、董文编的《新编中华修身教科书》P114.

随着新文化运动的开展，以及杜威实用主义在中国的传播，中小学教学法发生了巨大变化。随着自学辅导主义的盛行，教科书也随之发生变化。中华书局应时之变，于 1915 年 12 月出版了《新式教科书》。这套教科书的特点是注意贯彻实用主义。

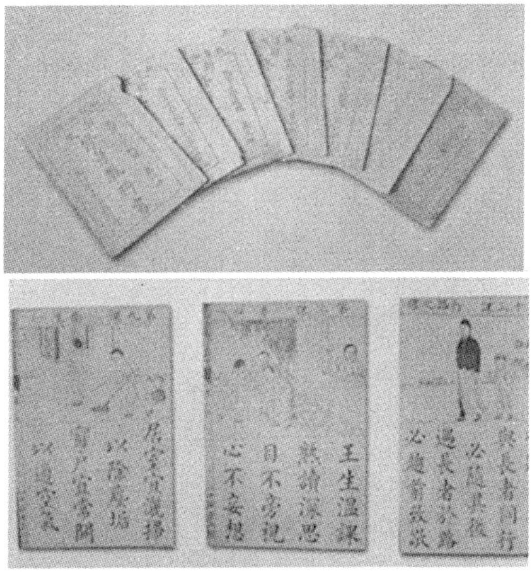

1915 年 12 月，中华书局印刷方均编辑，刘宝慈、范源濂、沈颐、李步青等阅定的《新式修身教科书》P127、128.

第二种为商务印书馆的《共和国教科书》。《共和国教科书》是继《最新教科书》出版之后，第二部最完善的教科书。涉及道德的内容的主要是《共和国教科书新修身》。文字更浅，图画数量增加。

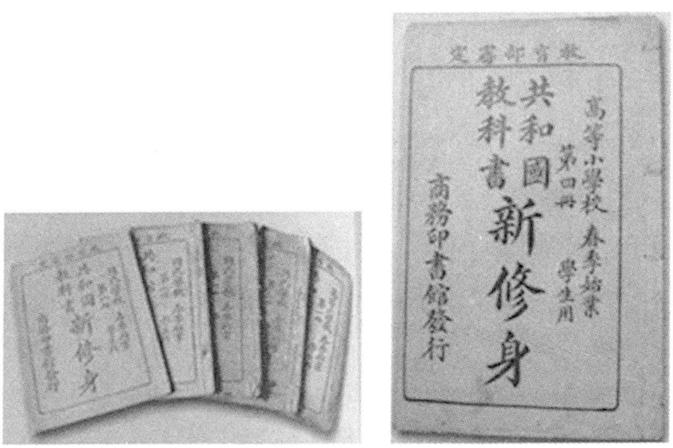

1912 年商务印书馆出版的修身共和国教科书 P102

1913 年，商务印书馆根据当时国内有很多单级小学存在的特殊情况，编写了《单级教科书》。

1913 年商务印书馆出版单级修身教科书 P150.

1915 年 12 月，与中华书局一样受杜威实用主义影响，出版《实用教科书》。

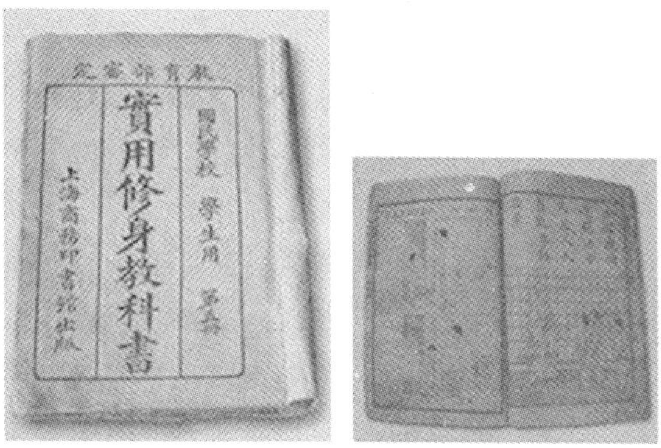

1915 年 12 商务印书馆出版的《实用修身教科书》

尽管‘五四’前后，为了适应时代和社会发展变化，跟进急剧转变、发展的文化潮流，学校德育做出了多方面调整，但是在德育观的不断转变中，人们对于德育的现实状况仍然感觉不满。慢慢地，人们将批判的目光转向了德育课程的形态本身。随着德育课程领域学习的榜样逐渐由日本转向美国，德育课程开发发生根本性转变：专门的德育课程被取消，道德教育被渗透到公民科（社会科）为主要科目的各学科教学以及各种课外训练之中。

从 1915 年之后，专门的修身教材逐渐随着公民教育以及国民党党义教育的渗透而从课程名称到内容上发生着转变。比如，修身课的名字几经变更。最开始国民政府将清政府遗留下来的“道德要义”课改回了“修身”课的称呼，1923 年改为了“公民课”，后来又改为“三民主义”和“党义”课，1932 年改为“公民训练”，1942 年改为“团体训练”

课，1948 年恢复“公民训练”课。① 其次是相应的教材逐渐调整。根据课程性质的不断变更，开设的相应课程，国民政府编制了如“共和国教科书——新修身”到后来“新中华党义课本”等教材。

在共产党领导的苏区德育课的开设受到政治教育的影响比在国统区更深一些，虽没有开设过专门的道德教育课，但以共产主义教育或者政治教育为主要特点，小学设置了“共产主义浅说”“政治常识”等课。抗日根据地的中小学设置“公民训练”“边区建设”等课。解放区的小学则开设“政治”“政治常识”“公民”“政策”等课。根据开设的课程，编制并投入使用了如《政治常识》等教材。

总之，就这一时期的教科书编写来看，处于德育教科书编写的草创时期，尚缺乏统一的模式和规范。各书局、学者、图书公司等组织编写、出版工作，在内容、取材上，一方面继承传统，另一方面根据自己了解的情况对国外，尤其是日本的教科书编写进行模仿。修身教科书的编写主要采用的就是“人物主义”和“德目主义”的两种方式。② 从下表可以看出，文明书局、商务印书馆、同文印刷舍的版本提炼出的德目中，可以看出，以德目主义为线索的教科书架构中，属于个人修身、齐家方面的德目占据多数，而与社会的公德，涉及国家的德目则相对较少。

	对个人	对家庭	对社会	对国家	对国际及万有
蒙学修身教科书（上海文明书局）	立身 求学 尚志 端品 性情 强毅 信实 勇敢 知耻 净谏 节约 勿嗜欲 仪容 卫生 保脑 用心 惜力	孝悌 恤族	敬师 信义 尊重仆役 宽容 礼让 交接 合群 名誉 公德	义务 守法 纳税 财产 自由 爱国心	

① 黄向阳. 德育原理［M］. 华东师范大学出版社，2002：182.

② 郑航. 中国近代德育课程史［M］. 人民教育出版社，2004：60.

	对个人	对家庭	对社会	对国家	对国际及万有
最新修身教科书（第六、七卷）（商务印书馆）	廉洁　果敢　刚直　慎密　敬事　自立　自信　自重　坚忍　知足　守礼　服善　力行　贞洁　辩义利　或虚饰　或浮华　或迷信　清洁　摄生　治产	孝悌　夫妇　互敬　敬祖	行恕　义仪　信义　笃厚　责任　博爱　报德　礼让　择交	忠勇　爱国心	
小学修身教科书（第二、三卷）（同文印刷舍）（学都审定）	诚实　正直　反省　廉洁　俭约　远大　节操　谨慎　裁制　改过　矫健　不迷信　清洁　秩序　运动　养其精神　完善　进步	考悌　敬祖　恤族	公平　谦虚　公德　利济　推想　报恩	服兵役　纳租税　爱国心	博爱

资料来源：郑航．中国近代德育课程史［M］．人民出版社，2004，46、47.

修身教科书无论是从目标上，还是从内容选材、内容表述、文本体裁上，都表现出了极强的理性主义特征、主知主义意蕴。比如从内容的表述方式来看，是一种肯定性、确定性的内容表述。如《小学修身书》第四章“品行”的第一个德目诚实：

诚实者，不伪不饰内外如一而无言行之参差者也。人若无此诚实之心，则学问为或欺世之计，文章或为炫时之媒，即德行才能安知其不为钓禄盗名之用，天下宅尚有可恃之人乎？是将化世界之人类而为鬼魅矣。

在教科书内容中，解释德目多使用了一般性陈述语句，直接将德目阐释清楚。

而且教科书的内容中，可以非常明确地感受到编写者的态度，“道德价值判断语句”被经常性地运用。如

“能自由者，必能自治。自治无他，即修身之谓也。是以最能自治之

人，即最自由之人。”①

在做出道德行为要求时，多使用祈使语句，比如“当”“必”“应”“须”，等等。如

“一方之人，皆放弃义务，其地必为异族所占据。欲保其地，则当尽国民之义务。”②

在这种理性主义、主知主义为核心特质的教科书文本中，编写者直接对人物行为或事件结果进行善或恶的陈述，或者直接给出道德评价。以榜样人物的答语、自谦之辞来表述鼓励或者规劝的意图。

（二）低谷时期〔1949—1980〕

新中国成立一直到改革开放初期的一段时间里，是学校道德教育受政治教育影响最深，全面政治化的一段时期。这一时期由于特定历史发展阶段的原因，“修身”等课程名称被取消，取而代之的是《政治》课的名称。

在建国后一直到“文革”前的十七年里，“政治”课的名称时用时废，教育内容也因为形势而不断的发生着变化。这一时期主要是在中学设置专门的学科进行政治思想品德教育。这一传统在“文革”后在中学得到继承，在小学也得以发扬。

1950 人民教育出版社组织编写了《高级小学政治课本》；中央人民政府教育部 1950 年 7 月印发《小学高年级政治常识课程暂行标准初稿》。教材课文以一个个小故事的方式呈现，每册各 18 课。全套教材只有文字，没有插图；课程内容涉及爱祖国、爱集体等。这套教材在“文革”之前的一段时间使用。

“文革”的一段时间，因为学校基本都处于“崩溃”状态，各个学科的开设基本中断，有关道德方面的教育更是跌入低谷。1978 年随着教育部颁发《全日制十年制中小学教学计划试行草案》，小学四五年级开设“政治课”德育工作全面开始恢复。

这一时期由“中小学通用教材政治编写组”编写并由人民教育出版

① 李嘉谷. 蒙学修身教科书［M］. 文明书局，1906，第 20 课。

② 同上，第 103 课。

社出版了专门的《政治》课本。（如上图）。这套课本全国四五年级通用，使用到 1981 年为至。

这套教材因为是刚刚从“文革的阴影”中走出来，所有难以全面克服“左”的影响，但是已经有了很大程度的改进。从课文一个个真实故事或事例中，以及每课后边的作业题中，我们可以看到，教材的编写开始注意积极正面教育、年龄特点。通过一个个真实的故事或者实例来说明道理，可以说是一个巨大的进步。与建国初期的教材相比，这时期开发的教材除了文字外，还配有简单的黑白插图。

目　录
第一单元　旧社会劳动人民的苦难生活
第一课　万恶的地主庄园
第二课　血泪斑斑的三条石
第三课　江东六十四屯大惨案
第五课　“黑奴和华工”
第二单元　哪里有压迫 哪里就有反抗
第五课　三元里人民抗英斗争
第六课　太平天国革命
第七课　法国里昂工人起义

目　录
第三单元　伟大的革命导师马克思和列宁
第八课　马克思、恩格斯和《共产党宣言》
第九课　巴黎公社的伟大斗争
第十课　列宁和十月社会主义革命
第四单元　毛主席、共产党是中国人民大救星
第十一课　中国共产党
第十二课　八一南昌起义
第十三课　井冈山会师
第十四课　遵义会议
第十五课　抗日战争的故事
第十六课　百万雄狮过大江
第十七课　天安门升起第一面五星红旗

从《政治》教材单元标题以及课文标题中可以看出，当时的德育教材的话语具有强烈的政治色彩，普遍采用的如“旧社会”“压迫”“反抗”、“革命导师”等具有强烈政治化、党派倾向的叙事风格与内容。这样的教材及内容更加强调对学生进行政治品质的教育。教材还没有脱离开强调阶级斗争的需要，较为忽视基本道德品质以及私德、公德的养成。

（三）恢复发展时期（1981—2000）

这一时期道德教育在学校的实施主要通过《思想品德》课完成，因此《思想品德》教材成为了学校道德教育的主要载体。这一时期的 20 年里，从“全面政治化”的课本里走出来的思想品德课，开始逐渐走出政治教育的“左”的影响，更加重视学生道德品质的教育。

1981年3月，教育部下发《关于小学开设思想品德课的通知》，决定将小学政治课改为思想品德课，要求各年级开设，“紧密结合学生的思想实际，进行生动活泼的初步的共产主义思想品德教育和形式教育”。[①]1982年，颁发了第一个小学思想品德课教学大纲。至此，从1982年到2002年，小学德育课程一直沿用“思想品德”课的名称，逐步走上了系统化、规范化建设的道路。

这一时期，除了人教社共出版了三套小学《思想品德》教材之外，其他很多省份都有了自己的省编教材。如河南省教育厅中小学教材教学研究室编制的《思想品德》，山西省教育科学研究所编制的《小学思想品德课》等。各个省的省编教材如雨后春笋般涌现出来。从这时开始，专门的思想品德教材的编写也正式进入了繁荣时期。

北京教育学院小学教研室编写北京市全日制六年制第一、三册小学课本《思想品德》目录

目　录	目　录
一、我要做个好学生	一、服装要整洁
二、我爱老师	二、东西要放在一定的地方
三、我爱同学	三、个人离不开集体
四、我爱爸爸妈妈	四、主动为集体做好事
五、按时到校	五、不在马路上打闹
六、遵守课堂纪律	六、过马路要走人行横道
七、课间游戏守秩序	七、要学好 多动脑
八、站队快静齐	八、今日事 今日毕
九、学做值日生	九、做作业要细心
十、做完功课再去玩	十、喜爱文体活动
十一、勇敢又活泼	十一、可爱的家乡——北京（一）
十二、我爱祖国	十二、可爱的家乡——北京（二）
十三、国旗 国旗我爱你	十三、玩火危险
十四、我爱首都北京	十四、防止触电
十五、我爱红领巾	

从上述大纲、课程标准可以看出，小学各年级德育课程开始关注学生的品德的培养，尝试突破单一化政治教育诉求。具体的德育内容除了

① 黄向阳. 德育原理［M］. 华东师范大学出版社，2002：182.

“热爱中国共产党、热爱祖国、热爱人民”等政治品质教育之外，还开始出现了如热爱集体、爱护公共财物、诚实谦虚等基本道德品质的教育。

我国小学思想品德课在20世纪80年代之后的一段发展时间里，其定位既包括共产主义的思想教育，也包括道德教育，内容涵盖较为广泛，是在最初广义的“大德育课”的基础上而展开，并非完全意义上的道德教育课。但是这一时期的思想品德课较之文革之前，尤其较之解放之前解放区和苏区的教育相比，已经具备了道德教育的核心和本质。

（四）发展时期（2001—现在）

20世纪80年代的德育课程改革在90年代进一步深入。但是随着理论研究的不断进步以及实践研究步伐的逐渐滞后，新的问题不断产生。在小学，作为专业化德育学科课程的思想品德课程的开设主要因为“政治教育对道德教育的挤压”“德育课程与学生生活严重脱节”“讲授和记忆等知性化的教学方式”三个方面的问题遭受到了广泛的批判。尤其是德育课的改革过程中，教学方式也在不断深入地改革，也创造了各种各样的活动形式，但总体上看，始终未能摆脱教师传授、学生背诵这样的教学方式。①

2001年教育部印发了《基础教育课程改革纲要（试行）》，做出了在小学1~2年级开设品德与生活课，在3~6年级开设品德与社会课的重大调整。从此，思想品德课在小学被取代。2002年正式颁布《品德与生活课程标准（实验稿）》《品德与社会课程标准（实验稿）》。

在改革思路确定之后，国内的德育教材编写呈现出了“一片繁荣”状况。据初步统计，到现在为止，全国一共有15个版本的《品德与生活》《品德与社会》教材。

虽然版本多达15个，但是相互之间除了“内容的地方特色”之外，在编写理念、编写体例、呈现方式等各个方面都是趋同一致的，因为都是以“课程标准”为指导思想编写的。这一时期的改革，最大的优点在于小学德育教材的建设方面已经彻底从“浓厚的政治教育情结”中走了出来，这可谓是具有历史里程碑意义的一步。

这一时期，教材编写所呈现出来的最大特点就是“综合性”，更多学

① 蓝维，高德胜．对话：德育课程改革三十年［J］．中国德育，2009．04．

科、更多领域的内容被纳入到了教材之中。从大的学科角度来看，品德与生活实际上是将品德放在了生活中，也可以说是放入了“生活”学科；品德与社会实际上是将品德放在了社会中进行，也可以说是放入了“社会”学科。从具体的目标以及内容来看，品德与生活、品德与社会体现出了更大的综合性：历史、地理、社会常识、科学、综合实践（1～2年）等各个领域的内容被全面综合了进来。

这一时期的教材编写特点所体现出的综合性特点，可以换句话来说，即在原有思想品德课教材的基础上实施了更大程度的“泛化”，抑或可以称之为“全面泛化”。德育教材的编写从“政治教育情结”中走出来之后，又踏入了另一个“情结的圈子”之中。

二、我国现行小学德育教材的优势

（一）向“生活德育”迈进的观念转变

我国现行的德育教材，努力实现着由“知性德育”向“生活德育”转变。正如鲁洁先生所言：“回顾以往德育课程中的道德，就其存在形态而言，可以概括为一个基本特点：这是一种知识道德。”① “无论对道德教育的理论还是实践来说，20世纪都是一个主知主义的时代”。② 而新课程改革之后，这种主知主义的倾向被大力地扭转：

1．新教材的编写首先为德育回归生活提供了前提条件

新德育课程的教材编写，把道德看作是生活形态的存在，改变唯知识论取向，努力把课程建立在生活经验论之上，这是德育课程改革一个具有里程碑意义的事情。这样的转向，首先可以使得德育回归生活有了前提条件。

反映到各版本在教材编写过程中，大家都特别注意遵循儿童生活的逻辑，选择以儿童不断扩大的生活圈为空间范畴选择教育主题，这是一个巨大的进步。

新德育课程视域下教材编写遵循的“不是知识的逻辑而是生活的逻辑；不是由概念、范畴推演而来的课程体系，而是根据儿童生活的演进、

---

① 鲁洁．德育课程的生活论转向——小学德育课程在观念上的变革［J］．华东师范大学学报（教育科学版），2005．09．

② 戚万学．冲突与整合——20甘纪西方道德教育理论［M］．山东教育出版社，1995：29．

发展而建构的体系。”① 从各个版本的教材编写整体来看，我们可以清晰地感受到这种生活逻辑的演进。比如《品德与社会》以“家庭—学校—家乡—祖国—世界中的道德活动”的生活逻辑展开。各个单元中不同内容、教育话题等，都是以儿童的生活中发生的真实事件为主。比如《父母的疼爱》《盼盼迟到了》等等。

这样的教材编写，从知识观的角度来看，是在努力改变传统德育教材编写那种唯知识论的课程理念，充分肯定儿童生活及其经验的价值，努力把德育课程建立在生活经验论的基础之上。这样的教材，可以使教师运用手中的教材，不断引领儿童丰富、积累、扩大生活经验，反思经验，从而实现道德成长。儿童可以基于自己的生活经验世界，从自己的世界出发，用自己的眼睛观察世界，用自己的心灵感受世界，用自己的方式研究世界。

2. 新教材的编写把“回归生活”作为归宿

“品德与生活”“品德与社会”是实践性很强的课程。新教材的编写不仅仅强调在出发点上能回归生活，更加强调将回归生活作为最终的归宿。不仅仅是让儿童能从心理上接受这门课程，更加考虑到了它是否真正能回到学生的生活中来，是否能对他们的生活产生积极的作用和影响。教材的编写更加强调“使学生通过教材、教学所学得的一切能回到他自己的生活中去，用以解决他们生活中的问题，改变他的生活、生活方式，提升他们对生活的认识、态度、价值观等等。”②

如“品德与生活”就是一门活动型综合课程。“品德与生活”为了更好地体现活动性，许多版本都在教材的活动性上下足了功夫。例如，许多版本的教材在“小苗快快长”这个课程中，都设计了如“种下一粒籽”的活动。这个活动让学生在亲手培育小苗的活动中，学习简单的种植方法。

（二）向“综合课程”进化的课程属性转变

《品德与生活》《品德与社会》努力实现着由“学科课程”向综合课

① 鲁洁．德育课程的生活论转向——小学德育课程在观念上的变革［J］．华东师范大学学报（教育科学版），2005．09．

② 鲁洁．再论“品德与生活”、“品德与社会”向生活世界的回归［J］．教育研究与实验，2004，04．

程属性的转变。《品德与生活课程标准》《品德与社会课程标准》都极其强调课程的综合课程取向。比如《品德与社会》这门课程是以学生的生活为基础的，对道德教育、心理健康教育、劳动与技术教育、自然教育、生活教育、科学技术教育、安全教育等知识进行了全方位的融合，注重提高学生的知识与技能、形成过程与方法和培养学生的情感态度与价值观。《品德与社会》除了对学生要进行伦理道德教育之外，还在内容上涵盖了社会历史文化、地理环境、人际交往、日常生活等多方面的知识，涉及到了地理、历史、政治、心理、社会等多个学科领域。

有的版本的教材还建构了包括“单元主题——板块主题——主要内容”的主题引领、层级衔接的体系结构，力求使每个单元的内容都覆盖内容标准中的四个方面，让儿童在一册书、一个单元甚至一个话题的学习中，都能获得道德、科学等方面综合的启蒙和教育，得到综合发展与提高。

从这个意义上来说，从《思想品德》到《品德与生活》《品德与社会》的跨越，本质上是一种学科属性的变换，是一种从单一的学科课程向一门综合课程的转变。这种转变，一方面可以避免小学阶段的分科过细，同时，也可以将德育回归到生活、回归到社会生活中去提供较好的载体。

（三）向“交往对话”过渡的呈现方式转变

《品德与生活》《品德与社会》努力实现着由“单向灌输”向“交往对话”的转变。

文本呈现的方式带动教师教学方式的转变。教材文本在编写时更加强调对话。“教材是一种文本，……文本的一项重要功能就是与读者进行对话。在教材编写中，我们力图使‘教材中的儿童’和‘教室中的儿童’形成一种‘我—你’之间的对话关系。‘教材中的儿童’与‘教室中的儿童’相依相伴，一起面对并解决成长中的问题和烦恼，共同享受成长的幸福。”① 具体到各个版本的教材编写，所有版本都设计了“串场”的卡通人物，强调用儿童的视角去观察、探究、发现。它们自始至终和儿童一起面对并解决成长中的问题和烦恼。同时，儿童在与文本中

① 鲁洁. 德育课程的生活论转向——小学德育课程在观念上的变革 [J]. 华东师范大学学报（教育科学版），2005. 09.

的儿童相互对话的过程中，可以生成一个新的意义世界。

再比如，从更加微观的角度来看，问题设置更加的合理、进步，通过各种方式来极力避免单向灌输的倾向，为交往对话的教学方式转变做好铺垫。比如“问题”呈现位置：旧教材几乎都是放在课文之后，以练习的形式呈现。这样设计是为了便于教师来评价学生理解的情况。而新教材除了每个单元前以导读形式固定呈现外，单元中“问题”呈现的位置则不固定。在标题中出现，是为了激发学生好奇心，产生学习的内部动力；单元前的“问题”，是以基本问题的形式告诉学生本单元的学习目标，并让学生可以带着这些问题开展学习；在一系列呈现情境的图片、文字之前或之后出现，在一个活动之前以导语的形式出现，则是发挥着引导的作用；在情境人物的独白中出现，其实就是学生在生活中可能遇到的困惑，因此它们很容易引起学生情感上的共鸣。① 其他的方面比如说问题类型的设计更加合理多元，问题的表述开始从练习味向生活味转变，等等，一系列的努力都是为了避免单向灌输倾向的出现。

教材文本编写时对对话的强调，直接促进着教师在教学的过程中教学方式的转变。单向灌输的传统教学方式开始被逐渐抛弃，交往对话的教学方式的认同度在教师教学中开始逐渐提高。这种交往对话的教学方式首先表现在师生之间的对话；其次是为“儿童与文本的对话”提供了素材和平台。

另外，新教材还为“学生与学生的对话”提供了素材和平台。“品德与生活”和“品德与社会”这两种新教材的呈现方式充分体现了合作学习的理念，它为学生同桌间磋商、小组研讨和全班同学交流营造了平台。例如，“我爱我家”一课，教材的开头有一框留白，让学生贴上“我们一家的照片”，当学生把全家福高兴地嵌入教材后，可让学生与同桌小伙伴指点照片中的人物相互交流诸如自己父母的工作岗位、父母的生日爱好、自己对家庭的感受等等。②

① 章乐范，燕燕．小学德育教材中“问题”的比较研究———基于人教社两套小学三年级德育教材［J］．上海教育科研 2009，11.

② 陈光全．“品德与生活”“品德与社会”的基本特点与教学策略［J］．中国教育学刊．2004，05.

三、我国现行小学德育教材需要改进之处

不可否认，在过去的十年时间中，我国小学德育教材的建设和发展，取得了跨越性的大发展。但是，就教材的建设本身而言，因为毕竟处于刚刚起步不久的尝试、探索阶段，因此还有可以提升的很大空间。这些空间，则为小学德育校本教材编写的尝试和探索提供了可供进一步开垦的土壤。

（一）课程属性尚需进一步明确

就目前《品德与生活》《品德与社会》的课程属性而言，虽然说在标准中给出了界定，但是国内学界的认识还是比较混乱的。有的将之界定为德育课程，有的将之认定为生活课程、社会课程、公民教育课程。

就比如说从课程性质上看，《品德与社会》的定位就需进一步明确。《全日制义务教育品德与社会课程标准（实验稿）》（以下简称《标准》）中将品德与社会课程性质做了如下陈述和界定："品德与社会课程是在小学中高年级开设的一门以儿童社会生活为基础，促进学生良好品德形成和社会性发展的综合课程"。从对课程性质的界定我们可以获得以下几个方面的课程定性信息：①它开设的学段是小学中高年级。②从课程目标看，它是"促进学生良好品德形成和社会性发展"的课程，表明了课程更多的人文性倾向（或方向性）。③从课程的类型看，它是一门综合课程，具有综合性。

第一方面信息涉及开设年段可以暂且不论，首先来看第二方面信息，即有关课程目标的定位是"促进学生良好品德形成和社会性发展"。这一句中包括"学生品德形成"以及"社会性发展"两个方面。那么到底应该将这一课程归属于德育课程体系还是社会课程体系？国内学者对其意见是不统一的。例如：有的学者认为"品德与社会在课程性质上虽冠以综合课程的名称，但实质上已被归入德育课程系列。"① 另外，在《标准》的课程理念中也指出："帮助学生参与社会、学习做人是课程的核心。"《标准》非常强调本课程的人文性所在，尤其关注正确态度、价值观的形成和行为规范的养成，使学生既要学会做事，更要学会做人，在

① 朱慕菊. 走近新课程［M］. 北京：北京师范大学出版社，2002：5.

做事中学做人，在做人的指导下学做事。从这个意义上来讲，本课程属于新的德育课程。很多研究如2007、2008年姚璐、张爱真、贾鹏飞、谭静四位分别来自四川师范大学、南京师范大学、天津师范大学的硕士研究生在毕业论文《社会课课程内容的价值取向研究》①《小学社会课程的教学研究》②《中美小学社会课程的比较研究》③《解读与透视：小学社会教科书中知识观的变革》④ 中，都是将《品德与社会》课程定位于社会课程来进行研究。

这些认识分歧不仅仅限于理论研究层面。在一线基层教师的头脑当中⑤，对课改之前开设的社会课程本身所具有的性质都还没有搞清楚，更不用说《品德与社会》课程的定位。教师对于课程性质把握不准，可能直接导致的问题就是《品德与社会》课程建设始于社会变革的成果，其归宿要么是继续像以前的老思想品德课一样走向“训育”，要么是继续像老社会课一样落败到“知识化”地步。尤其是受我国现阶段参与《品德与社会》课程实施的教师水平限制，这样的归宿更具有必然性。对一线教师来说进行思想品德教育已经是屡遭诟病、焦头烂额的事情了，在这种基础上让教师在社会学科的课程内容框架之下去进行思想品德教育是很不现实的，更不用说让教师准确把握《标准》的性质和意图。课程实施最终的结果只能是教师要么以思想品德的训育为中心，要么以老社会课的知识传授为中心去开展教学。

第6课《天有不测风云》，这到底是品德教材还是自然常识课本，没有分清楚。特别是里面的“小百科”完完全全是自然常识，怎么就又牵强附会地与《品德与社会》搅在了一起？我们认为，一套比较好的思品教材，应该是有一个循序渐进、科学严谨的知识体系，各个部分应该有一个合理的衔接，前后连贯。可是，我们发现苏教版的思品教材的教学

---

① 姚璐．社会课课程内容的价值取向研究—基于北师版小学《品德与社会》教科书的文本分析［D］．四川师范大学，2008.

② 张爱真．小学社会课程的教学研究［D］．南京师范大学，2008.

③ 贾鹏飞．中美小学社会课程的比较研究［D］．南京师范大学．2008.

④ 谭静．解读与透视：小学社会教科书中知识观的变革［D］．天津师范大学．2007.

⑤ 在前文中，曾经提过，在国内组织的各级各类有关品德与生活、品德与社会的教学大赛中，看的多了，就会对这门课程的属性有一个切身感触。有的老师会将大赛课上成纯正血统的科学课，有的上成信息课，有的上成社会课，有的上成道德课……研究者观摩了诸多教学大赛，自己教了五年这门课，真是不知道如何摸透这门学科的本质属性到底是什么。

内容在编排上，存在着许多值得可以商榷的地方。在取舍、编排教材时少考虑人为因素，尽量少一些商业气息。

在教材内容设计中，给学生和老师真正进行实践与体验方面的内容却很少，教学内容形式大多还是一些供师生理解与感受某个故事或事例、美文。这就是导致目前思品课教学中出现课上热热闹闹合作——课堂教学活动化，课后冷冷清清践行的现象。我们说课堂形式再灵活，也不外乎是师生在多媒体中看录像、图片、小组合作、比赛、课本剧等活动，课堂的大部分时间是学生和老师进行思想交流。这种脱离社会生活实践的课堂谈论在很大程度上容易使课堂师生交流变为空谈、空议，课后学生是很少反思和践行自己所学的思品知识的，于是就出现了思品课上大谈和空谈，甚至出现一些完全不符合少年儿童年龄特征的言语来。这实际是思品课的一种尴尬。总之，我以为出现这种认知与实际错位的主要原因就在于教材中内容可以供师生进行社会实践的内容太少，联系的就更少了。因此建议在教材中要考虑因地制宜的原则，不能只考虑教育活动化，只在教室的课堂活动化，而没有考虑生活化、体验化、环境化等，要记住陶行知先生的“学校即社会，社会即学校”的观点，让学生在社会活动中感悟、理解思想品德是什么，培养他们的社会实践和社会适应能力。当然，也许笔者的这些看法或是观点还不是很成熟。笔者认为，无论是我们的观点，还是他们的观点，目的只有一个，那就是：一切都是为了孩子道德品质的形成。①

——小学教师的意见反馈

我们再来看第三方面课程定位：从课程的类型看，它是一门综合课程，具有综合性。通过对《标准》的前后整体分析可以发现这种综合具体表现在三个方面：课程目标综合、课程内容综合、课程实施的综合。课程内容与实施的综合都是由课程目标的综合派生而来。再进行深入分析，可以发现课程目标的综合体现于“三维目标”，作为一个整体影响着个体发展的；课程内容的综合体现为将多方面的教育内容融合在一起，包含品德及行为规范和法制教育，爱国主义、集体主义和社会主义教育，国情、历史和文化教育，地理和环境教育等。课程实施的综合体现在要求教师在教学过程中全面把握目标，通过多种教学活动，帮助学生获得

① 张真源．品德与生活（社会）教材之我见［J］．教育教学论坛，2011，33.

丰富的情感体验，形成积极的生活态度，养成良好的行为习惯，提高适应和参与社会的能力，掌握必备的基础知识，从整体上实现课程目标。其实这样的出发点是非常好的，但是在实际的教材编写中会遇到比较严重而且是必须面对的问题——道德与社会价值取向的不同。道德与社会是具有一定联系的，但其对于孩子的成长所具有的价值是不同的。道德课程设置其价值取向在于“做人”的教育，而社会课程设置的价值取向主要在于“做公民”的教育。道德课程中“做人”的教育虽然不同国家、不同学派在不同历史时期持有不同的观点，但最基本的价值追求如诚实、仁慈、宽厚、勇气、自由、正义都可以达成最基本的共识。整个课程的设置其惟一目标就是“做人”。社会课程其价值取向在不同性质的国家中会有不同的表征，其价值取向都是以社会性、文化性为核心，道德性以及政治性是隐含的价值追求。其实道德学科和社会学科的开设在公民教育这一点上是有交叉的，两学科中所体现的“公民性”，其内涵和外延并非完全是一回事。道德学科中所体现出的公民性培养，与其他学科所体现出的公民性培养一样，是隐性的，它只作为公民教育的一个方面。而社会学科中的公民性培养目标是其核心宗旨，所涉及的方面更加宽泛，按照板块方式划分可能涉及工业、农业、商业、科学、地理、历史等诸多方面。社会课程中道德性的培养是次要的，文化性和社会性的培养才是主要的。如将道德的体系和社会课的体系综合到一起，其结果只能是让孩子们既得不到完整的道德教育，也得不到完整的公民教育。

综合课程设置的世界潮流是没有问题的。对于品德课和社会课来说，尝试综合课程设置的方式并不一定非要通过合并学科的方式来进行，这样的方式可能是粗放型的。其实对于社会学科来说，其本身就是一门综合课程。在国内迄今为止对于如何开好社会这门综合课程在理论界和实践界都没有进行过很好的研究。我们可以从美国 1994 年秋季出版的《社会课程标准：卓越的展望》来看看美国在社会学科方面的综合水平。在这份文件的第二章中，是以十大主题轴的形式组织那些与学生“个体社会化”密切相关的社会性主题，以此来构建整个课程内容。其中整合了人类学、考古学、经济学、地理学、历史学、法学、哲学、政治学、心理学、宗教和社会学等学科的内容，以及人文科学和自然科学中适当的内容，涵盖面是相当广泛的。综合后的十大主题轴依次是：文化；时间、连续与变迁；人、地理与环境；个人发展与认同；个人、团体与机构；权力、权威与管理；生产、分配与消费；科学、技术与社会；全球联系；公民意识与实践。纵观这种课程内容的综合，较之国内历史与地理课的简单综合来说，在内涵上具有了更好、更高的综合性。

除了以上两个方面的根本性问题之外，国内各个版本的《品德与社会》教材也存在一些微观的、需要调适的共性问题。如德育内容与社会内容粗放式的进行板块拼接，缺乏内涵式的有机整合；各个地区的自然条件、社会、经济、科技、文化的发展水平和发展趋势不同，造成现有国家课程很难全面兼顾不同地区的教育需求；内容安排注意广度上的均衡，但缺乏对社会深度的理解；缺乏详实的材料，主观性的内容比较多等。总之要解决根本性的问题以及这些微观的、需要调适的问题，要求我们必须立足校情，开展校本课程开发，为孩子们提供更高品质的学材。

（二）课程目标尚需进一步集中

1. 目标过于宽泛

我国传统德育的概念是一种广义的德育概念，其中既包括思想教育，也包括政治教育、心理教育、法律教育等。小学德育课程改革为了解决我国德育实践中存在的德育脱离学生生活、脱离社会实践的问题，以“德育回归生活”的理念为理论基础，将生活课、社会课与品德教育课整合起来，形成德育的综合课。在整合的同时，无形之间将生活课与社会课所必须要完成的目标整合了进来。这就使原本已经很宽泛的课程目标要去完成更多的课程目标，而需要完成道德教育的目标仅仅是众课程目标之一。

就比如，《品德与生活》课程，它是在对我国小学低年级原有《思想品德》《自然》《社会》课程和《活动》课程等进行整合的基础上产生的课程。这种课程性质的定位，使得它的课程目标并非局限于一个活动领域，而是涉及与学生生活相关的各个领域。从严格意义上来说，它已经不再是传统意义上的《思想品德》或者《自然》《社会》课程，而是兼具了品德教育、科学教育、劳动教育、科学教育、社会教育以及生活教育等多重价值。在小学三年级之后，这一课程又分化为《综合实践活动》《品德与社会》《科学》这三门课程。相对于这三门课程来说，《品德与生活》课程就是一门更高程度综合的课程。

这样的课程设置在解决德育脱离生活等方面的问题有了相当成效，

但这也犹如一把双刃剑，引发了诸多问题。高度整合后带来的最大问题就是课程目标的宽泛化。以前单维的思想品德教育目标被放大到了“培养具有良好品德和行为习惯、乐于探究、热爱生活的儿童”。当课程目标通过课堂教学实施时，一线教师在关注课程与教学德性目标的同时，还要考虑完成生活指导、习惯养成、科学教育、劳动教育等一系列目标，最终导致《品德与生活》课程目标与以前相比更加宽泛，更加难以把握。思想品德教育的目标虽然回归了生活，但是其他方面的教育往往只是蜻蜓点水、一带而过，这对于孩子们从小形成自理、自立的健全人格是极其不利的。

另外，以前我国思想品德教育课以及生活课所存在的系列问题虽然严重，但是考量问题发生的源头并非由于分科课程设置直接导致。究其最主要的原因还是我们对思想品德课以及生活课缺少立足实践开展的扎实深入的研究。我们赞同课程综合化的趋势，但同时也考虑先对思想品德课以及生活课分别予以深入研究，在研究基础上再进行内涵式的高度综合，取得更好的效果。

2．部分目标达成有一定难度

（1）生活学科的体验教育目标达成有难度

从课程的功能上看，学科课程的主导价值在于传承人类文明（即间接经验），是使学生掌握、传递和发展人类积累下来的文化遗产；经验课程的主导价值在于使学生获得关于现实世界的直接经验和真切体验。直接经验和间接经验是互为基础、互相促进的一对矛盾统一体。而强调直接经验（亲自体验）的价值和意义是本次课程改革的重要特征。我们从《全日制义务教育品德与生活课程标准（实验稿）》中可以看出，《品德与生活》更加关注生活性、开放性、活动性。

要想对孩子进行生活的教育，更加强调、突出的应该是直接经验的体验活动，这也应该是《生活》这门学科的一个主旨和目标：对于孩子，特别是在城市中生活的孩子来说，他们对于周围生活的环境、对于各种动物、植物的直接体验与了解是非常少的，而从中获取的快乐就更少了。现代化的城市生活、知性的学科课程让孩子们很难有机会直接参与到活生生的生活体验中，从中享受快乐。而体验感悟和快乐参与是低年级学生非常需要的，体验可以使孩子们感受到大自然的存在、家人的情感、生活的滋味、自己的成长经历、每时每刻的思想与变化、自己有意讲过的话、亲自参与的事件、亲自动手的工作等。例如通过种蔬菜的过程，学生可以亲身体验到蔬菜慢慢长大的过程，亲身感受到生命的成长历程，体验到伴随着小苗成长的喜悦。在这个亲身参与的体验过程中，学生会收获最大的快乐。体验可以让孩子用自己的生命来验证事实、感悟生命、留下印象。体验到的东西使得学生们感到真实、现实，并在大脑记忆中留下深刻印象，可以随时回想起曾经亲身感受过的生命历程。在过程中体验快乐，是孩子们参与生活、感受美好生活的最基本的生存方式。

但是就目前的《品德与生活》学科而言，因为自身的内容限制，很难实现让儿童通过体验的方式感知周围世界，掌握基本生活技能的目标。目前，各个版本教材的内容，基本上还是以“间接知识、间接经验”为核心，与生活教育所要求的以“直接经验、体验”教育为核心大相径庭。让《品德与生活》承载生活课的目标，“心有余而力不足”。

（2）社会学科的公民教育目标达成有难度

我国虽从 1923 年开始就在小学阶段开设社会课程，但新中国成立后，由于考虑到旧国民政府曾经开设过社会课程，而且最终走向了“国政”和“党义”，因此新中国一直没有开设社会课程。直到 1988 年我国才正式颁布《九年义务教育全日制小学社会教学大纲》。1996 年社会课才正式作为义务教育的一个部分在全国范围内实施。

社会学科刚刚实施不到五年，一切的研究还尚未开始就“半路夭折”，新世纪课程改革就在小学中将其终结。总的来说社会学科在新中国的命运，从第一个教学大纲诞生一直到社会课程的终结，经历了仅仅十余年的时间，而从全面实施到终结时间仅为五年。在这五年里，查阅相关理论方面的研究，除了几篇像样的有关国外社会课程开设的介绍之外，几乎没有更加深入的理论研究。社会学科本身的理念、原理以及在教育哲学层面对其开设意义的探究等，根本没有学者进行相关研究，国内整体研究水平可形象地概括为“有课程没文化”①，由此可以想象实践研究以及课程实施的水平。就是在这样对社会课本身没有深入研究的情况下，仅仅是因为上述两个方面的基础将其终结是不够理性的。

① 赵亚夫. 论我国社会课的终结与再生［J］. 首都师范大学学报（社会学科学版），2004，(1)。

纵览欧美等西方国家以及东亚的日本等国家，在小学阶段课程设置中，其社会课的设置主要与公民教育有关，都是为了培养合格的社会公民。所谓公民素养，是指处于国际社会中的社会缔造者，作为社会的一个国民、市民所应有的，在行动上所必须具备的素质。社会主义社会的公民素养可以认为是拥有作为社会主义社会的一员的自觉性，相互间尊重自己和对方的人格，能够尽自己的责任并且履行自己的义务，多方面地考虑到社会生活中各式各样的场合，能够对此做出公正判断的态度和能力。这样的公民素养，在今后的国际社会中，是作为中国人所具有主体性生存必须具备的。

我们的孩子目前生活于空前开放、全球化的国际社会当中。在这样一个环境当中，具有现代社会主义社会公民所必须具备的权利与义务意识、规则与法制意识、安全意识、民族意识、人权意识、全球意识等基本意识是必须的；了解自己的权利和义务，了解自己所处的生活世界的社会结构与参与原则，对于定向人生幸福、生活目标、满足健康幸福的需要是必须的；知道如何积极参与社会，促进个性社会化是必须的；在自己生活的社会中具有独立的判断能力和批判能力，从而具有参与社会的行动能力也是必须……总之，实施公民教育是我国现代化进程中对基础教育提出的必然要求。

由于传统教育的观念、历史文化与现代意识启蒙之间的隔膜长时间不能消除，区域间发展严重失衡，有关社会课程开设相关理论研究严重滞后等众多客观原因的影响，我国小学阶段学校教育中的公民教育一直没有引起教育决策部门和理论研究者的足够重视。这对于提高我国国民整体素质，实现素质教育是非常不利的。

而让《品德与社会》这门综合课程，去承载社会课程的公民教育目标，在一定程度上来说，其中的部分内容，可以达到培养目标。但是对于公民教育目标的达成来说，仅仅以现有的内容又是不足的。我们可以从美国 1994 年秋季出版的《社会课程标准：卓越的展望》来看看美国在社会学科方面的综合水平。在这份文件的第二章中，是以十大主题轴的形式组织那些与学生“个体社会化”密切相关的社会性主题，以此来构建整个课程内容。其中整合了人类学、考古学、经济学、地理学、历史学、法学、哲学、政治学、心理学、宗教和社会学等学科的内容，以及人文科学和自然科学中适当的内容，涵盖面是相当广泛的。综合后的十大主题轴依次是：文化；时间、连续与变迁；人、地理与环境；个人发展与认同；个人、团体与机构；权力、权威与管理；生产、分配与消费；科学、技术与社会；全球联系；公民意识与实践。纵观这种课程内容的综合，较之国内历史与地理课的简单综合来说，在内涵上具有了更好、更高的综合性。社会学科的公民教育就要有这样的体系、这样的品质才能更好的实践。单凭目前这样既富有品德教育任务、心理教育任务、历史教育任务、政治教育任务等多方面目标任务的《品德与社会》去完成，只能是“什么都想做好，但什么也没做好”的结果。

（三）人性基础应该被纳入教材编写视野

现行《品德与生活》《品德与社会》教材所取得的进步和成就是有目共睹的，但是也有需要进一步改进的相应问题。笔者认为，问题可以分成很多层次，很多方面。但是最为本质，也是最大的问题在于教材编写所依托的理论基础。

在上一个方面也进行了分析，即这次教材的编写，主要解决的问题就是传统的德育“脱离生活”的问题，因此在这次教材编写中，“德育回归生活”成为了《品德与生活课程标准》《品德与社会课程标准》所极力倡导的核心理论基础。除了“德育回归生活”的理论基础之外，其他的诸如人的主体性理论、人的社会化理论、唯物辩证法的系统论理论等各种理论也都成为了这次教材改革的理论基础。

比如人的主体性理论，是为了强调现代德育主张“双主体论”，解决传统德育中忽视儿童、忽视学生，仅仅将学生作为一个“容器”的做法。人的主体性理论认为教师是教育主体，学生是受教育主体，教师和学生应当互相尊重对方的主体地位。教材的编写中根据人的主体性理论就要充分考虑儿童的立场、儿童的存在，为儿童留出空间。人的社会化理论是为了强调德育要在人的社会化过程中发挥着十分重要的作用。

但是试想一下，传统德育仅仅因为脱离学生生活经验、因为不顾及学生的主体性地位就能从根本上被抛弃吗？“知识化倾向”“认知化倾向”“智育化倾向”是传统德育的根本问题吗？笔者认为答案是否定的。“认知化倾向”“智育化倾向”并非传统德育的所存在的根本问题。

传统德育之所以要被放弃，是因为它没有立足“人性”，没有将人性论作为其最基本的理论根基。

主体性理论、生活化理论、社会化理论固然都重要，但是最重要的却被忽视了，那就是关于人性的理论。这才是核心。仅仅发挥主体的作用就可以了吗？仅仅在方式、内容上回归生活学生就有兴趣了吗？仅仅是为了实现学生的社会化，就会提高德育的作用吗？

“知识化倾向”只是道德教材、道德教育存在的一种形式问题，实质问题正如鲁洁先生所指出的“外在化”：“作为德育的核心内容——道德被诠释为外在化的行为规范和规则。当今人们关于道德的认识就是遵守道德的规范和规则，它是衡量道德存在的根本标志。”

“当代道德教育的主旨就是把道德的规则和规范从外面注入于人的行为，把已经成为碎片的人重新组装到一架经济技术的大机器上，使它得以有序地转动。在这种境遇中，道德只是人用于客体世界的一个调节器。在工具理性、主客两分思想的指导下，道德的规则和规范被看作只是源于客体世界的运行规律，而与人自身发展的需要毫无关涉的实体，它外在于人，是与人相对立的异己物。”

“道德规则和规范既然不是来自于人自身生活的需要，这样的规范和规则教育也就难于深入人的心灵，去激起人的道德需要，丰富和发展人自身的道德品性。相反，它却极可能引起人们对道德、道德教育的疏离感、对立感，想方设法去逃离它。”

“在这样的道德教育中，人们的道德学习也完全变异为一种外在化的过程，造成在道德学习中道德不在场的荒谬现象。道德的规范和规则既然是来自于人之外的客体世界，在这里作为第一人称的人已被放逐，学习的对象也只能是处在第三人称位置上的、有关规则和规范的知识。学习者进入不了学习对象的场域之中，他们之间只能处于相互疏离的客观性关系之中，形成不了生活境遇性的、融为一体的关系。人们只可能以一种客观主义的态度和方式进行学习，学习者将自己置于学习对象之外，道德学习也就成为一种没有任何自我指涉性的学习，成为自我道德不在场的学习。这种学习也必定生成不了任何自我道德定位以及具有明确方向的道德态度。道德学习与学习者的道德生活两相分离，道德学习与做有道德的人、过有道德的生活可以是毫不相干的。”①

看见了“儿童”，但是还没看见真正的“人”。

在各个版本的教材编写中，我们确实看到了那种“英雄人物、革命英雄、革命领袖”等这样伟大的人物的“离场”，取而代之的一幅幅卡通人物的串场，一幅幅真实的儿童的生活的照片，这是一个巨大的进步。但是笔者认为，教材中出现了儿童，语言风格上以儿童的语言为主了，呈现方式上以儿童中“经验生活”的生动场景为主了，编写的逻辑上以儿童逐渐扩大的生活视野呈现出了同心圆放大的逻辑等等，只是看到了“半个人”，只将改革的步伐迈出了一大步。我们还需要迈出更大的步伐，能看见“真实的人”。

传统思想品德课的根本问题在于“对人的误解，将人看成是超自然中类似于神的‘可教育的客体’，竭力想将人理想化”。这才是传统思想品德课最应该被抛弃、最应该被放弃的地方。传统的思想品德教材和现行的各个版本教材一样，缺乏对人性的深入的认识。

人性，从最一般的意义上说，就是人的一般属性、共同属性，就是人区别于动物的特性。人性首先表现为人的自然属性，即人的自然属性是人性结构中的首要因素。作为人的自然属性而存在的食欲、性欲等是人性中不可或缺的内容，正如马克思所说，人归根到底仍然是“自然的、肉体的、感性的、对象性的存在物，和动植物一样”②

同时，人还具有社会性。人不仅是自然界发展的产物，而且也是社会发展的产物。人在人类共生关系中的相互依存，相互交往，人在社会劳动中形成着自己。个人无论怎样，他都是一个社会存在物。

人还具有精神性的特质。人的世界不同于动物的自然世界。人从自然中分离出来之后就不再是纯粹的自然物，而是成为一种具有超越性的动物。人的精神性可以使得食欲上升为饮食的艺术，两性结合的动物性行为升华为爱情等等。人类完成这种提升靠的就是精神。

假如将人的自然性绝对化，“只讲食色性而否认人的高层次的需要的低级趣味是有害的，但只讲高层次需要而否认衣食住的禁欲主义一也同

① 鲁洁．边缘化外在化知识化——道德教育的现代综合症［J］．教育研究，2005，12.

② 中共中央马克思恩格斯列宁斯大林著作编译局．马克思恩格斯全集第42卷［M］．人民出版社，1985：167.

样是有害的。”① 对于人的人性结构来说，我国传统德育包括20世纪后期的思想品德教材编写来说，所出现的主要问题、根本性的问题就是“犯了只讲高层次需要而否认衣食住的禁欲主义”的失误。

就人的人性结构而言，人性结构的奥妙就在于人既不是动物，同样也不是神，人只是人，“人是一种力量与软弱、光明与盲目、渺小与伟大的复合物”②。人，与自然界有着特殊关联，使得人身上因为欲望、弱点的存在，永远都变不成神；而人与神的特殊关联又使人永远也不会成为动物。人就是处在有限的物与无限的神之间的一种生物。正如哲学家戴茂堂而言：“人不能只有弱点（动物性），因为人还有超越性；人又不能没有弱点，因为那是天堂之梦。”

再回到对传统德育以及传统思想品德教材的分析，其最大的问题就是“只强调人的超越性，而不讲求人的自然性”。中国传统伦理学在大讲孔孟之道、天地良心时总是有种自我纯洁感，常常会觉得只要自己出于善良的本心，世界就会充满爱。中国伦理学基本上不讨论自由意志，并将善恶的探讨最终归于对人天生本性自然为善的假定。这样的伦理学，缺乏对“自由意志、恶”的关注。

其实就真实的人而言，在人性中都潜伏着恶的种子。恶是一种善的匮乏或剥夺，恶有两种基本表现形式：肉欲和自私。前者包含纵欲、放荡、懒惰、轻浮和怯懦，后者包含贪婪、不公、恶意、傲慢。明智、坚强、勇敢都把感官欲望作为一种抵抗的中介而预先假定了肉欲的存在。没有感性的人对感官的痛苦和恶行的恐惧，就不会有勇气；没有快乐的刺激，就不会有节制。对善恶的探讨就必然要容纳性恶这种内在本源的可能性。无论是作为西方文化源头的古希腊罗马文化，还是基督教宗教文化，都对人性抱有一种深刻的警惕。而中国的文化恰恰是缺乏这种深刻。

比如XX版《品德与生活》（一年级下）“实话实说”，四、五、六三课的题目分别为：狼来了、实话实说、争戴诚实花。故事《狼来了》无论故事换成什么样的呈现方式，无论结局新编得怎样，但呈现的道德价值是一样的：不能撒谎了。原因是什么？撒谎就要受到惩罚！这是我

① 袁贵仁，韩震．论人性、人的本质和人的主体性的相互关系［J］．求索，1988，04.

② 狄德罗．狄德罗哲学选集［M］．商务印书馆，1959：43.

们学校德育常常教育孩子的做人的道理。我们今天的许多成人就是在学校德育“做人要诚实”的道德故事中长大的。然而，在我们的生活世界里，撒谎就要受到惩罚，诚实就会受到表扬吗？勇敢、正义是高尚的，但一定会得到奖励吗？不说谎的原因仅仅是因为“总说谎就没有人再会相信自己是一个诚实的人”这么简单吗？再或者是拿这个故事来教育孩子，孩子们就能在生活中成为一个诚实的人了吗？

首先，抛开这种效果论的伦理学倾向，我们从动机论的角度来看，说谎会出自各种各样的动机，比如为了不伤害对方、为了维护自己爱的人和事、为了保护自己的隐私、出于羞涩、为了寻求真相（通过鼓吹假相）、为了逃避谴责或惩罚、为了让自己看起来最强最好、出于物质利益、出于好玩或者有趣、出于诽谤，等等。从动机论的角度来看，所有的谎言都是恶的吗？

那么从人性论的角度，立足人性论的基础，应当如何进行有关诚实的教育？首先，关于道德教材的目标设定上，要考虑到道德教材及道德教育的有限性，将目标设定为：（1）让学生充分体验到人们现实生活中总会碰到各种情况，想拿谎言来为自己的动机找到各种理由；（2）努力克制自己想说谎的欲望；（3）为了避免各种恶意的谎言，想办法寻求避免说谎的前提出现。

在这样的基础上，编写出来的教材，开展的道德教育才是有意义的。否则，道德教育还只能是流于形式。立足人性论的道德教材编写，具体的理论基础以及编写实例，将在第四章与第五章展开，这里不做赘述。

（四）课程内容的综合程度不高及其主知主义特征

1．课程内容有“拼盘”的问题存在

有部分版本的教材，在编写的时候，因为没有很好地领悟课程标准的编写理念，或者缺乏综合课程的编写经验，存在一定程度的课程目标与课程内容相左的问题。我们还拿《品德与生活》课的编写为例。《全日制义务教育品德与生活课程标准（实验稿）》所制订的课程目标是“培养具有良好品德和行为习惯、乐于探究、热爱生活的儿童”。从课程目标的分析中我们可以看出课程目标更加关注的是本门课程的人文性所在，即它更倾向于是一门创新的活动型德育课程。

从各个版本的课程教材内容来看，很多主题单元的设置是生活学科的课程设置。以教育科学出版社《品德与生活》一年级上册中的课程内容设置为例，这一册教材，共划分为五个主题单元：“我上学了”“上学路上”“我的同学和老师”“家里的我”“大自然真美丽”。这五个主题单元的内容设置目标更倾向于进入正规学校教育后的生活指导，通过这样的生活指导去让孩子们尽快熟悉学校生活。而更具人文性的德育目标只是作为一条暗线时有时无、时隐时现。可以说《品德与生活》课程内容的设置其实是类似传统的生活课设置。

我们再以第一单元中“我上学了”的“看看我们的学校”一课为例，进一步对每一个主题单元的具体内容进行分析。“看看我们的学校”这一节内容，主要是让孩子们认识学校中传达室的王爷爷、观察一下别的班级孩子在安静上课、认识少先队组织、知道有事情去办公室找老师、了解校医室、知道学校的小花园、知道男女厕所的位置等。这些课程内容设置其主要目标还是让孩子们尽快熟悉学校生活，“爱学校”的德性目标只是一条暗线而已。

对各个版本的《品德与生活》课程内容进行更进一步的分析，会发现更深层次的问题，即课程内容体系也不是严格意义上的生活课内容体系，没有突出生活课通过活动过程去体验、感悟的本质，大部分内容只是将生活指导、自然常识等各个方面的知识点到为止。

另外，很多版本在课程内容的设置上也存在着粗放型的“拼盘化”问题。以北师大版《品德与社会》教材五年级上册内容构成为例，此册教材共设三个单元，一个历史单元、两个地理单元便构成了整个学期的学习内容。这样的学科内容安排体现了课程设置综合性的同时，增加了历史、地理知识与技能的比重，削弱了道德知识学习的比重，将道德教育教学蕴含于历史地理知识的学习中，成为了实在的潜在课程。

课程设置的综合性与课程内容的实质拼盘化，直接导致了进行品德教育主阵地的丧失，作为完成学生德育发展目标之一的道德教育被边缘化。这种边缘化道德教育的倾向存在，为道德学科校本课程开发的课程设置与调整提供了现实诉求。基于上述，课程内容与课程目标存在的相左问题以及课程内容缺乏本质追求的问题，我们觉得将品德教育与生活教育分别设置，进行专门研究，可以为以后更好地进行内涵式综合奠定基础。

2. 课程内容的主知主义特征

现代思维范式的最本质的特征就是主客二分，而教育中的表现就是把教育知识看作是静止的客体，而学习、理解就是学生对知识的主体性占有。

教材来源：《品德与社会》（五年下），山东美术出版社，2009.

从上述所选择的《品德与社会》教材中的文本内容，我们可以比较直观地感受到这种文本内容的客观性、确定性、统一性、普遍性、绝对性和一元性所在。文本内容具有着权威性、自由度小、意义具有确定性。文本的总体特征可以被概括为“静态的实体”。比如就文本的标题《南湖游船上的曙光》，简练的几个字，就可以明显感觉到这个标题中蕴含的正向含义。“曙光”一词，就昭示着从黑暗走向光明，光明时刻马上就要到来。对曙光来临前的一段时间的定义就是黑暗，而之后的一段时间就是光明。发生在南湖游船上的事情，既然被称作曙光，一定是积极的、引导光明的内容。因此，从标题可以揣测出文本内容积极意义的确定性。

就具体内容而言，贯彻文本内容的都是一种确定性的知识。例如，文本 11 页中的内容“我的研究部分”：

中国共产党是怎样诞生的？

问题下面给出了中共一大上海会址，给出了浙江嘉兴南湖的游船两幅图片。图片的内容其实就是上述问题的一个中国共产党诞生地点的答案。

这样的文本呈现、问题设置，都是封闭性的问题，而答案也是固定统一的。对于学生来说，与“召唤”结构性的文本呈现方式相比，是一种基本没有发挥空间、个性空间的文本呈现方式。这种文本的目的就是让学生“掌握”其中蕴含的价值即可。它从本质上来说，还是一种“确定性的知识”的主知主义倾向。

在这种本质主义知识观作为其逻辑起点的文本中，课程本身所蕴含的知识的“基础性”成为课程的旨趣，“认同性”成为课程的模式，即认可一种接受式文本理解模式。这种认同性的课程模式是一种单向灌输接受式的理解模式，倡导在文本“权威独白”情境下一种不容置疑的文本意义接受。在这种情况下，教师很容易成为传声筒，而学生则成为“知识的容器”。就整个文本的呈现而言，对其读者群是忽视了理解主体的主观感受性、经验性的。

第六章　立足情感主义伦理学取向的新教材编制策略

义务和责任的概念——这里是说道德义务和道德责任——以及什么是道德上正当与不正当的概念，还有道德意义上的“应当”的概念，应当被抛弃……如果人们总是把某类概念命名为“不真诚”“不贞洁”“不正义”，而不是说“道德上不正当”，这会是一个巨大的进步。

——*伊丽莎白·安斯康《现代道德哲学》*（1958）

在本章节中，将以情感主义为核心，梳理道德教材编写者在最为宏观的理念角度所应该坚持好的基本道德观，在相对中观的教材编写逻辑领域应该坚持好的教材编写逻辑观，然后从更加微观的角度提出编写策略。

一、道德教材编写应秉持的道德观

（一）秉持“平民化”的目的观

像东方社会中“人人皆能为尧舜”的至善观，是必须被抛弃的。[①]

至善论的伦理学在很大程度上疏远了现实生活，并不适应现代社会的要求。至善论在现实生活中遭遇到的难以解决的诘难主要有以下几个方面：

第一，如果存在一个至善，一个最高目的，那么它是什么？这个问题虽然争论了两千年，但是至今仍然没有权威的、确定性的共识。

第二，即使我们放弃对至善的拷问，但我们认同多种目的（健康、财富、荣誉或名誉、友谊、审美、鉴赏、学问这种自然的善和正义、节制、仁爱等道德的善），当这些目的在现实条件下发生冲突时，我们又如

① 其实这种至善观，是以尧舜的标准去要求所有人，将尧舜的标准作为了一种真理的标准。实际而言，这种貌似一般的、永恒的、普遍的、超越经验的真理标准性的道德观念不能说没有意义，而是意义不大的。以这种道德规范来判断善恶，正向杜威所形容的，无异于玩弄玄学、神学。

何取舍？是诉诸偏爱，还是被迫将它们从最高的善到最无价值的善逐一排序？这也是争论千年，但是难以调和的问题。

第三，伦理学热衷于至善的同时就缺乏对现实生活的指导能力。追求至善的伦理学把善分为内在的和工具的，内在的善被视为本身真正有价值的善，是更高级的，但它们是脱离日常生活利益的；工具的善被视为只有在作为内在善的工具时才重要，勤劳、科学、功利都属此列。由于被看作仅仅是工具的善，不可能博得智力、艺术和道德的注意和尊敬，至善论下的工具善和内在善的划分，使得伦理学失去了对现实生活的指导。对于同一行为的价值，人们究竟是用工具善，还是内在善去予以评价衡量变得极其困难。用工具善的角度予以衡量，内在善论者嗤之以鼻；用内在善的角度予以评价，工具善者觉得其是难以做到人人都能做到、是泯灭人性的“乌托邦”。

事实上，从至善论开始，一直到工具善、目的善亦或是内在善的划分，都是传统的专制社会的一个必然产物。传统伦理学之所以认可最终的善或终极价值，关键在于理论的出发点是如何维持社会的现实秩序，其思想根源是传统社会中人们对世界的静态理解。

民主制度的确立和自然科学的发展已经在客观上打破了专制社会道德观的现实基础。进化论等现代科学的发展，理性的改造正在使人们认识到宇宙的变化、运动和多样性等，而伦理学应自觉地将理性改造认真应用于道德和社会训练中，摆脱固定的至善的束缚，转而关注具体的社会情境与生活经验。

因此，一种平民化的目的观，是应该被首先树立起来的。我们无论是开发道德教材，还是进行道德教育，不要对现实生活中的世人期望太高，总是用一种“内在善”的标准去一刀切地要求所有人。“内在的善”“至善”作为一种终极的理想，可以放在那里，自有能达到之人通过自己的方式去达到。[①] 而对于大多数的普通人来说，需要给他们的就是一种人人都可以做到的“平民化的道德价值”。这正如冯契先生所描述的：

① 这里可以将之概括为“将圣德交给个体选择”。对道德价值的平民化也许有人担心会带来道德的败坏，但是可以肯定的是，像雷锋之类的道德圣人，即使在一个底线伦理的社会中，他依然会成为一个圣人。因为他作为他自己的存在，他天生就是一个圣人的胚子，环境是没有能力将其变坏的。

“我们讲的理想人格不是高不可攀的圣人，而是平民化的，是多数经过努力可以达到的。这样的人格是自由的人性，这是说他不仅是类的分子，表现类的本质；不仅是社会关系中的细胞，体现社会的本质；而且具有独特的一贯性、坚定性，意识到在我创造的价值领域里是一个主宰者，他具有自由德性，而价值正是他的德性的自由表现。”[①]“我们所要培养的新人是一种平民化的自由人格，并不是要求培养全知全能的圣人，也不承认有终极意义的觉悟和绝对意义的自由，不能把人神化，人都是普普通通的人，人有缺点，会犯错误，但要求走向自由。”[②]

总之，秉持一种“平民化”的目的观就是在教材的编写之始，首先明确：避免某种终极性神圣价值的传授，而是积极肯定“入俗”。[③]举一个最简单的例子，教材编写者在给出了一段有关“诚实”的文本材料之后，一定不用将文本的教学目标定位在“应该诚实，应该知错就改”这样的目标之上。因为犯了错误的人能马上勇敢地、诚实地承认自己的错误，做到知错就改，即使一个成人也难以做到。对于这两个“应该”的设定来说，就是一种外在的标准、规训，是圣人化的标准，是一般人难以企及的。而“犯了错误之后，要怀有悔恨之心，同时尽量避免以后犯同类错误。但一定要知道自己错了，并且尽量地去承认、改正自己的错误”，这样的目标，就更显得具有现实性。

（二）秉持“动态”的“善”的形成观

1．善不仅仅是简单化地在遵守规则中就能形成

传统伦理学将个体的善定义为遵守规则，传统社会中的圣人、贤人就是一些模范遵守规则的人。雷锋，遵守的是“助人为乐”的善的规约；赖宁，遵守的是“见义勇为、奋不顾身”的善的规约……

但是在现代开放、多元、动态的社会中，将遵守规则定义为善是不妥的。因为传统的规则更多的是一种习俗道德意义上的道德规约，对于现当代社会的发展需要来说并不总是合理的；机械地遵守规则，也不能很好地解决实际问题。传统的道德规约本质上都是一些原则性的规则而

① 冯契．智慧的探索［J］．学术月刊，1995（6），23.

② 冯契．人的自由和真善美：冯契文集（第三卷）［M］．上海：华东师范大学出版社，1996：309.

③ 李伟言．当代中国德育价值取向转型的理论研究［D］．东北师范大学，2005.

已，比如说助人为乐，见义勇为。当人们面临具体的事态发展时，有太多的个人因素需要考量，比如说歹徒抢劫，一个10岁的孩子面临了这样的情景，首先要考量到体力对比，同时要考虑到自己的父母对自己出事后是否会承受，等等；同时，遵守规则并不能表明个体的真实意图，一个人在一个公共的场合可能遵守规则，但是在一种无人情境下或者在有巨大利益可图的情境下，就会是另一种品行、品性。

因此，不能说遵守规则不是善的，它可能是善的，遵守了外在化的规训对于一个社会来说可能是善的，但是善不仅仅是遵守规则。“善”有三重境界：第一重，遵守规则的善；第二重，懂得“道德思维逻辑”的善；第三重，形成了一种“赞同”的道德思想力量的善。真正的善，在人作为主体，在不同的情境中，不断动态地考虑各种情境，形成一致赞同的一种道德思想力量，以之成为人追求道德与进行选择的一种动力。

2. 道德是生长

在经验基础上判断道德，道德就是个体在具体情境中分析、解决现实问题的过程，其实，就是个体的生长过程。传统伦理学秉持法利赛主义，以某种纯粹的、高尚的、静态的德性标准为依据，对个体的行为进行评价，是不负责任的。

对一个人道德行为的评判，重要的依据应该是“动态的、生长的”。评判一个人或一个群体不能根据他们达到或达不到某种固定结果，而是根据他们行动的方向来评判。一个坏人就是开始变坏，变得不那么好的人，无论他曾经多好；一个好人就是正在变得更好的人，无论他道德上曾经多么不足取。这样的见解排除了总是伴随按照对固定目的的接近程度下评判的那种傲慢。正如杜威所说：“不是作为一成不变的目的的健康，而是健康所需的改善，一个连续的过程，才是目的和善。”①

3. 道德是“能动的善”

固定的至善是无法找到的，真正的善只能是具体社会情境中个体具体活动中的善。正如杜威所说：“具体情形的独特的，道德终极的特点”认识到“每一个道德情形都是独一无二的，具有其无法取代的善”。②

具体情形中的善，实际上是个体实际解决问题的善；凡是有助于个

① 杜威著. 张颖译. 哲学的改造［M］. 陕西人民出版社，2006：93.
② 杜威著. 张颖译. 哲学的改造［M］. 陕西人民出版社，2006：93.

体解决问题的品质，包括科学知识、社会常识、坚强意志、乐观情感，都可以看作是这一情形中的善。凡是在这一过程中对问题的解决发挥积极作用的品质，如广泛的同情、敏锐的感觉、对不愉快的事情的坚持、使我们能够理智地进行分析和决定工作的兴趣的均衡，这些都是特别的道德特征、美德或道德优点。

因此，基于这个基础的教材编写，其依托的所谓的道德就不一定是严整的美德体系，必然非得是诚实、宽容，也不一定非得对美德袋中的每一个德目进行诸如“为什么要选择这个德目？不一定非得纠结于这个德目进入美德体现合理合法吗？这个德目本身在和别的德目发生冲突的时候如何取舍”等等诸如此类的问题。只要在一定的情境中，对于某一问题情境的解决具有积极的作用的品质，都可以视为道德。个体所具有的自然科学知识、社会人文知识、操作技能、情感品质、性格品质等都可以列入道德之列，道德是这一系列有助于“个人进益”以及“社会进益”的“合金”。

换句话说，进入到教材体系中的不再是传统伦理学中绝对、刻板的行为规范，而成为基于具体境遇的具体的善。只要对于“个人进益”以及“社会进益”有积极作用，有助于具体境遇问题的解决，都可以进入到教材的选择范畴之内。

二、道德教材编写的逻辑选择

纵观伦理学发展史，基本上表现为道义论与功利论的相互辩驳、矛盾斗争、共同发展的过程。深入两大理论，则会让我们感受到两大理论各自的深刻性和合理性。这两大理论，反映到道德教材的编写领域，构成了教材编写的两种常用逻辑。

（一）道德教材编写常用的两种逻辑

1. 功利论道德逻辑及其流弊

功利论道德逻辑是基于功利主义（Utilitarianism）伦理学的基本理论观点，即效益主义。产生于18世纪末19世纪初英国的功利主义伦理学，代表人物有霍布斯、休谟、密尔、边沁、亚当斯密、穆勒等人。

功利主义伦理学把伦理学建立在抽象的人性论基础之上，认为利己是人的本性，趋乐避苦、追求幸福或利益是人生的目的。人生来自私，但有的功利主义者也认为，人性中除了具有利己的一面之外还有同情心，并由于这种同情人也会关心他人的利益。

功利主义认为人应该做出能“达到最大善”的行为，所谓最大善的计算则必须依靠此行为所涉及的每个个体之苦乐感觉的总和。它以行为的效果来衡量行为价值。一件事是否道德，看它带来的结果是什么，结果好则是道德的，结果坏则相反。不同于一般的伦理学说，功利主义不考虑一个人行为的动机与手段，仅考虑一个行为的结果对最大快乐值的影响。能增加最大快乐值的即是善；反之即为恶。

功利主义伦理学反映到教材编写中，就是功利论的道德逻辑。比如《做个诚实的好孩子》一课，就可以非常明显、清晰地感受到其中蕴含的功利论道德逻辑。

我国儒家传统中所倡导的“修身齐家治国平天下”，以及“老吾老，以及人之老；幼吾幼，以及人之幼，天下可运于掌……故推恩足以保四海，不推恩无以保妻子”（《孟子·梁惠王上》）；“富家不用买良田，书中自有千钟粟。安房不用架高梁，书中自有黄金屋。娶妻莫恨无良媒，书中自有颜如玉。出门莫恨无人随，书中车马多如簇。男儿欲遂平生志，《六经》勤向窗前读。”都是较为典型的功利论的逻辑取向。可以说，功利论逻辑也可以被简单地概括为结果决定论。

功利主义或者结果论道德逻辑的局限性有以下几个方面：

(1) 道德被当作手段，而不是目的

在功利主义的逻辑里，道德本身没有价值，只是因为它与某些结果相关，因而只有工具性的价值。道德是达到某个目的的手段，不是道德本身有价值，而是那个结果是我想要的。如果我的结果实现了，那么这个道德对我就不重要了，如勤奋、如节俭、如爱学习、如谦虚，等等。道德也被当成回避某种后果的手段，不是道德本身可敬畏，而是我不想有那样的坏的结果。如果坏的结果不会发生，人可能就不会道德。

（2）可能会最终导致道德的滑坡

此方面流弊，是最为受到资本主义政治特别是经济体制反对者抨击的地方。马克思在《资本论》中曾这样深刻地揭示过资本家作为经济人的利己主义本性："资本家害怕没有利润或利润太少，就象自然界害怕真空一样。一旦有适当的利润它就大胆起来。如果有10%的利润，它就得保证到处使用；有20%的利润，它就活跃起来；有50%的利润，它就铤而走险；有100%的利润，它就敢践踏一切人间的法律；有300%的利润，它就敢犯任何罪行甚至冒绞首的危险。"① 当然，功利主义能不能最终真正导致道德的滑坡，那是另一个层面的问题，这里暂且不予讨论。

（3）最终的结果、快乐、幸福程度无法计算

功利主义的中心思想，即每个人都应该在任何可能的情况下促进幸福，并避免不幸，这看来是应予肯定的。但关键性的问题是：整个规范伦理学是否都可以根据这个简单的公式来分析？是否有超乎快乐与痛苦之外的价值值得重视？如何衡量一个人吃了巧克力之后得到的快乐比别人多、少或者一样？没有方法来计算得到利益，也就没有方法确定什么行为是道德允许的。

2. 道义论逻辑及其流弊

道义论，有时也被称为义务论，在一般意义上指重视道德价值，相对较为忽视、低估甚至抹杀功利的意义。道义论强调人们作为一个人来讲就要讲仁义道德，而忽视、贬低、鄙视对物质利益的追求，假如将追求物质利益作为最为根本的目标，那么人就是不道德的，就不能称其为人。简言之，道德是人追求的目的，"道德就是'应该'"。

道义论的逻辑，追求道德是一种人的内在义务，源于人对自我完善、完美的一种追求。最为典型的论述当属康德，其在墓志铭上刻下了："有

① 中共中央马克思恩格斯列宁斯大林著作编译局编译. 马克思恩格斯全集第23卷［M］. 人民出版社，1995：529.

两种东西，我们愈是时常愈加反覆地思索，它们就愈是给人的心灵灌注了时时翻新，有加无已的赞叹和敬畏——头顶的灿烂星空和心中的道德法则。”道义论认为“是人都会那样做的”“是不是人做的事？”这是一个指导其行动的逻辑思路，是不是多数人都会这样做？“要紧紧按照你愿意它成为一条普遍规律的准则行动。”

东方文明中的儒家上千年的道德传统及实践是实践样态中最为典型的道义论的实践范例。儒家在义利观上自先秦的孔孟荀以来，直至当代新儒家，主张重义轻利，贵义贱利。如《里仁》中所倡“君子喻于义，小人喻于利”，《卫灵公》中“君子义以为质”。

中国传统这种道义论的伦理逻辑反映到教材编写中，便成为了道义论的教材编写逻辑。道义论的教材编写逻辑同样强调某一道德价值，是一种普遍的规律性的行为准则，是人，就要这样做！是人，就应该这样做！它忽视或者抹杀人的动机、欲望、需要、私利，等等。比如，从《思想品德》的“见义勇为者”这件事，就可以明显感觉出道义论的教材编写逻辑。

面对歹徒的残暴行径，车内的群众愤怒了！乘客们的声援使歹徒惊恐万状，于是，纷纷惊慌失措地跳车而逃。这时，只见徐洪刚用背心兜着流出体外的肠子，紧紧向狂奔的歹徒追击。一步、两步……徐洪刚强忍伤痛，艰难地向前追了50多米，留在他身后的是一条长长的血迹。

正义终于战胜了邪恶。歹徒能够残暴一时，却逃不脱人民的法网，受到法律严厉的制裁。人民用无限的爱挽救了徐洪刚的生命，用心灵深处的歌赞颂这位见义勇为的英雄战士。

从这样的一篇教材编写中，我们可以清晰地感受到，见义勇为是教材编写者想极力传达给读者的一个信号：人在面对邪恶的时候，就应该勇敢地站出来！勇敢地有所作为，这是作为一个人应该做的事情。

道义论的道德观逻辑，有着自身难以回避的局限，主要表现在以下几个方面。

（1）使人失去追求道德的动力

这个弊端，是道义论会导致的最为直接的弊端。道义论的道德观，一种基于自律的道德，是一种高标准与高姿态。因为它放弃了与结果的联系，因而让人失去了追求道德的动力。如果说功利的道德让道德变得自私，义务的道德让道德变得无益。虽然人们的心中觉得那种外在的道德标准、道德约束是对的、是崇高的、是人应该做的、是我应该做的，但是“我为什么要那么做？我凭什么那么做？我做了之后能对我有什么益处呢？”因此，在不是十分必要的时候，我就没有必要那么做。

（2）阻滞社会的发展与进步

这个弊端，是道义论逻辑会导致的最为悲惨、最为深刻、最为沉重的弊端。

中国传统的儒家社会的发展历程，用自己的发展史现实，用“沉痛的社会发展代价”证实了以“道义论”为中心的社会架构带来的教训。韦伯考察世界诸宗教与经济之间的相互关系，认为基督新教下的西方社会以世俗职业为其“天职”，努力确证自己被预定获得救赎，缘于基督教徒在上帝面前的“原罪意识”，“借助于产生出较高的合理性倾向和职业人精神，而这些都为儒家所排斥。”。传统的儒家，人们关注的是仁义礼智信，且耻于言利，尽管儒家对利也非全盘否定，但从总体上讲更为强调义对利的规范和制约，营利经济行为未被赋予道德合法性。同时，道义论逻辑对人都可以“成圣成贤”的基础性假定，使得整个社会架构在一种重视“人治”而轻“法治”的基础之上，在道义论统摄下的中国是一个乡土社会（礼俗社会），其自身内部不可能孕育出西方以功利论为先导的契约型法理社会。

其实，就新课程改革之前的《思想品德》课而言，之所以被抛弃，一方面是被教育界选择抛弃；另一方面，更深刻地讲，它是被历史所抛弃，它的被抛弃是一种必然！因为它是完全道义论、义务论逻辑的。上面所述的两大弊端，注定那样的教材不会有太久的生命力！

（二）道德教材编写逻辑选择的标准

对于道德教材的编写而言，没有最科学的逻辑，只有最合适的逻辑。

之所以这样说，是因为就整体的教育而言，都是应时代发展、社会发展需求，以及人的发展需要而服务的。时代在变化，社会在不断进步，同样，教育的状态也需要作出不断的调整。因此，对于教育而言，总是在不断调整自己的状态，使自己更加符合时代、社会以及人的发展需求。同理，道德教育也是如此。在原始社会中，因为社会生产力水平的低下，生存条件的极度恶劣，使得人们对于安全、生存、获得食品的需要就尤为地突显出来，因此，在那样的恶劣环境中，“勇敢”是人们更加崇拜、赞赏的美德，“力量在这样一种卓越概念中占有中心的位置，或者勇敢是主要德性之一，甚至可能是唯一的主要德性”①。亚里士多德在《尼各马科伦理学》中也把勇敢作为第一位的个别德性来谈论。② 正如学者孙彩平所言：“在文明的源头，道德教育的道德，以目的来体现”，③ 是一种典型的功利论逻辑。孙彩平在自己的著作《道德教育的伦理谱系》中，根据史料，虚拟再现了一个斯巴达勇士的生成系统，从这个虚拟的场景中，可以更加清晰地感受到那种道德教育内容的目的论、功利论逻辑。

公元前7世纪的一天，阳光明媚。

伯罗奔尼撒半岛的阿尔特弥斯神庙内，16岁的亚西比德正昂着头，承受着落在身上的鞭挞。他已记不起这是多少鞭了，但他还记得执鞭者已经换了三个人，鞭子也换了两次了。每一鞭落下去，都像刀割一样痛，但他咬紧牙关，一声不吭。他告诉自己每一鞭落下去都是在驱逐自己身上的怯懦，越感觉疼痛说明附在自己身上的怯懦越多，鞭子是勇敢者的家常便饭，是对怯懦的挑战……④

从这样一个虚拟的教育场景中，我们就可以清晰地感受到那种教育状态的目的论倾向。斯巴达人教育自己的接班人，不会考虑他是否痛苦、他是否能熬得住、他内心是否害怕鞭打、他是否有好的仁慈的性格、他是否有天生的勇敢的义务……他们选择的这种仪式，是一个预定的教育过程。这种教育包括身体的锻炼、道德规范的教育、意志性格训练和传统教育，这样的教育内容以及方式只是为了让他们的后代在那个野蛮的、暴力的原始时代能在诸多的城邦、群落中获得安全，获得资源。因此，看看斯巴达时代的道德教育方式、道德教育内容，雅典少年在体操学校、角力学校受到的跟斯巴达同样强度的训练，其他文明中的在身上切痕、毒打、将少年置于蚁穴上任其叮咬等等，都有着强烈的功利倾向。在那样的生产力水平上，那样的恶劣环境中，采用这种现代人看起来简直是暴力、野蛮、原始，简直令人瞠目结舌的教育内容和方式，是可以理解

① 麦金泰尔．龚群，戴扬毅译．德性之后［M］．中国社会科学出版社，1995：154.

② 亚里士多德．苗力田译．尼各马科伦理学［M］．中国社会科学出版社，1999：58.

③ 孙彩平．道德教育的伦理谱系［M］．人民出版社，2005：52.

④ 孙彩平．道德教育的伦理谱系［M］．人民出版社，2005：43.

的，对于那个时代来说，也是必须的、必要的。因此这样的内容对于这样的时代来说，就是合理的，目的论的逻辑就是非常容易接受的、合适的逻辑，而谈不上科学不科学的问题。

（三）“折中主义”的编写逻辑

单纯的功利论的逻辑编写教材，必然会招致失败！

单纯的道义论的逻辑编写教材，已经必然地招致了失败！

道义论在中国的传统封建社会以及近现代的道德教育理论和实践中有着广泛的、牢固的、难以撼动的根基！

而功利论，虽然已在市场经济的孕育之下培育起了土壤，但是还没有在“声名”上获得“名正言顺”。

道义论之所以难以被撼动，或者说难以在短时间内被撼动根基，是因为它是注入到了一个国家或者说一个民族骨髓里的东西。一个寻常的百姓，也能随口拿一句“君子喻于义，小人喻于利”来教育他人。这种思想或者说文化的传播或者渗透可谓是短时间内难以消除。虽然道义论侵犯、否定每一个人的一切目的利己的欲望和自由，增加社会和每个人的利益最为缓慢。

而功利论，在市场经济已经成为时代洪流，不可逆转的今天，也具有了强大的时代需求，可谓应时代的大运而生。在市场经济大潮中，在人人都追求经济利益，满足自己的欲望，不断获得各个层面的更大更高级的自由趋使下，再忽视人的个人欲望的满足、自由的追求已经是不可能的事情。

因此，道义论的文化根基深厚，功利论的时代需要越来越强，忽视了二者中任何一个方面，都是逆社会的发展现实而上，必然会被历史的洪流所吞噬。

唯有将二者统一起来，重视起来，才是未来德育教材编写的标准、道德教育的出路。这里已经不是学者们争论的在学理上能否统一的问题，而是现实要求必须统一的问题。①

三、小学道德教材编写的四个基础

（一）人性②基础

来源于情感主义伦理学对人性尤其是情欲的关注，因此教材编写要关注人性这个最基本的问题，而不是视而不见。

在教材的编写中，无论什么层面的编写人员，无论是政府的主持者、大学中教材的主编者、各个教育学院中的学科教研员，还是中小学参与教材编写的一线学科教师，只要参与教材编写，提前在头脑中确立“人性利己”的人类原初罪恶意识的认识是第一必要的。德育教材的编写人员，是否拥有这种关于“罪恶、恶”的意识，是否对人性利己有一个客观的认识，会直接决定教材编写的取向，会直接关系到后续德育教材在使用过程中是否会导致“伪道德”的产生。

关于这一点的认识，是目前我国德育教材编写尝试中尚未认识到，亦或是认识到了但是没有落实的编写实践环节。这并非仅仅是目前的一种现实状态，而是几千年的文化就是如此一种传承，是几千年儒家文化中对“人之初，性本善”人性假设的一种传承。儒家文化所产生出来的人性假设和欧洲乃至今天的西方国家人性假设是完全不同的两种路径。

1. “人之初，性本善”的东方人性假设，虽纯洁，但容易导致伪道德

---

① 道义论与功利论的对立在我们现有的伦理学理论体系里具体表现为相关联的两大对立：一是道德起源原则标准上的功利论与道义论的对立，二是道德行为评价依据上的效果论与动机论的对立。周中之主编的普通高等教育“十五”国家级规划教材《伦理学》肯定传统伦理学的基本理论包括功利论、道义论和美德论，在道德评价依据问题上，则肯定了动机与效果统一论。罗国杰主编的《伦理学》在道德评价章中指出：“马克思主义伦理学在道德评价上，既反对单纯动机论，也反对单纯效果论，而是主张动机和效果的辩证统一论。王海明的《伦理学原理》在道德的起源、本质、标准等问题上充分肯定功利论而公开否定道义论。在道德评价依据问题上的结论是：“动机论和效果论以及动机效果统一论都是错误的。真理只能是：动机效果分别论。评价行为者品德依据其动机；评价行为本身依据其效果。”

② 这里所谈的人的利己倾向与人性恶是全然不同的两个概念，人的利己倾向其结果不必然危及他人。立足人的利己倾向，通过限制人的利己本性中危害他人的方面，可以激发每一个个体的潜能，为人类社会的整体利益作出贡献。这与我国法家所主张的人好利，在政治上要予以利用、利诱、利导，从而通过维护道德伦理秩序，实现维护政治秩序是一个道理。“利用人性，而非改变人性”，这样的道德教材编写才是更具现实意义。

有一个大家耳熟能详的历史典故，从这个典故中，我们可以很轻松地窥视伪道德产生的内在机理。

春秋时代，鲁国规定：凡是鲁国人到其他国家旅行，看到有鲁国人沦为奴隶，可以自己垫钱将其赎回，待回到鲁国后可到官府报销。官府用国库的钱支付赎金，并得到一倍奖赏。

孔子的一位弟子就在国外垫钱解救了一个沦为奴隶的鲁国人，回国后也坚持不报销，以示其“义”。那个被赎回的人把情况讲给人听，人们都称赞这个学生仗义、道德品质非常高尚。

孔子知道此事后，不仅没有表扬这个学生，还对他进行了严厉的批评，责怪他只顾“小义”不顾“大道”，认为这样的行为将阻碍更多的奴隶被解救。

孔子的逻辑是：由于不到官府领回赎金，且拿物质报酬的人假如被称为道德品质高尚，那一般人是做不到的，自己的学生只是一个特例。自己的学生这么做了，那其他人赎回奴隶并向官府索要奖金，本来很寻常的事情就会被指责为“不义”“道德品质不高尚”。因此，鉴于对这样的后果考虑，其他人再看到鲁国人为奴时，就会对是否垫钱赎回产生犹豫。因为，假如为了道德高尚的荣誉，损失的会是自己的金钱，于是乎多一事不如少一事，只好假装没看见。从客观上讲，这个学生的行为妨碍了更多在外国做奴隶的鲁国人被赎回。

中国传统伦理学在大讲孔孟之道、天地良心时给人留下的最直观的印象就是“自我纯洁感、神圣感”，觉得自己已置身于一个一尘不染的世界。

而恰恰就是因为儒家文化中，对于“义”“利”的关系处理上，是采取了二元对立的方式，而不是像孔子批判学生那样的内在统一的方式。“义主利从”成为汉以后各封建王朝的主导思想和绝大多数儒家学者及朝廷重臣的圭臬。“君子喻以义，小人喻以利。”将君子与义对等，小人与重利的形象相对等，义利关系被截然对立。

义利的讨论在宋明理学中被逐渐深化为“理欲之辩”，“义利之辩”“理欲之辩”虽然具体内容有所不同，但都从不同角度反映个人与整体、个人与私利与社会公利的关系。理是道德理性，欲是感性欲望。与义利关系联系起来看，理近于义，而欲与利相联。宋明理学家的基本观点几乎都是强调理欲的对立，认为欲为万恶之源，主张“存天理，灭人欲”。

宋明理学家们鼓吹的理欲观，发展成为了一种近乎宗教式的禁欲主义，成为封建统治者束缚人民思想的“精神枷锁”和强化封建礼教的“工具”，尽管儒家把道德建立在自然亲情基础之上，但道德情感较之于道德理性而言，自然是次居其位的，表现出浓厚的重理主义特色。正如冯契先生所言：“过去的理性主义，尤其是正统儒家的理性主义，后来实际上成了理性专制主义，把以伦理为中心的实践理性绝对化，把情意等非理性因素，都贬到不重要的地位，甚至一概抹杀，造成‘以理杀人’”。①

而到了现代，“毫不利已，专门利人”“一不怕苦，二不怕死”又成为旧道德在新世纪、新时代的翻版和变种。②

就是这种对义、理的地位独尊，对利、欲的全面否定与打击，直接导致中国伪道德的产生。在道德理性主义者看来，人类生活的道德化就是理性化地遵循义的思路、要求，就是重义轻利，就是奉献，就是消灭自己不合理的利己欲望、情感、需求。这样做的直接后果就是将社会道德规范神圣化。神圣化的道德规范与个体道德要求及欲望由此形成了直接对立，道德价值其实在灌输的过程中并未注入人心、内心世界。但是为了某种功利化需求和目的，人们又不得不迎合社会认可的主流道德规范，进行道德上的伪装以适应社会大众的“口味”。道德理想主义在中国的发育尤其良好，在道德生活中被朱熹们抬到了至高无上的地位，道德情感的作用、欲望的作用、自利的作用统统被抹杀，在他们那里，人欲希图彻底被灭。道德在中国的历史文化传承中，就成为了外在于人欲的“枯燥之物”。

传统道德为实现社会生活的道德化努力了千余年，但是理性世界中

① 冯契. 人的自由和真善美［M］. 华东师范大学出版社 1996，156.

② 事实上，在中国人的思想上，曾经有过对这种道德理性化实践路径的批判。第一次是老庄对儒家礼教的批判；第二次是魏晋时期形成的对抗传统道德理性的潜流；第三次是“五四”新文化运动对封建的道德理性主义的清算。比如五四新文化运动之时的鲁迅，在 1918 年发表的《狂人日记》这篇战斗檄文中借“狂人”之口，写道：“我翻开历史一查，这历史没有年代，歪歪斜斜的每页上都写道‘仁义道德’几个字。我横竖睡不着，仔细读了半夜，才从字缝里看出字来，满本都写着两个字是‘吃人’！”封建道德是以理杀人的道德，是吃人的道德。但是这三次批判和对抗，都最终没有形成气候，没有跟随社会变革的洪流而一举将其连根拔起。这种道德以“文化基因”的形式依然在代际遗传间不断变种、发酵。

的道德王国最终只是海市蜃楼，并没有能建立起一个富于德性的社会。现代社会努力实现道德化的社会生活，但也没有建立起一个充满善的社会，相反社会罪恶不断滋生和蔓延。即使是小学生，也会“当面一套、背后一套”，口头和认知上都知道什么是道德的，但是一到实践中就完全不顾道德。

胡适批判这种道德理性主义实质在于禁欲主义，理学家教人“乐天、安命、知足、安贫”乃是一种“自欺自慰”的“催眠药”，宗教家教人“戕贼身体、断臂、绝食、焚身”则是一种“自残自杀”的行为，“使人生观变成了人死观”。人“因为有情有欲，故有生养之道，故有事业，有道德。”“道德不在情欲之外”，而在情欲之中。①

2. 西方文明对人性更多抱有一种“恶”的警惕

与中国文化强调人性的善恰恰相反，西方思想家更乐意客观地面对人性之恶，无论是作为西方文明源头的古希腊罗马文化，还是基督教宗教文化都是如此。他们都对人性抱有着一种深刻的警惕！

在基督教看来，人生来就带有原罪。傲慢、妒忌、暴怒、懒惰、贪婪、饕餮（暴食）及色欲之罪与生俱来。只有上帝才是完美无缺，人类只要降生就身戴罪责，充满着缺憾、不完美。

卢梭认为，人类发展道路上，善与恶总是携手并进，进步本身只是幸福与灾难的结合，人类文明社会的发展史，就是“人类的疾病史”。②

康德对比自然演化与社会指出，大自然的历史是由善开始的，而社会的历史则是由恶开始的。③

黑格尔认为，人性既善又恶：“直接意志的各种规定，从它们是内在的从而是肯定的来说，是善的。所以说人性本善。但是由于这些规定是自然规定，一般地与自由和精神的概念相对立的，从而又是否定的，所以必须把它们根除。因此又说人性本恶。”④

恩格斯对黑格尔的这一思想给予了更深刻的阐释：“自从阶级对立产

① 胡适. 我们对于西洋近代文明的态度. 转引自李建华. 道德理性化的历史批判及其启示［M］. 现代哲学，2000，03.

② 卢梭. 论人类不平等的起源和基础［M］. 北京：商务印书馆，79.

③ 康德. 历史理性批判文集［M］. 北京：商务印书馆，51.

④ 黑格尔. 法哲学原理［M］. 北京：商务印书馆，28.

生以来，正是人的恶劣的情欲——贪欲和权势欲成了历史发展的杠杆”。①

因此，西方伦理学中，更多愿意承认的是个人的自由意志。其中对于善恶的讨论，更客观地容纳了恶这种内在本源。西方伦理学将此作为起码的基点，由此出发去寻求由恶向善的转换途径、手段和拯救之道。这样，就不需要用各种各样的外在手段去禁止自由意志的恶劣倾向，而是就在恶中锻炼善。

在这种取向之下，人心就如同一面镜子，许久不擦拭的镜子就如同人心恶的起点，寻求善就如同时时擦拭镜子上的灰尘使其光亮如新。假如人心不时常做出向善的努力，镜子又会被恶的灰尘覆盖。没有人能够宣称和保证自己天生注定是善，人的“本心”不是起点，而只是目标。就如同康德所说：“恶是起点，善是终点；恶是现实的，善是潜在的。善恶在无限历史过程中达到调和，因此，道德是一个不断进化的过程。”②

因此，立足人性利己的基础去考虑教材编写是第一重要的事情，不考虑人性基础，我国道德教材的编写就很难取得突破。“人性利己”与其他人性假设比如“人性善”“人性恶”等理论相比，其假设现实性地扎根于人的需求和欲望，以客观地生物遗传基础和资源约束为基础，更为贴近人的人性现实。以人性利己假设为基础之一编制教材，对人性的要求更低一些，则适用范围更广，逻辑一致性更强，解释力也更强。因此，研究者旗帜鲜明地主张：道德教材的编写要“利用人性，而不是改变人性!”

道德教材的编写，要从道德的种种束缚中解放出来，打倒一切违背人性、摧残人性、压抑人性的东西。所编写出来的这些教材，并非要将其用来压抑人性，而是要立足于提升和完善人性。

（二）情感基础

道德教材编写要立足情感基础，即教材编写无论从目标确定上，还是内容选择上、素材选择上，都要为学生最后能实现内心的“道德认同”服务。

“认同感”一词起源于拉丁文 idem（即相同，the same），英语是“identity”，在《朗文英汉词典》《朗文英英词典》中，“identity”都具有

① 马克思恩格斯选集第4卷［M］. 人民出版社，233.

② 康德. 历史理性批判文集［M］. 北京：商务印书馆，158.

身份、特性、同一性的含义。动词 dentify 除了鉴别（身份）、识别、认出的意义外，还有“参与”“支持”“同情”（同样的感情及感受）、“和……打成一片、融为一体”等解释含义。因此，认同有“自我与他者联结为一体的心理过程”的含义。

社会心理学家凯尔曼（H. c. Kelman）认为认同不受外在压力的影响，而是主动接受他人或集体的影响。①

在社会科学中，有多种研究认同的角度。比如心理学领域的研究视角、教育学领域的研究视角。在社会学中，认同被当作为个体社会化的重要手段，是行为主体对社会价值观念、社会目标、社会角色等的内化过程。认同作为对社会规范的接受状态可以分为三种类型：价值认同、工作或职业认同、角色认同。其中，价值认同与道德教育息息相关，是指人们对社会的传统观念和道德习俗等的基本原则有趋于一致的倾向。

心理学中，认同是指情感、态度、认识的一致性，认为人们经过认同就会形成其自我概念。

人类学中“认同是指人在社会中塑造成的，以人的自我为轴心而展开和运转的，对自我身份的确认，它围绕着各种差异轴（如性别、年龄、阶段、种族、国家等）展开，其中每一个差异轴都有一个力量的向度，人们通过彼此的力量的差异而获得自我的社会差异，从而对自我身份进行识别。”②

但是，无论各种学科领域对认同做何种解读，认同都是在与他者发生关系的过程中产生的，是个人与社会互动的结果③，必然包含两层含义：

第一，认为某一向度跟自己有共同之处，从而使得认同的主体有感到亲切、承认、认可和赞同的态度；

第二，自觉地以所认可的对象的规范要求自己，按所认可对象的规范行事。

布拉西（Blasi）认为，道德认同是个人的道德系统（moral systems）

---

① http：//www. 339edu. con/lwfb/lwdetail. asp? id=3202［DB/OL］，2010. 02. 15 下载.

② 王成兵. 当代认同危机的人学解读［M］. 北京：中国社会科学出版社，2004，35.

③ 道德认同就二者的互动而言，既是社会发挥道德控制建立社会秩序的有效途径，也是道德个体在与社会的联系中实现人的社会需要的必然环节。

和自我系统（selfsystems）的同化或融合，以至道德观念（sense ofmorality）和个人认同（sense of identity）达到一定程度的统合。①

达蒙将道德认同理解为“用道德原则界定自我”。②

哈特等人把道德认同界定为“对促进或保护他人福利的行动路线的一种自我承诺”。③

阿基诺、里德把道德认同理解为“围绕一套道德特质而组织起来的自我概念”。④

综合国内外学者对道德认同的认识，我们认为，道德认同是指生活于一定社会历史时期的人们对社会所形成的道德观念和所提倡的道德规范从理性和情感上予以认可并内化的过程。它是主体对一定道德对象认知和趋同的过程，也是对自身道德图式的重构、确认和实现的过程。⑤ 道德认同就其实质而言，是主体的一种道德内在道德感受，它动态反映着主体与一定社会道德价值、规范之间的互动关系。这种内在的道德感受，是主体自觉地对道德体系的心理上、态度上、情感上的趋同，内在的趋同最后可以最终外化，从而实现行为上的趋同。对于一个道德的价值和规范体系而言，主体与社会体系的互动关系中，道德认同与否、认同何种道德内容，认同的程度如何，都关涉到这个体系在对象群体中被接受、认可的程度。

道德认同是一种具体的、历史的活动，是主观与客观、意识与实践、感性与理性、个体与社会、理想与现实的统一。

一般来说，客观的道德价值和规范体系的供给与主体的道德需求之间、意识和实践之间、感性与理性之间、个体与社会之间、理想与现实之间存在着天然张力。这种张力是否合适与道德认同的程度之间有着紧密的相关性。道德认同的发生取决于被认同的社会道德的基本性质，个

① Hardy S A. Identity, reasoning, and emotion: An em-pirical comparison of three sources of moral motivation. Motiv Emot, 2006, 30: 207-215. [146] Damon W. The moral development of children. Scientific American, 1999, 281 (2): 72-78.

② Damon W. The moral development of children. Scientific American, 1999, 281 (2): 72-78.

③ Hart D, Atkins R, Ford D. Family influences on theformation of moral identity in adolescence: Longitudinal analyses. Journal of Moral Education, 1999, 28: 375-386.

④ Aquino K, Reed A. The self-Importance of moral identity. Journal of Personality and Social Psychology, 2002, 83: 1423-1440.

⑤ 沈琴. 道德认同 [D]. 湖南师范大学硕士论文, 2009. 25.

体道德主体不会盲目认同所有的社会道德。如认同主体的道德需要与道德价值和规范体系保持适度的张力时，主体有道德需要，同时道德价值和规范体系又能适应需要而发挥适当的引导作用，此时道德认同程度最高。反之，道德价值和规范体系“过于理想”“过于低级”，与主体的道德需要相去甚远时，道德认同程度会较为低下。

比如XX教育出版社出版的《思想品德》第十二册中《做品德高尚的人》这篇文本，被用作道德教育的教材时，取得教师、学生等主体的道德认同程度就不会很理想：

做品德高尚的人

做一个品德高尚的人，历来是人们追求的崇高目标，也是党和老一辈无产阶级革命家对我们青少年的殷切希望。

周总理一生非常重视道德修养，所以受到全国人民的爱戴和敬仰。我们要想成为道德高尚的人，就应该向周总理学习，自觉加强道德修养。

加强道德修养首先要“以人为镜”，时时听取别人对自己的批评。人们往往容易只看到自己的优点，看不到自己的不足，如果不虚心听取别人的意见，固步自封，就很难进步。所以，我们要闻过则喜，虚心听取和接受别人的批评意见。

加强道德修养，要经常对自己的思想和言行进行反思、检查和解剖。

北宋时有个叫赵概的人，他在桌子上放了三个盒子，一个装黄豆，一个装黑豆，另一个是空的。如果他发现自己有了优点，或者做了一件好事，就拿一粒黄豆放进空盒里；如果有了一个缺点，或者做了一件错事，就拿一粒黑豆放进空盒里。每天晚上他都把放进盒里的豆子倒出来，数一数黄豆和黑豆的数目，以便知道自己一天当中到底有多少优点和缺点。有了缺点就想办法改正；有了优点就鼓励自己更加努力，从此来检查和解剖自己，加强自身的道德修养。

加强道德修养还要“见贤思齐”，也就是要为自己树立学习的榜样。古人说：“高山仰止，景行景止”，就是让人们怀着敬慕之情向具有高尚道德的人学习。

革命导师马克思、恩格斯，老一辈无产阶级革命家毛泽东、周恩来，他们所具有的崇高的共产主义信念和为解放全人类而无私奋斗的高尚品德，为我们树立了光辉的典范。爱因斯坦、居里夫人、李时珍、李四光为科学而献身的精神，雷锋、焦裕禄、孔繁森全心全意为人民服务的公仆精神，永远值得我们学习。

道德是人们在社会道德生活中应该遵守的行为准则，是调节人际关系的行为规范。因此，加强道德修养不能脱离他人的集体。只有在对他人、对集体的关系中，才能认识到自己哪些行为是道德的，哪些行为是不道德的。所以，我们就要努力参加社会实践，在实践中磨砺自己，使自己成为一个品德高尚的人。

作为一篇小学六年级的思想品德教材，将道德教学的目标、课文的目标定位成“做一个品德高尚的人”，道德的价值目标与学生的发展阶段之间相去甚远。此时的学生，只需要做好“洒扫应答进退”之事，明白最基本的道理即可，此为主体的道德发展需要。因此道德价值和规范体系与主体的道德需要之间隔着的是深沟巨壑。让一个普通的六年级、刚刚 12 岁左右的孩子去做一个品德高尚的人，在孩子内心的道德认同度会大打折扣。这样的要求莫不如“做一个有礼貌、讲秩序的孩子”得到孩子的道德认同度更高。①

同样，在意识与实践之间，即使孩子们在上完了这样课答应教师做一个高尚的人，他在实践中也根本不会做到（当然，不排除赖宁式的特例）；孩子们可能在理性认识上听老师说要做一个道德品质高尚的人，但是一碰到具体事情之时，依然会感性行事；做品德高尚的人，虽然迎合了社会主流的价值，但是却忽略了作为社会分子的个体的水平；做品德高尚的人，虽然有着崇高的道德理想，但是根本不具有现实性、谈不上现实性。

因此，编写的教材，在情感上能取得孩子们的道德认同，让他们在内心的情感、态度上真正接受、认可编写者所倡导的价值、规范也非常重要。② 过于关注理性、过于关注社会的价值、过于关注崇高道德理想、

① 这也许是为什么当初的思想品德课在后来没有了生命力最主要的原因。一个社会道德价值和规范体系能为学生们所接受，研究者认为通常应具备以下两个基本条件：第一，社会道德必须符合人性的要求，这是一种道德体系最起码的生存前提；第二，社会道德必须与道德主体的个人利益保持同一，在价值取向上应与个体道德主体的主观意向相吻合。

② 事实上，影响道德认同的因素有很多，比如主体所处的社会道德氛围、社会结构、家庭关系、朋辈关系，等等。但是，在这里仅指教材方面应该为促进道德认同促进所作出的努力，而不是要过多展开如何促进道德认同。如何促进道德认同，将是在另一个领域需要展开的问题。

过于关注道德意识的拔高，最后带来的只能是依靠教师的“权力”去灌输，从而逼迫学生产生认同。但那只会是“口头上的认同”，面对这权力威逼而产生的认同，学生在内心深处对教材、对教师有的只是唾弃、鄙夷！不屑一顾！嗤之以鼻！——“谁还会信这个！”[①] 就是他们内心对这种权力逼迫认同最为真实的回声。

因此，让编写的德育教材能产生情感上的道德认同更胜权力认同、强制认同、引诱认同[②]。第一，在编写相应的道德教材时，选择的文本首先要使得编写者自己在道德上认同；第二，编写出来的教材文本，一线教师拿来使用时有对编写者的情感上的道德认同；第三，教师在文本使用的过程中与学生对话交流中可以产生情感的道德认同。

（三）经验基础

经验是情感、态度形成的质料。有了“经验”性的内容，才有对经验的“感性”态度，才有对经验的反思。正如“心灵的管理员”一个案例所给出的，文本中主人公停放自行车的经历构成了他自己形成三种态度的基础，停放自行车的经历是他“三种情感立场即态度”的质料；正如笔者上课之前碰到的六年一班的发生在学生身上的“悠悠球事件”一个案例所给出的，事件中淘气的学生们的悠悠球被没收的经历是最后构成他们对自由与规则这一道德价值态度的“质料”。

我们不能认为学生的经验是想当然的，随便拿来一个经验，学生都能上课。不是所有经验对学生的发展、学生的道德发展都有价值。正如杜威所说：“相信一切真正的教育是来自经验的，这并不表明一切经验都具有真正的或同样的教育的性质。不能把经验和教育直接地彼此等同起

① 即使在六年级，不，在一年级的孩子那里，人格面具也在很好地发挥作用。脱离了人性的道德价值和规范体系，当人们无力去摧毁它时，人们为了能够与他人，甚至不喜欢的人和睦相处，实现个人的目的，就会带起人格面具。课堂上说的最精彩、最冠冕堂皇的孩子，不一定是在课后实践中做的最好的孩子。

② 强制认同是全球化运动中价值认同的重要形式之一，最明显的方式就是西方国家凭借其经济、军事和科技方面的强大优势而把非西方国家强行地纳入其价值体系。而在微观的道德教育领域，灌输性质的道德教育、思想品德教育也可以被列入强制认同的范畴，其最主要的特点就是“自外而内”，强制灌输，与关注情感和态度的道德认同截然相反。与“强制认同”“强硬”风格相比，引诱认同则更加“温柔”，文化殖民是其最佳的表征，文化、媒体、网络等都是其“温柔的武器”。但引诱认同与强制认同在本质目的上是殊途同归的，都是为了强制灌输某种既定的价值。

来。因为有些经验具有错误的教育作用。任何对经验的继续生长有阻碍或歪曲作用的经验，都具有错误的教育作用。”①

关于究竟什么样的经验，可以进入到教材，什么样的经验才具有正向的、积极的、有效果的，具有教育意义、教育价值的经验？笔者认为杜威给出的“经验的交互性和连续性作用”是一个较为合理的判别标准。“连续性和交互作用彼此积极生动的结合是衡量经验的教育意义和教育价值的标准。”② 杜威把经验的连续性、交互作用比作“经”“纬”。二者相互联合、相互制约、密不可分，构成了衡量经验的教育意义和价值的标准。

经验的连续性原则，反应到教材编写中，即要以学生的个体经验为中心，并指导学生朝着有累积价值的经验方向发展，在经验的累积中获得经验的改造，促进学生经验的发展。“经验的连续性原则意味着，每种经验既从过去经验中采纳了某些东西，同时又以某种方式改变未来经验的性质。”③ “连续性原则应用到教育上，它的意思是指要在教育过程的每个阶段都顾及未来的情况。在某种意义上，每种经验都应该提供某些东西。使人做好准备去获得未来的更深刻更广泛的经验……这正是经验的生长。经验的连续性和经验的改造的涵义。”④

经验的连续性可能把人导向坏的方面，也可能导向好的方面。因此，还要用第二条判别标准，即交互作用。杜威用交互作用的原则来解释教材与学习者之间的效果关系。交互作用认为“只有当客观条件从属于具有这种经验的个人内心情境时，这时的环境才称得上杜威所说的情境，只有情境而不是环境才能跟人之间形成互动，因而才能产生真正意义上的经验。”⑤ “交互作用的原则清楚地表明：教材若不适应个人的需要和能力，可以使经验丧失教育作用，同样，个人若不适用教材，也会使经验

① 〔美〕约翰·杜威著．姜文闵译．我们怎样思维·经验与教育［M］．北京：人民教育出版社，2005：248．

② 〔美〕约翰·杜威著．姜文闵译．我们怎样思维·经验与教育［M］．北京：人民教育出版社，2005：262．

③ 〔美〕约翰·杜威著．姜文闵译．我们怎样思维·经验与教育［M］．北京：人民教育出版社，2005：256．

④ 〔美〕约翰·杜威著．姜文闵译．我们怎样思维·经验与教育［M］．北京：人民教育出版社，2005：264．

⑤ 苗曼．经验：杜威的教育坐标叨．徐州师范大学学报．2004（5）：107－109．

丧失教育作用。”① 当教材和学习者相互适应的时候，经验的交互作用才能达到最优化状态。

因此，就能进入道德教材的经验而言，首先要具有引起思维的性质，就是说它应该提出一件既非常规的，又非任意的事。换言之，是一件全新的（因而也是不确定的或者有问题的）事情，它和现有的学生的生活应该有足够的联系，足以引起有效的反应；它又指导学生朝着有累积价值的经验方向发展，面向学生的未来发展。

“做一个品德高尚的人，历来是人们追求的崇高目标，也是党和老一辈无产阶级革命家对我们青少年的殷切希望。XXX 一生非常重视道德修养。我们要想成为道德高尚的人，就应该向周总理学习，自觉加强道德修养。

加强道德修养首先要“以人为镜”，时时听取别人对自己的批评。人们往往容易只看到自己的优点，看不到自己的不足，如果不虚心听取别人的意见，固步自封，就很难进步。所以，我们要闻过则喜，虚心听取和接受别人的批评意见。”

像这样的内容，就不属于在这个时代中与学生生活联系、与学生经验联系的内容，这样的内容，虽然具有深刻的教育意义，但是因为与学生生活脱离较远，不具有“引起学生足够反应”的性质。这样的“经验”，充其量只能是某个历史节点上某个人的基于某种经验的“反思”而已，它是反思，不是经验。正如同杜威所举的有关经验的例子，“一个孩子仅仅把手指伸进火焰，这还不是经验；当这个行动和他遭受的疼痛联系起来的时候，才是经验。从此以后，他知道手指伸进火焰意味着灼伤。一个人被灼伤，如果没有觉察到是另一行动的结果，就只是物质的变化，像一根木头的燃烧一样。”② 在杜威所举的这个例子中，上面笔者所举的那段经验的例子，就如同杜威这个例子中一个没有把手伸进过火焰进行实践尝试的人之于“知道手指伸进火焰意味着灼伤。”这句话而已。对于这个没有把手伸进火焰，尝试过火焰灼热感觉，知道火焰容易烫伤人的

① 〔美〕约翰·杜威著. 姜文闵译. 我们怎样思维·经验与教育［M］. 北京：人民教育出版社，2005：264.

② 〔美〕约翰·杜威著. 姜文闵译. 我们怎样思维·经验与教育［M］. 北京：人民教育出版社，2005：153.

经验的人来说，这句话就是“别人的反思而已”，这样的“别人的反思”对于他这样一个没有经验的人来说算不上经验。

而下面的这幅图片，可能更具有经验的连续性与交互作用特征。

虽然仅仅是一幅图片，没有任何的文字解释、价值说明，但是它确实发生在学生的周围，学生可以轻松地认识到这样的情境内容，而且这样的情境内容可以引导着学生在过去情境认识的基础上面向未来经验的累计和发展。同时，这样的经验素材与学生的心灵是可以实现“对接的”，教材和学习者可以实现相互适应，从而使得经验的交互作用达到最优化状态。

因此，道德教材的开发，尤其是立足校本的道德教材开发，去寻找这种深具连续性、交互作用的经验，相较于国家课程而言是最有条件的。因为开发教材的教师，是最了解什么样的经验是具有“连续性、交互性”的经验，什么样的经验对于学生是最有效益的。

（四）德性基础①

有一个成语也许能非常形象地比喻出在编写教材时需要立足学生道德性发展特点的重要性所在，那就是“啐啄同时”。宋蔡絛《铁围山丛谈》卷五：“老志又曰：‘紫府真人，实阴官之贵，匪天仙。魏公功德茂盛，近始陞诸天矣。其初玉华真人下侍者也。’小天疾应曰：‘乃玉华真人下侍者也。’二人相语，即啐啄同时。”

佛经《碧岩录》卷一：“法眼禅师有啐啄同时底机，具啐啄同时底用，方能如此答话。”。

“啐啄同时”，说的是鸡子孵化时，小鸡将出，即在壳内吮声，谓之

① 本部分内容，主要借鉴了日本东京都版《充实的心灵》教师指导书中对于学生道德性发展阶段特点的论述，东北师大附小主持了对此项内容的翻译。在此表示感谢。

“啐”，母鸡为助其出而同时啮壳，称为“啄”，啐啄同时，配合得好，新生命于是产生。简单的生物现象隐含了深刻的人生道理。佛家因以“啐啄同时”比喻机缘相投或两相吻合，德育教材的编写亦需要考虑学生现有的状态。如果啄早于啐的话，会成为早产；如果啄过迟于啐的话，会成为死产。内在因素与外在因素的良好的、时机吻合的相互作用才促成了教育。如此编写出来的教材，才能给教师一个好的抓手，把握好“啄”的时机，而不能盲目地、凭经验、凭感觉自以为是地去编写教材；盲目地在网上“下载教材”；盲目地在以前发行过的教材中“转载教材”。

教材编写者要立足学生的道德性发展基础，首先要了解低中高三个阶段学生道德性发展的特点。

1. 自我中心的发展期：1～2 年级学生道德性发展特点（6～8 岁）

这一时期孩子总体的道德性发展特点是“靠教师、父母等成人的判断去判断是非”。

虽然都是低年级学生，但是一年级学生的第一学期和二年级学生的第二学期有很大差异。从人的成长过程来看，学生一二年级的成长是逐渐走出自我中心、开始考虑他人的萌芽期。

第一，与自身相关的特征

（1）有蓬勃的上进心，但不能长久保持

他们有“努力学习”“去帮帮忙”“自己的房间自己整理”“早睡早起”等各个方面朝气蓬勃的上进心，他们在日常生活中一般都可以显示出自我上进的欲望。但是这个阶段还容易停留在想法的阶段，虽然偶尔进行实践，但是无法持久，通常是三天打鱼两天晒网。

此外，他们也不会反省所做的事，可能刚才还专心致志地做着一件事情，但转身又迷恋新的事物。

（2）坚持自己的主张，喜欢自由自在

这个时期的孩子，有一个很突出的特点就是能基本上分辨出对错了，但是他们知道是失败、错误还去做。

如果被别人指出失败和错误，他们或者找理由使其合理化，或者撒个谎蒙混过关。

出现上述情况，不是因为他们不懂是非对错，而是因为他们强烈主张自己的合理性的原因。他们正因为知道错了，所以才更加坚持自己的主张。按照自己所想，自由自在地行动。因为这个时期的孩子，考虑更多的是自己高兴，是自由自在地按照自己的想法去做。通过积累经验，以及交往范围的慢慢扩大，这种倾向或逐渐减弱。

第二，与他人相关的特征

（1）强烈的以自我为中心倾向

一定要注意，这一时期，孩子们以自我为中心，完全是一种正常的状态，是孩子们表现出的一种普遍状态，而不是一种“异化”的非正常状态。

这个时期的孩子，在与人交往时，别人说了让自己讨厌的话，或被人欺负了，他们会很敏感并且抱怨。但是，对于给别人添麻烦了，或欺负别人了，却漫不经心。这种自我本位、只顾自己而不考虑他人心情的做法，是这一时期的孩子们的一般倾向。

但是，其中也有考虑他人心情的孩子，也有人会感受到这样的孩子的魅力。但这样的孩子毕竟还是少数。

（2）按照外在条件择友，与朋友的交往变化很快

一会儿和某个小朋友闹别扭了，两个人会谁也不理谁；而没出两分钟，两个人又会好得如胶似漆。可能过一会，两个人又会打得不可开交。这就是这一个时期孩子间朋友关系的一般性特点。所以，看到这样的情况，无论是父母，还是家长，千万不要为此懊恼。这些都是因为“以自我为中心”的阶段性发展特点造成的。

就交朋友的标准而言，比起按照共同爱好，相同思维方式，相互信赖等内在条件发展友情，他们更容易于在同路上学，家庭世交，教室同桌等外在条件中产生友情。所以，随着外在条件的变化，友情也在变化。

第三，与自然相关的特征

（1）因为感兴趣而接触动植物

这个时期的孩子，比如说对“鱼儿”感兴趣，就是因为“鱼儿很漂亮”“看，它竟然能在水里游来游去”“我抓着它的感觉一定很棒”这样的表面性的理由。

如果问他们为什么要养花儿时，会听到“因为花很漂亮”“因为可以和我一起玩耍”“因为可爱”等的回答。

他们只是因为兴趣而去接触动植物，还没到达根据动植物的习性来培育它们的程度。虽然他们说好自己培养，但是开始喂养动植物一段时间后，会把任务转交给父母。这也可以说是兴趣的一种表现。

（2）对美好事物的感动情绪不稳定

这一时期的孩子，他们已经富有了对美好事物的感受性，具有了感受美好的能力。比如说对于看见大片的花儿，他们会发出“好美啊！”的感叹。那是因为他们已经有了一颗从心底里感受美好事物的美丽心灵。

但是对于美好的事物、容易让人感动的事物，孩子们会在不同的场合、时间表现出不同的行为。因为他们做事无理可循，感情又不稳定，所以在不同的时间、地点、对象，会做出不同的行为。可能刚才在另一个地方还对动物植物的死亡、被践踏感到难过，但是过了一会，和同伴玩的时候，他们会和同伴一起残酷地去金鱼缸里捞金鱼而全然不顾金鱼的感受。

第四，与集体和社会相关的特征

（1）倾向于将规定视为绝对性的东西

“老师说不能在走廊里大声说话”“老师说今天早晨必须带抹布自己擦自己的桌子，收拾好自己的卫生”，是这个时期孩子经常说的话，也经常做的事情。因为这个事情的孩子就是倾向于将规定绝对化看待，比如“因为有规定，所以就要遵守”“不遵守规定不好”，很少修改规定或创造规定。

这个时期的孩子，将给予规定的老师、学校都是深信不疑的。因此他们会有意监视朋友们是否遵守“不要在走廊里跑步”“不要在教室里喧哗”等的规定，但不管自己遵不遵守。他们尚未意识到这些规定也与自己息息相关。

（2）开始小集体活动，但集体意识淡薄

这个时期的孩子，“我们”这种团体意识和概念还是较低的。

比如，在家里帮忙的话，他们想这是为了妈妈，很少意识到这是为了整个家，在家中帮忙也是为了讨父母喜欢。

他们知道学校里有各种各样为学校努力的人。虽然他们还不能进行有目的的团队活动，但逐渐可以在小集体中，完成分配好的任务。

2. 伙伴道德的养成期：3～4 年级学生道德性发展特点（9～10 岁）

这一时期的孩子，最为明显的区别于 1、2 年级孩子的特点就是“更多依靠伙伴关系来明辨是非。”

虽然都是中年级学生，但是 3 年级和 4 年级学生之间有很大的差别，3 年级初和 4 年级末的学生在身心发育上有更大的差别。比如，看问题的见解从片面到较全面；由只注重表面现象到关心内在原因；由关注结论到关注其动机和原因等。从整体的发展过程看，这个阶段可以说是伙伴道德养成期。该阶段的孩子比起长辈的管教更加重视伙伴之间的约束，伙伴的肯定或否定成为他们判断是非的重要标准。

第一，与自身相关的特征

（1）开始自立，言行不一

二年级后半段产生的自立倾向在这个时期得到更大的发展，渐渐地厌烦他人的干涉并且想尝试自己感兴趣的和喜欢的事情。所以行动范围也渐渐扩大，言行也变得越来越活泼。

但是，这样的自立倾向于独行的状态，和听取别人的意见之后确立自己言行的状态还非常遥远。随着知识的增长，对事物的看法和想法越来越深也越来越广。但是这些看法和想法不会马上付之为行动。

（2）毅力初步形成，知道有计划的生活

这个时期的学生开始写日记和观察记录。对所关心的感兴趣的事物产生极大的好奇心，并且有一定的毅力。随着言行的活泼和经验的增多，会产生注意力不集中、比较散漫的状态。在暑假和寒假等休长假的时候，可以制订计划及日程，并且为此计划做出努力。当然，如果没有人去指导，就很难制订这些计划。所以需要在父母和教师的帮助下，建立和实行这些长期的计划。

第二，与他人相关的特征

（1）朋友关系具体化，出现稳定化的倾向

低年级的时候，朋友关系建立在“父母之间的关系好”“家离得近”等条件之上，但是到了这个时期，就开始寻找“和自己要好”“兴趣相同”的朋友。虽然和父母在一起时还可以任性地处理事情，但是和朋友相处的时候就不可以了。具有自我中心倾向的学生很快被同学们疏远，学生开始更加重视朋友关系。

（2）开始考虑别人的感受和立场，喜欢打抱不平

这时的学生心里还留有自我中心的倾向，但是在一定程度上开始考虑别人的感受，并且想了解别人。特别是在朋友关系越来越融洽的时候，开始考虑自己的言行有没有伤害到对方、这种朋友关系是否稳定等问题。开始说一些“只有哥哥有”“只有弟弟有玩具”等不满的话。在一定条件、一定场合下，虽然能辨别好坏，但是一旦自己的利益受到损害，就变得很自我。

第三，与自然相关的特征

孩子们是非常喜欢动物和大自然的，对于动物开始想了解它们的心灵。但是，还存在想和动植物玩耍的心理。所以这个时候，必须让他们懂得动植物也和人类一样具有美丽的心灵。

第四，与集体和社会相关的特征

开始懂得“规则就是为了让大家安全、和谐地生活而定下来的约束。”这个时期的学生为了和谐的生活，想修正或改善不合实际的规则，也想创造新的规则。但是，只有意识，却没有实际行动，这就是这个时期孩子们的特征。

我们的学校、我们的故乡等意识变得越来越强。称为“我们”的意识变得越来越强。当学校获得好成绩时会产生自豪的心理，并且认识到学校的每个人都在为学校付出自己最大的努力。但是还不能进行自主性的活动。在体育比赛等对抗性活动中，为自己所属的团队拼命地加油。这就是个人集体归属感的表现。

这个时期的学生开始认识到自己作为家庭一员的作用，开始关心家务活。但是通常停留在意识状态，还没有实际的行动。

3. 类成人的自立期：5～6 年级学生道德性发展特点（11～12 岁）

低年级时根据大人的判断，辨认是非；中年级时则根据伙伴的判断辨认是非；到了高年级则与这两者完全不同，是靠自己的判断辨认是非。

高年级学生在身体、精神、社会情感等方面，尤其是情绪方面很接近成人，不愿意受到他人的干扰，凡事都愿意自己解决。常常使用大人看起来不合理的工具和器械，拒绝与父母一起购物、吃饭。这是一种自主心理的体现，但不是真正的自立。

这一时期的孩子，对事物只能抓住其表面现象，单纯地考虑问题。

无法接受不符合常理的事物，为此，有时会产生对大人的不信任感。随着对事物的理解力的提升，渐渐懂得善恶不是固定不变的，而是因时间、地点的不同，而发生变化的道理。

中年级起开始意识到异性，并具有互相对立的倾向，这种对立倾向一直持续到5年级。到了6年级后，逐渐认识到异性，并具有互相协作的倾向。这种倾向有时因周围环境变化会大不相同。

第一，与自身相关的特征

（1）能够明确自己的目标，反思自己的优缺点

到了高年级时常以“已经是高年级了，得努力了！”的话鼓励自己；“我数学弱，得下苦工了”“高年级学生要对自己的言行负责”等等，了解自身的有缺点，确立符合自己的生活目标。能够对自己的行为进行自我反省，通过这种自我反省确认自身的优缺点，并努力地扬长避短。

但是当认识到自身的优缺点时容易自满或自卑。没有认识到人是具有优点的同时也具有缺点的不完美的个体，没有认识到只需稍微变换一下看法，缺点有时也会成为优点。

（2）对传记感兴趣

从这个时期开始对人物传记感兴趣，有人认为现在的孩子缺乏理想，其实不然。读到传记后心中都描绘着未来自己的形象。但是，这样的理想具有易变性。

第二，与他人相关的特征

（1）考虑到他人的心情，控制自己

与父母、兄弟姐妹、朋友相处时，考虑他们的心情和立场，控制自己的言行。为了彼此都能愉快地生活，不仅进行自我反省，还促使对方反省自己。

（2）具有正义感，朋友关系更密切

对于人与人之间的关系追求着公平、正义、亲切、率直的理想状态。为此有时过于固执，有时过于挑剔。这个阶段的孩子想要实现人与人之间的和谐关系，因为懂得了人是离不开他人支持的、生活在社会的一个个体。可以更加充分认识到自己与他人之间是密不可分的关系的道理。

因此，尤其是在中年级，以内在条件为基础结下的友谊，会变得更加牢固，在孩子的生活中朋友的分量会越来越加重。

第三，与自然相关的特征

（1）对自然的伟大或崇高的事物心存感动

看到蓝天碧海、日出日落、滴水穿石等现象，为大自然的美丽与伟大所折服，不由得发出赞叹。听到高尚的言语后，心灵为之打动。这个阶段也能够意识到超出人类力量的伟大的事物的存在。

（2）对破坏自然者怀有不满

郊游、野营过程中见到被破坏的自然时，对破坏自然者表示不满。还会批评人类的随心所欲。但就是意识不到，自己也在破坏、污染着自然。

第四，与集体和社会相关的特征

（1）到了6年级，明显表现出了作为高年级的自觉性

在学校的各种活动中，发挥着领导者的作用，在日常生活中也自觉地帮助低年级的学生。或许其中也存在个别没有自觉性的6年级学生，但只要给他们提供了那样的时间和场合的话，也会变得很活跃。比如说在和1年级孩子的跳绳互助活动中，自己会自觉的是以一个大人的角色教1年级小孩子跳绳的技能。当跳绳的过程中1年级小朋友因为摔倒而哭泣难过时，6年级的孩子懂得安慰难过的小朋友，已经开始出现了“同情”的感受。

（2）“我”们这样一个意识，扩展到家乡和国家层面

由身边延伸到家庭集体、学年集体、学校集体而产生的“我们”这种感情慢慢会扩展到家乡、国家的层面。对国外的人和事物也会慢慢感到兴趣，想要去理解、掌握那些知识。这个时期正是让学生认识国际化国家的阶段。

四、道德教材编写的具体实践步骤

（一）确定基本编写原则

1. 传统性与现代性交融原则

（1）处理好社会本位和个体本位的关系

传统德育更多的是一种社会本位的德育，即强调德育为统治阶级服务，教育中广泛蕴含德育，有“化民成俗”之功。社会本位论强调人的发展对社会的依赖性，强调社会的价值和社会秩序的稳定性，强调德育

应使个体认同社会、服务社会。个体本位论主张以个体为中心，根据个体自身完善和发展的精神性需要来制定德育目标和建构德育活动。在现代社会中，单纯地主张德育要为社会服务或者只以个体为中心，都有失偏颇。我们在构建学校德育体系时，要注意学生身心发展的内在需要和规律，同时把个体的社会发展需要同个体的自身发展需要结合起来，通过促进个体的发展来促进社会的发展。

（2）处理好德育目标理想性与现实性的关系

传统的德育目标更加是一种“宏大叙事”意义上的目标，强调人的“完善”，强调“圣人”的目标。其实，德育目标理想性和现实性存在着相互依附的关系，在强调德育目标理想性的同时，更应该关注其实践的现实性与操作性。其一，现实目标以理想目标为指导。现实目标只有与理想目标结合起来，才能造就出社会主义事业接班人和建设者的必备素质。其二，理想目标以现实目标为中介。理想目标虽然在德育目标体系中占有至高无上的地位，但理想目标必须以现实目标为中介。因此，我们在设立学校德育体系的目标，考虑德育学科课程以及活动课程的目标时，既要考虑到目标的引领作用，同时也要兼顾到德育实践起来的现实性所在。

（3）处理好传统德育内容与现代伦理的关系

中华民族传统美德是我国五千年历史文明积淀的财富，是儒墨道法各家对伦理思想和道德实践活动的总结，是我国宝贵的精神和文化遗产，同时也是世界精神文化遗产。亚洲的日本、韩国、新加坡等国借鉴我国传统德育内容取得了举世瞩目的成就，我国传统文化当中的部分内容已经证明了它在现代社会不同社会体制中的重要作用。因此，传统德育内容的部分内容，如“孝”，在现代社会中仍旧具有相当的现实意义，同时现代社会得以为继或者深入发展。“正义”“公平”等价值也是其最本质的价值核心所在。因此我们在构建德育体系时，在德育内容的考量方面，必须掌握好传统德育内容与现代伦理的关系平衡。

（4）处理好灌输与对话的关系

中西方传统德育模式都是以灌输的方式作为最普遍的教育方式承传了千年，而中西方现代德育模式的构建都是以反对灌输为起点的。他们所反对的灌输是指简单的、直接的、无视受教育者主体性的具体的教育方法。现代德育模式更加强调要发挥教育者和受教育者的两个积极性；教育者与受教育者要建立一种民主、平等、彼此尊重、相互学习的师生关系。但是，灌输作为德育模式的一种，也并非一无是处。灌输虽然不是进行德育的唯一方法，但是还是可以作为德育的一种方法使用，只要不将其作为主要方法使用就可以了。灌输的模式在一定的场合、场域中还是存在一定的合理性的。我们并不能因为灌输是传统德育方法之一种而就采取完全否定的态度。

（5）处理好知情意行的关系

从“知、情、意、行”及其内在逻辑关系和逻辑行程看，“知”是思想道德教育的起点，“情”具有选择和推动意义，“意”是践行、实现“知”和“情”的重要保障，“行”则是最终要求和价值取向。

在由“知”到“行”的转化过程中，认识是行动的先导，没有正确的认识，就难以形成健康的思想。传统的德育，无论是西方还是东方，更大意义上是一种更加强调道德认知的教育，把“认知绝对化”了。这种教育倾向在现代性社会中已经证实了它的无能所在。在构建现代学校德育体系的过程中，要整合“知、情、意、行”的程序，加固基础，突出薄弱环节，及“情”“意”“行”的薄弱环节。我们学校的具体实践，就是在这三个薄弱环节中，以“情”即道德情感的培养、儿童心灵的充实为突破点、重点，兼顾道德认知、道德意志的培养进行体系构建。而将道德行为作为必然结果，前面的三个环节工作做好了，学生做出合乎道德的行为是必然的一个结果而已。

2. 文化性与普适性兼顾原则

信息技术越来越多地牵涉到全球范围内的伦理和文化传统，并且我们努力解决由此引发的多元化伦理问题时，这些努力是指向真正的普世伦理，抑或在实际上终止于伦理相对主义？这是我们架构整个德育体系时也回避不了的问题。

首先，文化多元是这个世界普遍的一个事实存在。文化多元化是社会现实，是我们的主观愿望不能随意改变的。每一文化都有它产生以及存在的社会历史和现实基础。哪一种文化要想凌驾与其他文化之上，对其他文化进行殖民，在这个越来越讲求“公平、正义”的现代社会似乎变得越来越不可能。

那么在众多的文化之中，寻求普适性的交点则成为了解决文化多元之间冲突不得不考虑，也是不能绕过的一个问题。在各种文化差异之间，寻找维系人类社会的根基，将正义、珍爱生命、知道自己和他人利益所在、感受自由并且热爱自由等这些基本的道德价值对于整个人类来说都是具有普适性的。因此我们在构建德育系统时，在充分尊重、弘扬中国传统文化的基础上，兼顾道德价值的普适性。用费孝通先生的话就是："各美其美，美人之美，美美与共，天下大同。"既考虑中国特有的文化根基，同时也兼顾天下大同的价值。

3. 人类性与非人类中心结合

传统伦理学，如所周知，是一种人类中心主义（Anthropocerntrism）的伦理学；只是到了20世纪，随着生态伦理学的诞生与发展，才出现了非人类中心主义（Anti-Anthropocerntrism）与人类中心主义之争。

人类中心主义与非人类中心主义是两种相反的关于人类应该如何对待非人类存在物的伦理学说，是两种相反的关于人类与非人类存在物是否应该构成一个道德共同体的伦理学说。人类中心主义认为："植物的生存是为了动物……所有其他动物的生存是为了人。驯服的动物是为了供人役使和食用；至于野生动物，虽非都可以食用，但全有其他用途：衣服和工具就可以由它们而来。因此，如果我们相信自然不会没有任何目的地造物，那么，她一定是专门为了人才创造万物的。"① 它们认为只有人类才是目的，因而只有人类才是价值主体，才具有内在价值，才拥有自己的善或利益；而一切非人类存在物都不过是为人类利益服务的手段，因而只能是价值客体，只具有工具价值，而不具有自己的善或利益。非人类存在物的价值完全取决于人类的目的，因而人类便是宇宙万事万物的中心。非人类中心主义则认为，动物甚至植物乃至一切生物都具有目的性或合目的性，因而都能够是价值主体，都具有内在价值或目的价值，都具有自己的善或利益。

事实上，人类中心主义在某些方面是不能成立的，而在其他方面则是可以成立的；在某些方面是不可选择的，而在其他方面则是可以选择的。非人类中心主义也不一定是在实践中完全可行、可实践的。因此，

① 从道德理性走向道德情感：近代西方道德情感理论述评［M］. 中南工业大学学报：社会科学版. 2000，1. 6.

在德育体系架构时，我们既要避免绝对的人类中心主义，同时也要更多地从非人类中心主义的角度，从生态伦理的角度去以考量。

（二）设置整体德育目标

学校道德教育不直接培养学生的道德行为，学校道德教育集中力量，无论进行直接的道德教学，还是实施各种各样的活动课程，开发各种各样的潜在课程，其目的都是培养具有“充实的心灵”，即培养的是儿童能做出合适道德行为的基础——充实的心灵，“培养作为基础的道德性”。而道德认知、道德情感、道德判断能力等一系列能力培养所开展的所有的活动，都是充实儿童心灵的途径和手段。

所谓道德性，是使以人类未来的存在方式和更好的生活方式为目标的道德性成为可能的人格特征。道德性一般由道德情感、道德判断能力、道德实践的积极性和态度等构成。

1. 道德情感

道德情感，是把道德性价值作为理想的事物来理解，是喜欢善的行为，憎恨丑恶的感情，也是趋向善的感情。这作为道德性行为的动机具有很大的作用，所以培养道德性情感，是提高道德性的基础。

2. 道德判断能力

道德判断能力，是在各种场合判断善恶的能力，作为人，是以理想的方式进行生活的必要的基本能力，通过这种正确的道德判断能力，在各种场合，采取符合时机的道德性行为成为可能。

3. 道德性实践的积极性和态度

道德性实践的积极性和态度，意味着根据道德性情感和道德性判断能力，采取有价值的行为的倾向性。道德性实践的积极性，以道德性情感和道德性判断为基础，是要实现道德性价值的意志，道德性态度，可以说是对被这些所证实的具体的道德行为的姿态。

再者，除此之外，还有道德性习惯，是在很长时间里通过反复的进行而作为习惯被儿童掌握的理想的日常行为方式，其最基本的习惯被称为基本的生活习惯，不久后，又被称为第二天性。

这些道德性的各种状态，并不是各自独立的，而是彼此密切相联，构成了一个整体。因此，将这些状态作为一个整体，密切相联系进行指导是很重要的。并且，有必要努力培养儿童的道德性，使儿童的道德性行为由儿童自身内在自发、自律的产生。

（三）合理架构内容体系

1. 通过四个角度整合“个体的自我向社会的自我”的发展需要的德目

道德教育的内容，从下面四个角度来把握儿童的道德性，要从这些角度来对内容项目进行分类整理，明确内容整体构成以及相互的关联性和发展性。

（1）与自身的关系

（2）关于他人的关系

（3）关于与自然及崇高的事物的关系

（4）关于与集体及社会的关系

儿童在各种各样的关系中生存，在这些关系中，表现、习得各种各样的道德性，形成人格。

第一个角度，在与自身的关联中把握自己的存在，谋求形成一个理想的自己。

第二个角度，在与他人的关系中把握自己，谋求培养理想的人际关系。

第三个角度，在与自然、美好的事物、崇高事物的关联中，把握自己，加深作为人的觉悟。

第四个角度，在与各种社会团体、故乡、国家、国际社会的关联中，把握自己，树立在国际社会中生存的中国人的觉悟，以求作为和平而文明的社会以及国家的成员所必须的道德性的培养。

这四个角度，相互之间有密切的关联。为了成为自律的人，以第一个角度的内容为基础，其他三个角度的内容相互关联再返回到第一个角度，是很有必要的。另外，以第二个角度的内容为基础，发展到第四个角度的内容。再者，如果从第一以及第二个角度加深了对自己存在的觉悟，第三个角度就更加重要了，并且，从第三个角度来把握第四个角度的内容，能够加深对其的理解。

2. 用21项内容来丰富四个角度的内容

这21项内容的选择所依据的标准，是对积极促进“自我实现，同时又可使一个人能够通过在人生一切职务中和别人的交往，使自己充分地、适当地成为他所能形成的人”的品性中选择出来的。但这并不说明这21项内容比其他没有被选择进来的德性对一个人的自我实现以及社会性发展更有价值。这21项内容，仅仅是一个选择道德教材文本所要依据的思考问题的切入点，更具体地说，是一个工具，一个文本承载的载体而已。没有必要为这21项德性目录的内容本身的合理性而纠结，没有必要为为什么不选择其他的德性目录而争吵。最为重要的是我们可以依据这样的目录，为学生选择出来一个能触动他们情感神经的触点，选择出来一个能引发学生自己已有经验的“蝴蝶效应点”。这样，这21项内容就达到了它的目的。

（1）与自身的关系

① 知耻

《礼记·中庸》：“知耻近乎勇。”南朝 梁 何逊《七召·治化》：“樵者目金而知耻，耕夫让畔以成仁。”耻，一般指羞愧的心理感受。知耻，也就是知道羞愧和荣辱。知耻是自尊的重要表现。唯有知耻，才有自尊。它是一个正常人所具有的最基本的道德感。它也是其他一切美德存在的一个基础。正如孟子所说：“羞恶之心，义之端也。”这种道德感体现着人性的尊严，是社会正义的心理基础。

要想培养儿童的其他美德，首先要让儿童具有耻感，即羞耻之心。在日常生活中，此类的事是经常可以看到的：一人走路抄近道践踏草坪，后面就有人跟着践踏过去。一人不排队，后面就会有更多的人拥挤上来。一人把垃圾扔在不该扔的地方，后面就会有很多人也会把垃圾往那里扔。后来的这些人，就是因为没有耻感，最基本的羞耻之心，而对做出的事情过于麻木。因此，在小学阶段就不断地强化、培养儿童的知耻之心至关重要。

② 诚实

“诚”——如字所示，表示语言要成立。说出来的话，要体现实际生活中的具体行为中；“实”与诚具有相同的意思，表示语言要符合实际。

“那人是个诚实的人”，这不光指那些与人谈笑风生，表面看起来开朗的人，指的更多的是那些内心没有阴暗的、拥有明亮心灵、诚实之心的人。

如果一个人的言语和行动不一致，只有巧言令色的外壳，那么不可能被他人和社会所信赖。巧言令色的语言不仅会让人失去他人和社会对自己的信赖，而且会使自己的心灵变得暗淡。拥有明亮的心灵，生活也会变得光芒四射。

③ 节制

所谓节制指的是不过于拮据也不过于充裕的生活。但这样的生活要以理智来控制欲望和感情，不致过于放纵自己。节制的基本内容就是自我克制，克制情欲，克制快乐，这是任何一个生活在社会中的人不可缺少的品德。自我克制的直接结果和目的是防止极端行为。具体表现在儿童生活中，可以体现在诸如以下几个方面：

饮食——每天按时吃三餐，保证均衡的营养。

运动——经常运动，关注健康。

睡眠——不熬夜，早睡早起。

安全——遵守交通规则，不做危险游戏。

整理——整顿整理，注重提高素养。

学习——反复练习，掌握各种知识。

总之，自我克制、自觉守法、防止极端、中庸适度都可成为节制美德的基本内容。

④ 规则

拥有规则之心，是针对人天生有之的“自由”权利而产生的一项美德。“人都有不被他人所左右，依靠自己的判断、想法行动的自由。”刚刚接触这种思想的孩子们，会错误地理解为：只要是喜欢的，什么都做的话，容易无视周围的一切放纵自己。他们很容易把自由和随心所欲混为一谈。

把自由和随心所欲混为一谈导致的混乱的人际关系和社会纷争，不仅体现在孩子的生活中，在大人的日常生活中也是屡见不鲜的。

人为了体现自己的价值，就要脱离外界的束缚，依靠自己的愿望、计划、判断行事，并自我评价。因此重要的是，要让孩子正确理解以保证自由为前提的自主性的确立。

因为人每时每刻都生活在与他人共同构筑的社会关系之中。个人自由的想法和言行势必与他人有关，其结果也会影响到他人，有时，甚至还有可能夺走他人的自由。因此，我们要告诉儿童，在考虑自己的自由的时候，要时时刻刻有“他人自由”的考虑。这就需要用规则来约束。只有每个人都按照大家都同意的既定规则去行事，才能最大程度保证每个人最大限度的自由。因此，拥有一颗“规则之心”，在现代社会无疑是一项非常重要的美德。

但需要注意的是，这种规则所产生的控制，不是被他人所被迫而产生，而是自觉进行的时候，才可以说是建立了真正的自由。

⑤ 进取

进取之心是指不满足于现状，坚持不懈地向新的目标追求的蓬勃向上的心理状态。在这个世界上，每个人都是独立存在的。若想发展自己的事业，只能靠自己积极的努力。因此，进取之心是一种美德，它能驱使一个人在不被吩咐应该去做什么事情之前，就能主动地去做应该做的事。时刻以积极进取的精神去做每一件事，你会发现这样做能使你顺利而且愉悦地做好原来可能做不到的事情。

⑥ 孝顺

我国有句古语：“百善孝为先”。意思是说，孝敬父母是各种美德中占第一位的。一个人如果都不知道孝敬父母，就很难想象他会热爱祖国和人民。

孩子都不愿意让父母和祖父母担心自己的学习和身体状况，这也是一种孝心。

虽然这种孝心是以亲生父母和孩子的血缘关系为前提，但是也不能忽略养育之情。父母把自己孩子视为掌中之宝，无比疼爱。即，孩子的孝心和父母的疼爱是相对应的一对感情。每当孩子生病或受伤的时候，父母的心犹如刀割般难受；每当到了孩子的生日、儿童节、入园式、入学仪式的时候，父母是在对孩子健康成长的期盼中度过的。当孩子能爬时期盼着他能站立；当能站立时又期盼着他能行走。只有明白了这些事情，孩子才能懂得要报答父母的生育、养育之恩。

但是，单靠这些是产生不了“尊敬、热爱、孝顺之心”的。当感觉到“我的父母或祖父母是优秀的”的时候，“尊敬、热爱之心”才会油然而生。

比如，让孩子懂得父母和祖父母是多么辛苦地工作；他们为了家庭付出了多大努力；他们和邻里之间又是多么和睦相处的等等的具体事情。

对那些很少接触父母和祖父母的这种生活方式或即便接触也只是看到其表面现象的孩子，最重要的是让他们好好的继承父母和祖父母的这种正确的生活方式。

只有孩子懂得了父母和祖父母的疼爱之心和优秀的人格、心中充满了对他们的谢意和敬意，才能使孩子产生自己也要为家庭付出一份力量的信念。从而孩子会督促自己做力所能及的事情。

（2）关于与他人的关系

① 礼仪

“礼仪”是维系人与人之间关系的纽带，也是人心灵的实际形态。

“礼”指的是将自己与他人区分开来，想要保持和睦的人际关系的心灵的表现。“仪”指的是像仪式一般，把心灵以有形的形态表现出来。

把礼和仪结合起来称之为礼仪，是指将心灵和形态联系在一起，而不是把礼和仪（心灵和形态）割裂开来看。

礼仪是需要分时间、场合、对象的。例如，早晨和夜晚要用不同的话寒暄，在医院和体育场这样不同的地方也得用不同的话，来跟别人打招呼。即便是时间、场合相同的情况下，对于不同的人寒暄语和言行举止也不能一样。例如，对朋友和长辈，要用不同的话；老师和父母即便都是长辈，也要用不同的话。

“有礼仪”不是指每时每刻的有意识的言行，而是一种习惯。如以下所说的：

· 内心存在要实现和睦的愿望。

· 合乎情理，区分时间、场合、对象。

· 心灵与其表现形态一致。

认识到这一点，用心去与他人沟通交流的话，就能实现“真心待人”，实现人和人之间的和睦相处。

② 同情

这里的同情之心可以理解为，对于那些正处于困境的人、正忍受着苦难的人、正经历着悲痛的人，站在他们的角度和立场为他们设想。但是，从外表是很难看出他人处于困境或忍受苦难或经历悲痛的。为了解这些内心的感受，就要回想起自己处于困境时、忍受苦难时、经历悲痛时的心情，“我曾经也是那样痛苦，对方现在也会是一样的吧”。

了解到了他人内心的话，自然而然会有“站在他人的立场，想为他着想”的心情。这种心灵正是安慰、鼓励、帮助他人的亲切行为的源泉。

③ 信任

信任之心往往是和友情的获得紧密关联的一项美德。同学或者好朋友之间想要建立美好的友情，需要互相信任、互相沟通、要真心实意地用心待人。随着反复的真心交流，学生之间的信任感也会不断加深。如果没有了这种彼此间的信任，就无法一起学习、一起游戏。

怀着互相信任、互相提高、互相学习的心理相处的话，同学之间的友情也会变得更深。

④ 谦虚

“谦”指的是对他人忍让、恭敬、谨慎的意思。即便自己比对方知识更渊博，能力更强，也不能向对方炫耀，要谦虚谨慎行事。“虚”是“没有”“不存在”的意思，也可以说是严格要求心灵。即，严格地控制对名誉、利益等的贪欲。因此谦虚指的是，严格控制自己的心灵，谨慎行事的意思。

谦虚是正视自己的结果，当认识到自己并不是完美的，而是有很多不足之处，然而别人却有着自己所没有的优点时，不得不产生谦虚的心理。

这种自我认识也是产生宽容的心灵的源泉，因为认识到自己是不完美的、有很多缺点的，所以也会懂得对于同一事物必定会存在不同的观点和想法。由此很容易接受别人的不同意见，当他人犯了错误时也很容易宽容对方。

拥有谦虚、宽容的心灵，自然会懂得珍惜有别于自己意愿的意见和立场。

⑤ 感恩

感恩一词中的“感”是，遇到事物心灵有所触动之意。即，认识到自己的日常生活竟是受到这么多人的恩惠时，心灵被感激之情所打动。

就现实而言，人一生不仅受到来自亲人、朋友、邻居、学校的前辈和老师等身边人的帮助，还会受到来自互不相识的人或者自然的恩惠。如果认识到自己的每天都是在这么多人的帮助与支持下度过的话，心中将会充满感激之情。能认识到，而不是非常麻木地忽略自己每天都有这么多人帮助与支持这件事情，拥有这样的心灵，对别人的帮助心存感激之情，努力用合适的方式来回报这份感情，也是一项极为可贵的美德。

（3）关于与自然及崇高的事物的关系

① 敬畏

面对着秋日的红叶，一切的语言变得苍白；面对着日出或蓝天碧海，心灵会得到洗礼，并感受人类的无知与稚嫩。这一切都是对人心灵的一种触动。人有时对自然的美丽、图片或画的多彩、音乐的美妙、人的心理或行为的美丽所深深打动，不时会发出“真美啊”“真想永远保留这一切”的赞叹。

人有时还会对超出人类能力的事物，怀有不同于日常生活中喜怒哀乐的特殊的感情，感觉到人类能力的局限性。这不仅体现了人类对美好事物向往和追求的心理，更是体现了人对这些事物的敬畏之情。人间接或直接地与这些美好的、超出人类能力的事物接触着，同时也对这些事物怀有感动与敬畏。对于生活于现代大都市的儿童，脱离了自然的儿童，让他们充分感受到对美好事物的感动和对超出人类能力的事物产生敬畏之情是非常重要的。假如连儿童都没有对大自然的敬畏之心，那“人和自然之间和谐相处”将成为一句空谈。

② 共生

“人定胜天”曾经是我们征服大自然的一种鼓舞性口号。但是这句口号在现代社会看来，其蕴含的精神是值得肯定的，不过实际中在思考人类和大自然的关系时却是愚昧不可取。人只能合理地利用大自然的资源，也就是要有科学发展观，“人定胜天”？不可能，人不可能为所欲为，恩格斯曾说过：“人类每次在向大自然索取时都遭到大自然无情地报复。”

因此，对于现代社会的人来说，处理人和大自然的关系，应该是“共生”，而不是“征服”！拥有这种共生之心，身处于大自然中的孩子常常被大自然的伟大所触动，发出这样的感叹，“天空的那头会是什么呢”“如此美丽的颜色为什么人就描绘不出来呢”。他们会认识到人们常说“大自然是人类的家”“没有空气和水，人类就无法生存下去”等话的真正含义；他们会认识到人与自然并不是对立的，从而继承发扬与大自然共同繁衍生息的优良传统；认识到人只不过是大自然中的一个微小的存在，过着受大自然的恩惠的生活。

（4）关于与集体及社会的关系

① 责任

人不可能孤立的独自生活，何时何地都要生活在与他人或集体密切相联系的社会群体中。首先，是在家庭这一集体中生活。接着是在游戏集体、幼儿园集体、小学集体、课外活动集体、志愿者集体、社团集体等各式各样的集体中生活。个人与集体间的关系可以说是，个体是在集体的支持下成长起来的；个体也支持了集体的发展。个体作为集体的一份子，集体不仅促进、鼓励着个体的发展，还教会个体互相协作的智慧，还让个体分享协作的喜悦。可以说个体是在集体的支持下生存和生活着的。

所以，教会孩子怎么在集体中生活至关重要。要想让儿童在集体中能顺利与其他个体交往，具有责任之心是必不可少的美德。这种责任之心包括两个方面：其一，让学生明白自己早已作为各式各样集体的一成员生活成长着的这一事实；其二，让学生认识到每个集体都有各自相应的目标，为了实现这一目标，集体成员有明确分工，完成各自的任务。这种认识促使个体产生作为集体成员的责任感和使命感。

责任之心就是指个人对自己和他人、对家庭和集体、对国家和社会所负责任的认识、情感和信念，以及与之相应的遵守规范、承担责任和履行义务的自觉态度。它是一个人应该具备的基本素养，是健全人格的基础。

② 公德

中国传统社会是以血缘关系为纽带的宗法社会，而非以契约为根本的公民社会。宗法社会的道德准则，是“私德”，而非“公德”。梁启超曾说过，“公德”是中国人最缺乏的品德之一。中国人虽很早就开始注重道德说教，但是偏于私德，疏于公德。

因此，对于现代社会的公民来说，从孩童时期起，培养公德之心的根基尤为重要。“公德”是指在公共场所遵守的道德。公德之心是指恪守公共道德，维护公共道德的行为规范或心理。

儿童公德之心的养成，首先要从公共场合的意识培养入手，使儿童能够在认识上区分家庭的私人领域与学校、商场、公交车等公共场合、场域之间的本质区别。

然后进行更加深入的情感转变，从人们重人情、重关系，却毫不介意地在公共场合大声喧哗，乱扔垃圾，践踏草地等基本现象入手，逐步树立儿童的公德意识。

③正义

人生活在与他人共同构筑的社会关系中，在这关系网中处于同一地位的自身和他人之间是相互平等的关系。但是，很难说由过去产生的差别和偏见，在今后的生活中一定消失。因此，不得不承认作为相同的生物个体，保持人与人之间平等的关系是极其困难的。个体与个体之间很容易产生差别。因为差别的存在，差别待人和偏见的事情时有发生。

差别待人是指对于人与人之间的关系，在毫无正当理由的前提下，区分上下、贵贱等，强加给某个特定人以劣等者的称号。偏见是指对于某个特定人，以因为是这样所以一定会是那样的思维方式，片面地看待人。

这两种倾向作为人与生俱来的一种本性，是无法彻底清除的。但是正因为每个人都是不可替代的唯一的存在，所以要公正、公平地对待每个人，要努力地实现正义，这也是很重要的一点。在生活中，碰到了差别待人以及遇到了有偏见的事情，能以公平（公平是指无论在何时何地对于任何人，实现奖惩分明）、公正（公正是指无论在何时何地对于任何人，用相同的标准进行评价）的心去对待，那么就说明这个孩子怀有着一颗正义之心。

如果能够实现公正和公平的话，社会就会成为充满正义的社会。为此，首先需要理解想要实现公正、公平的社会的人群的见解、感受、思维方式。其次懂得为这样生活着的人感到自豪。拥有这样一颗心灵，人自然而然会从自身出发，努力地维护社会的公正和公平、实现正义。

④ 勤劳

勤劳就是不懒惰，不偷懒，可以很积极地参与各种集体生活中的各种方式的劳动，并从中获得喜悦。勤劳美德是中华民族的传统美德，虽然勤劳的美德是小农经济形态的产物，但是它在现代化的工业化社会同样具有积极意义。拥有一颗勤劳之心，是现代社会儿童拥有积极阳光人生，创立属于自己的事业必不可少的美德之一。

“业精于勤”“天道酬勤”都是对勤劳者的赞美。

劳动的意义在于何处呢？

- 劳动让自己和家人物质上生活得更丰裕一些，提高经济上物质上的价值。
- 通过劳动支持自己所属的集体或社会，完成社会性意义。
- 通过劳动分享集体或社会发展带来的喜悦；提高耐性、培养同情心；让自己变得更加成熟、充实。

总之，通过劳动可以实现“与他人共同发展”。

理解了劳动的意义，通过劳动培养与他人共同发展的信念，自然会思考“现在我可以做什么”的问题。这就与“感受参加社会公益活动的喜悦，做对社会有用的人”相联系。正因为心中有“与他人共同发展”的信念，才能感受参加社会公益活动的喜悦，为成为对社会有用的人而努力。

⑤ 爱校

爱校之心就是对自己所生活的学校喜欢、珍爱的一种积极情感。这种爱校之心是儿童所爱其他集体例如自己的乡土、自己的国家的情感产生的一个基础。

爱校之心首先体现在对自己的班主任老师以及任课教师“人”的喜爱。这种喜爱是发自内心的，学生切身体验最为深切的。使孩子们意识到班主任对自己的事很关心，总是注意自己是很重要的。能够感受到老师爱的孩子们，会有“非常喜欢老师”的想法。

爱校之心还体现在逐渐扩展的“人”际关系网中，比如说学校里为自己服务的人以及这些人每天都在做的一些平凡的事情。每个学生都会接触到很多人，并从他们身上学到了很多东西、受到很大的鼓励和支持。也知道长辈们对学校和生活在学校里的人的爱心是他们所有行为的动力。

爱校之心最好的体现，就是对“校风”以及学校传统的理解。充分认识到这一点，发掘其中蕴涵的道德意义是非常不容易的。因此，关键是将这些具体的事情移到学习课堂上，让同学理解，并与自己相联系起来。因此要通过这样的学习，让学生明白学校拥有着具有继承意义的精神上、物质上的传统——校风，把这种意义与自身相联系，让学生自觉树立自己也要将校风继承发扬的信念。

⑥ 爱乡

“乡”并非是行政单位意义上的“区”，而是相互熟悉的人们以“我们”之情为基础，和睦相处的生活共同体，是自己从小就生于斯、长于斯的环境及区域。因此，称作“故乡”更为合适。

故乡拥有其独特的传统文化特征。比如生活习惯、很久以前起一直举行的祭祀活动、文艺、仪式、寺庙、遗址等等。这些是共同生活在一方水土上的人们凭借自然、社会、历史的条件实现“怎样更好的生活”想法的结果。

例如，就单一的祭祀活动而言，包含着人们丰收的喜悦心情、寄托着人们祈祷下一年丰收的愿望。还包含着人们对自然和祖先给予自己健康的身体和幸福的生活、保佑子孙后代茁壮成长的感激之情，还包含着人们对未来生活的期盼。

故乡的人们将精神文化和物质文化代代继承下来，形成了乡土独有的文化和生活方式。

因此，让儿童认识到自己的故乡竟然拥有着如此多样的文化传统，并亲近这些文化和生活方式，珍惜故乡的传统和文化，培养热爱故乡的心灵就显得非常重要。爱乡之心的培养是爱国之心培养的重要载体，理解并珍惜故乡的传统和文化是爱国的最直接载体和表征。每一个儿童，甚至包括成人在内，其爱国的具体形式其实都是以爱自己故乡的方式直接体现出来，爱国其实更多的是爱自己的故乡、家乡。

⑦ 爱国

在故乡情的基础上，要培养对国家文化和传统的珍惜之情，即爱国之心。爱国之心的培育，主要靠文化这个载体进行传递。

文化是生活在同一地域或同一国家的人们对事物的理解、看法、感受的具体表现形式，体现为习惯、思想、制度等等。即，同一地域或同一国家的人们的生活适应在一定的自然、社会、历史条件下的被具体化了的事物。

文化具体包含有，衣食住行、语言文字、政治、文学、绘画、雕刻、艺术、工艺等等。这些都是人们的自然观、生命观、审美观、调和观的产物。而且是从古代批判继承下来的，这正是传统。

这样的文化和传统不仅影响着现代人的内心，还会被后人所继承并发扬光大。

培养珍惜故乡和国家的文化和传统的心理，培养故乡情、爱国心，要经过以下两个阶段。

首先，了解故乡的文化和传统都包含着哪些，懂得其价值，认识到是经过前人的努力才继承发扬的现在。

其次，认识到自己是在故乡的文化和传统的影响下成长起来的，以后也会继续这样的生活。

这样就能够培养珍惜故乡和国家的文化和传统的心理。

⑧ 国际及文化理解

这里的理解之心并非指个体与个体之间的理解，而是指个体对于国与国之间、文化与文化之间的理解。

中国具有其独特的文化和生活方式。这种文化和生活是在中国的自然、社会、历史条件下建立起来的，经过长时间的批判继承和改善形成的，哺育了一代又一代的中国人。因此，每个中国人为属于自己的文化和生活方式感到自豪是再自然不过了。

同样别的国家也拥有着自己特有的文化和生活方式，也同样为这样的属于自己的文化和生活方式感到自豪。这也是无可厚非的事情。认识到这一点是非常重要的。

因此，在拥有着共通点，同时也拥有着巨大差异之间的国与国之间、文化与文化之间的进行理解，拥有一颗理解之心就显得格外重要。因为不理解带来的只能是冲突，而实际上无论是哪个国家的人民“渴望美好生活”“渴望幸福”“渴望和平”“渴望友好”的心灵是相通的。

怀着作为中国人的自豪感，带着对不同文化和生活方式的协调之心，与外国人相处时，就会有一个适合的姿态——在国际社会中、在地球村生活的姿态。

（四）进入文本创编

教材为学生的学习活动提供了基本线索，也是教师实现课程目标的重要资源。教材作为课程内容最为集中的体现，直接影响着教和学的质量。要想编写一篇有利于教学的好的道德教材，要整体把握好三个方面的问题。只有把握好这些问题，做到了文本创编的表里呼应、内外兼修，所编写的文本才称得上是一篇好教材。

1. 整体把握课程目标，合理选择文本素材

（1）把握课程目标：真正走进儿童心灵，涵养儿童道德情感

课程目标是教材编写的目标指南。而立足情感主义伦理学的教材编写，最为强调的就是道德情感的涵养。所谓道德情感的涵养，从本质上来说，就是教师和学生敞开心扉，围绕文本进行讨论，使得学生在教师的引导之下形成主流的道德价值观，形成道德实践的欲望和态度。换言之，道德情感涵养，就是走入儿童的心灵、丰富儿童的心灵、充实儿童的心灵，强调从儿童的心灵深处、从内心情感上真正认同教师所给予的价值。

（2）选择文本素材：着力体现主题目标，兼顾儿童发展水平

在总体的课程目标下进行文本的素材选择，首先要求选择的文本材料要着力体现主题目标。道德教材的开发首先要清楚德目体系。整个教材的内容框架从与自我的关系、与他人的关系、与自然和崇高事物之间的关系、与社会以及集体的关系四个角度展开。四个角度中一共包含15项主题内容，按照内容体系建构的发展性原则、统合性原则分布进入低、中、高三个年段。

如此，每一个年级每册的教材文本的编写就要仅仅围绕德目体系所规定的每一课的主题目标去编写。主题目标是一篇文本编写的“航标”，文本选材首先要与主题目标相契合，着力体现主题目标。

具体而言，教师在进行文本选材之前首先要仔细研读主题目标。比如想要编写二年级的有关“感动·尊敬”主题之下有关敬畏主题的文本，则要充分理解这个主题本身的涵义。所谓的敬畏，在道德课程德目体系中主要指敬畏自然，其目的是要培养孩子对大自然鬼斧神工尊敬的一种宗教性道德情感。但是这种宗教性道德情感并非是宗教，而是类宗教性的一种情感而已。

弄清了主题目标之后就要开始重点考虑选择什么样的素材去着力体现主题目标，实现主题目标。比如就“感动·尊敬”主题之下有关敬畏的主题而言，因为其属于“与自然以及崇高事物的关系”的角度，因此我们可以从自然中进行选材，用大自然的鬼斧神工去感动儿童，让其产生感动之心、尊敬之心、敬畏之心。

当然，在着力体现主题目标的同时，还要兼顾儿童的道德性发展水

平。一年级学生和二年级学生处于不同的道德性发展水平，低年级、中年级和高年级的年段之间，学生道德性发展水平差异就更大。因此，在进行文本选材时必须要考量学生发展水平。

2．科学把握叙事方式，体现教材编写理念

（1）叙事视角：放弃全知视角，坚持限知视角

叙事视角，即叙述的角度，指叙述者或人物从什么角度来观察问题、讲述故事。换句话说，就是作品中对被叙述的事件进行观察和讲述的角度。故事叙事的视角从叙事学的角度来看，一般可以分为全知视角、限知视角、客观视角、视角越界等。但最常用的就是全知视角和限知视角。

全知叙事视角，叙述者无所不在，无所不知，其有权利知道并说出任何一个人物都不可能知道的秘密，可以洞悉故事中所有人物（或一些人物）的内心，随时揭示出人物的思想感情。他不受时间、地点和人物的限制，可以随心所欲地出现在故事中并随时做出评论，如《三国演义》。我国传统思想品德课中的文本基本上都是一种全知叙事视角。全知视角是我校进行道德教材开发极力回避的一种叙事方式。

限知视角的叙述模式是最复杂、叙述技巧性最强的一种。叙述者力图借助某个故事人物的感觉和意识，从他的视觉、听觉及感受的角度去传达一切，让读者直接进入视角人物的内心，通过视角人物的眼睛，非常自然地把故事中的人物和情景展现在读者的面前。限知叙述者既是故事的讲述者，又进入故事和场景，成为故事中的直接参与人物，一身二任，或讲述亲历或转叙见闻，其话语的可信性、亲切性自然超过全知视角叙事。这种叙事视角是我校道德教材开发极力主张的一种叙述方式。这种叙事视角具有两方面的优点。首先，人物叙述自己的事情，自然而然地带有一种特殊的亲切感和真实感，只要他愿意就可以袒露内心深处隐秘的东西，即使他的话语有所夸张或自谦，读者也会把此当作他性格的外现，而不会像对待“全知”视角那样百般挑剔质疑；此外，它多少吸收了全知视角全方位描述人物的优点，特别便于揭示主人公自己的深层心理，而对于其他人物，也可以从外部描写，并运用一定的艺术方式接触到他们的内心世界。

（2）叙事情境：排除极端虚化情景，力求还原真实生活

解决了故事叙述视角的问题，接下来就是要选择叙事的情境。这主

要面临两个方面的选择，即将故事展开的场景放置于极端的战争、灾害等非常态的场景之中还是日常生活的场景。笔者认为极端化的诸如战争、灾害等场景在现实中也有存在发生的可能，但是可能性是非常小的。现在学生最需要知道的是日常生活中的道德及其准则。因此，将故事置于日常生活的场景将对孩子的发展更有意义。

（3）叙事话语：弱化强势传递话语，强化客观中立表达

所谓叙述话语，即叙事作品中使故事得以呈现的语句本身。叙事话语不仅影响叙述内容，而且影响着读者对叙述的接受。一篇文本中语句的书写是以肯定性陈述句、祈使句、感叹句为主还是以中立性质或带有否定性陈述句为主，也会直接影响到教师的道德教学、学生的理解。课程改革之前的小学思想品德课文本，基本都是以肯定性陈述句、祈使句、感叹句表达风格为主的。例如人教社小学一年级下册思想品德课《东西要放在一定的地方》中的一句话："被誉为好少年的小杨同学，家境相当困难，与奶奶相依为命。"这句肯定性的陈述句就直接定下了文中主人公的正面形象：好少年。人教社 1992 年版思想品德四年级下册第四课《一心为人民的好党员》中的最后一段："焦裕禄是千千万万为人民利益而献身的共产党员的代表，他不愧是党的好干部，人民的好儿子！"感叹句的表达方式透露出编写者鼓励儿童学习焦裕禄献身精神的意图。

我们认为这三种句式的广泛应用，本质上都是一种强势的、传递性的话语表达，或者更确切地说是一种一元的价值表达，是一种教育、教训的口吻。这样的价值基本上代表了主流价值内容传递，是不容许学生有任何质疑的。这样的表达对部分学生来说是具有一定作用的，但是对于大部分学生来说，很难从情感上、从心灵上真正接受这样直白的"要求"。因此我们更倾向于用客观陈述性的句式来展开故事叙事。而将欲教授的价值内隐于故事的价值冲突之中。通过学生的讨论，自然会就某一价值学生自己形成统一认识的。

3. 通过课堂教学检验，排除相关干扰因素

当上述与文本外部、内部相关的各项工作已经完成之后，最后一定要将初步拟好的文本放进课堂中进行教学检验。这是检验一篇文本编写是否成功的关键所在。通过课堂验证之后，要根据实际存在的问题，对文本进行反复不断地修改与打磨。这种修饰与打磨除了文字的润色、语

言的斟酌等细枝末节的工作之外，还需要特别关注的一件事情就是相关干扰因素的排除。因为干扰因素的存在会极大分散学生使用文本过程中的注意力，或者干扰教师对于课堂整体结构的把握。

干扰因素的排除工作一定要放在对第一稿文本的课堂教学实验之后完成。因为只有经过课堂教学检验之后，教师才能真正知道什么地方是对教师完成教学目标真正造成干扰的地方。

参考文献

（按文献标题首字母顺序排列）

（一）中文著作类

［1］石鸥．百年中国教科书图说［M］．长沙：湖南教育出版社，2009.

［2］［加拿大］迈克尔·富兰．中央教育研究所，加拿大多伦多国际学院组织译．变革的力量——深度变革［M］．北京：教育科学出版社，2004.

［3］［加拿大］迈克尔·富兰．中央教育研究所，加拿大多伦多国际学院组织译．变革的力量——透视教育改革［M］．北京：教育科学出版社，2004.

［4］戚万学．冲突与整合——20 世纪西方道德教育理论［M］．济南：山东教育出版社，1995.

［5］王成兵．当代认同危机的人学解读［M］．北京：中国社会科学出版社，2004.

［6］朱永新，王智新，尹艳秋．当代日本道德教育［M］．太原：山西教育出版社，1999.

［7］［美］埃德温·奥·赖肖尔．陈文寿译．当代日本人——传统与变革［M］．北京：商务印书馆，1992.

［8］饶从满．当代日本小学教育［M］．太原：山西教育出版社，1999.

［9］曹能秀．当代日本中小学道德教育研究［M］．北京：商务出版社，2007.

［10］王丽荣．当代中日道德教育比较研究［M］．广州：广东人民出版社，2007.

［11］袁桂林．当代西方道德教育理论［M］．福州：福建教育出版社，1995.

［12］斯图亚特·雷切尔斯．道德的理由［M］．北京：中国人民大学出版社，2009.

［13］霍尔 Hall, R. T.，戴维斯 Davis, J. U. 陆有铨，魏贤超译．道德教育的理论与实践［M］．浙江教育出版社，2003.

［14］［美］柯尔伯格．魏贤超，柯森译．道德教育的哲学［M］．杭州：浙江教育出版社，2003.

［15］爱弥尔·涂尔干．陈金光，沈杰，朱谐汉译．道德教育［M］．上海：世纪出版社，2003.

［16］［美］琼·F·古德曼，霍华德·莱斯尼克．杨韶刚译．道德教育：一种以教师为中心的取向［M］．南京：江苏教育出版社，2009.

［17］王小飞．道德教育文本研究［M］．杭州：浙江教育出版社，2009.

［18］［美］约翰·杜威．王承绪译．道德教育原理［M］．杭州：浙江教育出版社，2003.

［19］［英］亚当·斯密．王秀莉等译．道德情操论［M］．上海：上海三联书店，2008.

［20］［德］康德．苗力田译．道德形而上学原理：代序［M］．上海：上海人民出版社，2002

［21］［英］休谟．曾晓平译．道德原则研究［M］．北京：商务印书馆，2006.

［22］徐向东．道德哲学与实践理性［M］．北京：商务印书馆，2006.

［23］［英］弗兰西斯·哈奇森著．江畅，舒红跃，宋伟译．道德哲学体系［M］．浙江：浙江大学出版社，2010.

［24］［美］罗伯特·纳什著．李菲译．德性的探寻［M］．北京：教育科学出版社，2007.

［25］A．麦金泰尔．宋继杰译．德性之后［M］．译林出版社，1995.

［26］鲁洁，王逢贤．德育新论［M］．江苏教育出版社，2000.

［27］华中师大等六院校．德育学［M］．西安：陕西人民出版社，1968.

［28］胡厚福．德育学原理［M］．北京师范大学出版社，1997.

［29］黄向阳．德育原理［M］．上海：华东师范大学出版社，2002.

［30］胡守棻．德育原理［M］．北京：北京师范大学出版社，1989.

［31］狄德罗．狄德罗哲学选集［M］．北京：商务印书馆，1959.

［32］福格尔．第四次大觉醒及平等主义的未来［M］．北京：首都

经济贸易出版社，2003.

［33］陈独秀. 独秀文存［M］. 合肥：安徽人民出版社，1987.

［34］［德］黑格尔. 范扬，张企泰译. 法哲学原理［M］. 北京：商务印书馆，1961.

［35］［英］穆勒. 叶建新译. 功利主义［M］. 北京：九州出版社，2007.

［36］［英］亚当·斯密. 郭大力，王亚南译. 国富论［M］. 北京：商务印书馆，1981.

［37］［德］奥尔特. 胡塞尔的“生活世界”概念及其文化政治困境［M］. 哲学译丛，1994.

［38］柳海民. 教育原理［M］. 长春：东北师范大学出版社，2000.

［39］陈桂生. 教育原理（修订版）［M］. 上海：华东师范大学出版社，2003.

［40］［美］路易斯·拉斯思. 谭松贤译. 价值与教学［M］. 杭州：浙江教育出版社，2003.

［41］杨春学. 经济人与社会秩序分析［M］. 上海：上海三联书店，1998.

［42］汪丁丁. 经济学思想史讲义［M］. 上海：上海人民出版社，2008.

［43］［美］鲁思·本尼迪克特. 吕万和，熊达云，王智新译. 菊与刀［M］. 北京：商务印书馆，1999.

［44］施良方. 课程理论：课程的基础、原理与问题［M］. 北京：教育科学出版社，2006.

［45］丛立新. 课程论问题［M］. 北京：教育科学出版社，2000.

［46］［德］康德. 何兆武译. 历史理性批判文集［M］. 北京：商务印书馆，1996.

［47］罗国杰. 伦理学［M］. 北京：人民出版社，2002.

［48］［荷兰］斯宾诺莎. 贺麟译. 伦理学［M］. 北京：商务印书馆，1997.

［49］（苏）伊·谢·康主编. 王荫庭，周纪兰，赵可，邱濂译. 伦理学辞典［Z］. 兰州：甘肃人民出版社，1975.

［50］王海明. 伦理学导论［M］. 上海：复旦大学出版社，2009.

［51］［美］弗兰克. 梯利. 何意译. 苗力田校. 伦理学概论［M］. 北京：中国人民大学出版社，1987.

[52] [美] A. 麦金泰尔. 龚群译. 伦理学简史 [M]. 北京：商务印书馆，2003.

[53] [德] 包尔生. 何怀宏，廖申白译. 伦理学体系 [M]. 北京：中国社会科学出版社，1988.

[54] [英] 乔治·摩尔. 长河译. 伦理学原理 [M]. 上海：上海人民出版社，2005.

[55] [美] 斯蒂文森. 姚新中译. 伦理学与语言 [M]. 北京：中国社会科学出版社，1991.

[56] 杨国荣. 伦理与存在：道德哲学研究 [M]. 上海：上海人民出版社，2002.

[57] [德] 尼采. 谢地坤，宋祖良，程志民译. 论道德的谱系：善恶之彼岸 [M]. 桂林：漓江出版社，2007.

[58] [英] 弗兰西斯·哈奇森著. 戴茂堂，李家莲，赵红梅译. 论激情和感情的本性与表现以及对道德感官的阐明 [M]. 浙江：浙江大学出版社，2010.

[59] [法] 卢梭. 李常山译. 论人类不平等的起源和基础 [M]. 北京：商务印书馆，1962.

[60] 马克思，恩格斯. 中共中央马克思恩格斯列宁斯大林著作编译局. 马克思恩格斯选集第4卷 [M]. 北京：人民出版社.

[61] 王凌皓. 中日近代道德教育理念比较研究 [D]. 东北师范大学博士学位论文（未刊）. 中国优秀博硕学位论文数据库. 中国知网，2002.

[62] [美] 贝内特等著. 美德书 [M]. 陕西师范大学出版社，2010.

[63] [法] 埃德加·莫兰. 陈一壮译. 迷失的范式：人性研究 [M]. 北京：北京出版社，1999.

[64] [美] 约翰·杜威. 王承绪译. 民主主义与教育 [M]. 北京：人民教育出版社，2001.

[65] 亚里士多德. 尼各马科伦理学 [M]. 北京：中国人民大学出版社，2003.

[66] [德] 胡塞尔. 倪梁康译. 欧洲科学危机和超验现象学 [M]. 上海：上海译文出版社，1988.

[67] 丁锦宏. 品格教育论 [M]. 北京：人民教育出版社，2005.

[68] [美] 罗兰·罗伯森. 梁光严译. 全球化：社会理论和全球文

化［M］．上海：上海人民出版社，2000.

［69］冯契．人的自由和真善美：冯契文集（第三卷）［M］．上海：华东师范大学出版社，1996.

［70］［英］达尔文．潘光旦，胡寿文译．人类的由来（上册）［M］．北京：商务印书馆，1997.

［71］［英］马尔萨斯．朱泱，胡企林，朱和中译．人口原理［M］．北京：商务印书馆，1992.

［72］［德］恩斯特·卡西尔．甘阳译．人论［M］．上海：上海译文出版社，1985.

［73］［英］休谟．关文运译．人性论［M］．北京：商务印书馆，1980.

［74］张德伟．日本教育特质的文化研究［M］．长春：东北师范大学出版社，1999.

［75］［日］石田一良．许极燉译．日本文化——历史的展开志特征［M］．上海：上海外语教育出版社，1989.

［76］饶从满．日本现代化进程中的道德教育［M］．济南：山东人民出版社，2010.

［77］［美］默里·斯坦因著．喻阳译．日性良知与月性良知——论道德、合法性和正义感的心理基础［M］．北京：东方出版社，1998.

［78］［德］埃利希·诺依曼著．高宪田，黄水乞译．深度心理学与新道德［M］．北京：东方出版社，1998.

［79］高德胜．生活德育论［M］．北京：人民教育出版社，2005.

［80］刘慧．生命德育论［M］．北京：人民教育出版社，2005.

［81］北京大学哲学系外国哲学史教研室编译．十八—十九世纪俄国哲学［M］．北京：商务印书馆，1987.

［82］［美］约翰·杜威等．杨玉成，崔人元译．实用主义［M］．北京：世界知识出版社，2007.

［83］［美］约翰·杜威．姜文闵译．我们怎样思维·经验与教育［M］．北京：人民教育出版社，1991.

［84］［美］R·福斯菲尔德．杨培雷译．现代经济思想的渊源与演进［M］．上海：上海财经大学出版社，2003.

［85］唐汉卫．现代道德教育专题研究［M］．北京：教育科学出版社，2005.

［86］戚万学．现代德育论［M］．济南：山东教育出版社，1997.

[87] 班华. 现代德育论［M］. 合肥：安徽人民出版社，2005.

[88] 魏贤超. 现代德育原理［M］. 杭州：浙江大学出版社，1993.

[89] 万俊人. 现代西方伦理学史（上卷）.［M］. 北京：北京大学出版社，1990.

[90] 罗国杰等. 西方伦理思想史（下）［M］. 北京：中国人民大学出版社，1992.

[91] 周辅成. 西方伦理学名著选辑（上卷）（下卷）［M］. 北京：商务印书馆，1987.

[92]［德］韦伯. 雷震译. 新教伦理与资本主义精神［M］. 中国社会出版社，2008.

[93]［韩］韩国教育课程评价院. 小学《道德》教科书（3 年级下学期用书）［Z］. 2003.

[94] 日本文部省编. 小学校指导要领：道德编. 平成 11 年，校内翻译材料.

[95] 倪梁康. 现象学及其效应［M］. 北京：三联书店，1995.

[96] 爱因·兰德. 秦裕译. 新个体主义伦理观［M］. 上海：三联书店，1993.

[97] 陈根法. 心灵的秩序——道德哲学理论与实践［M］. 上海：复旦大学出版社，1998.

[98]［美］约翰·塞尔. 李步楼译. 心灵、语言和社会——实在世界中的哲学（二十世纪西方哲学译丛）［M］. 上海：上海译文出版社，2006.

[99]［美］乔治·H·米德. 赵月瑟译. 心灵自我与社会［M］. 上海：上海译文出版社，2008.

[100] 内尔·诺丁斯. 于天龙译. 学会关心——教育的另一种模式［M］. 北京：教育科学出版社，2003.

[101] 檀传宝. 学校道德教育原理（修订本）［M］. 北京：教育科学出版社，2000.

[102] 胡斌武. 学校德育现代化［M］. 北京：中共编译出版社，2006.

[103] 周晓亮. 休谟哲学研究［M］. 北京：人民出版社，1999.

[104] 万俊人. 寻求普世伦理［M］. 北京：北京大学出版社，2009.

[105]［美］Antonio R. Damasio. 孙延军译. 寻找斯宾诺莎：快乐、

悲伤和感受着的脑 [M]. 北京：教育科学出版社，2009.

[106] [俄] 车尔尼雪夫斯基. 蒋路译. 怎么办 [M]. 北京：人民文学出版社，1996.

[107] [美] 杜威著. 张颖译. 哲学的改造 [M]. 西安：陕西人民出版社，2006.

[108] 高德胜. 知性德育及其超越——现代德育困境研究 [M]. 北京：教育科学出版社，2003.

[109] 郑航. 中国近代德育课程史 [M]. 北京：人民教育出版社，2004.

[110] 陈学恂主编. 中国近代教育史教学参考资料（上册）[M]. 人民教育出版社，1986.

[111] 蔡元培. 中国伦理学史 [M]. 北京：商务印书馆，1999.

[112] 茅于轼. 中国人的道德前景 [M]. 广州：暨南大学出版社，2008.

[113] 孙隆基. 中国文化的深层结构 [M]. 桂林：广西师范大学出版社，2011.

[114] 江恒源. 中国先哲人性论 [M]. 北京：商务印书馆，1922.

[115] 徐向东. 自我、他人与道德：道德哲学导论（上下）[M]. 北京：商务印书馆，2007.

[116] [美] 罗素. 徐奕春译. 宗教与科学 [M]. 北京：商务印书馆，1982.

[117] 朱慕菊. 走近新课程 [M]. 北京：北京师范大学出版社，2002.

[118] [德] 叔本华. 石冲白译. 作为意志和表象的世界 [M]. 北京：商务印书馆，1982.

（二）中文论文类

[1] 鲁洁. 边缘化外在化知识化——道德教育的现代综合症 [J]. 教育研究，2005. 12.

[2] 李建华. 从道德理性走向道德情感——近代西方道德情感理论述评 [J]. 中南工业大学学报（社会科学版），2000.

[3] 沈琴. 道德认同 [D]. 湖南师范大学硕士论文，2009.

[4] 曹能秀著. 当代日本中小学道德教育研究 [J]. 北京：商务印书馆，2007.

[5] 鲁洁. 德育课程的生活论转向——小学德育课程在观念上的变

革［J］. 华东师范大学学报（教育科学版），2005. 09.

［6］喻学林，杜时忠. “德育万能论”：历史留下的一面“镜子”［J］. 山西师大学报（社科版），2006. 09.

［7］蓝维，高德胜. 对话：德育课程改革三十年［J］. 中国德育，2009. 04.

［8］索丰，车雪莲. 韩国现行小学《道德》教科书评析［J］. 外国教育研究，2005. 03.

［9］孙启林等. 韩国中小学道德教育理论与实践评析［J］. 外国教育研究，2005. 03.

［10］项贤明. 教育全球化的后殖民特征［J］. 教育理论与实践，2000. 12.

［11］“法令”栏. 教育杂志，第四卷第七号，1912. 10. 10.

［12］饶从满，张德伟. 结构化方式道德教学论的本体论基础考察［J］. 外国教育研究，2000，（5）.

［13］谭静. 解读与透视：小学社会教科书中知识观的变革［D］. 天津师范大学，2007.

［14］魏磊. 伦理理性主义的逆转［J］. 中国人民大学学报，1988. 06.

［15］薛为昶. 伦理学与经济学的离分与复归——斯密体系及斯密以来经济学伦理意蕴研究［D］. 东南大学博士论文，2005.

［16］李建华. 论情感因素在认识活动中的作用［J］. 江西社会科学，1986. 06.

［17］袁贵仁、韩震. 论人性、人的本质和人的主体性的相互关系［J］. 求索，1988. 04.

［18］赵亚夫. 论我国社会课的终结与再生［J］. 首都师范大学学报（社会科学版），2004. 1.

［19］张言亮，陈瑾. 麦金泰尔对于情感主义的批评［J］. 科学·经济·社会，2006.

［20］张真源. 品德与生活（社会）教材之我见［J］. 教育教学论坛，2011.

［21］陈光全. “品德与生活”“品德与社会”的基本特点与教学策略［J］. 中国教育学刊，2004. 05.

［22］朱小蔓. 情感是人类精神生命的主体力量［J］. 南京林业大学学报，2001，（3）.

[23] 叶飞. 情感主义及其当代德育意义 [J]. 教育导刊, 2009. 04.

[24] 周枫：情感主义及其当代意义 [J]. 哲学研究, 2007. 01.

[25] 王海明. 人性是什么 [J]. 上海师范大学学报（哲学社会科学版）, 2003, 09.

[26] 姚璐. 社会课课程内容的价值取向研究——基于北师版小学《品德与社会》教科书的文本分析 [D]. 四川师范大学, 2008.

[27] 赵飞, 刘惊铎. 体验式教材：德育教材新样态 [J]. 教育研究, 2006. 07.

[28] 阎孟伟. 全球化背景下的后殖民文化批判 [J]. 广东社会科学, 2004. 5.

[29] 张世英. 文化多元化是顺应经济全球化的一种精神产物：跨文化对话 [C]. 上海：上海文化出版社, 1999.

[30] 胡适. 我们对于西洋近代文明的态度. 转引自李建华. 道德理性化的历史批判及其启示 [J]. 现代哲学, 2000. 03.

[31] 章乐范, 燕燕. 小学德育教材中"问题"的比较研究——基于人教社两套小学三年级德育教材 [J]. 上海教育科研, 2009. 11.

[32] 张爱真. 小学社会课程的教学研究 [D]. 南京师范大学, 2008.

[33] 陈桂生. "训育"辨析——兼论我国20世纪上半期实施"德育"的历史经验 [J]. 杭州师范学院学报（社科版）, 2004. 05.

[34] 高亚杰, 饶从满. 伊藤启一统合性道德教育论解析 [J]. 比较教育研究, 2011, (11).

[35] 樊浩. 应对"全球化"的价值理念及其道德教育难题 [J]. 教育研究, 2002. 05.

[36] 饶从满. 愉快有效的道德教学何以可能——结构化方式道德教学论解析 [J]. 教育研究, 2009, (6).

[37] 鲁洁. 再论"品德与生活""品德与社会"向生活世界的回归 [J]. 教育研究与实验, 2004. 04.

[38] 高亚杰. 战后日本道德教学理论研究 [D]. 东北师范大学博士学位论文, 2011.

[39] 冯契. 智慧的探索 [J]. 学术月刊, 1995. 6.

[40] 沈壮海等. 中华人民共和国学校德育大事记（续）[J]. 思想理论教育, 2006. 05.

[41] 贾鹏飞. 中美小学社会课程的比较研究 [D]. 南京师范大学, 2008.

[42] http://www. 339edu. con/lwfb/lwdctail. asp? id = 3202 [DB/OL], 2010. 02. 15 下载.

（三）外文著作类

[1] Adam Smith. An Inquiry into the Nature and Causes ofthe Wealth of Nations [M]. A Penn State Electronic Classics Series Publication, 2005, 18-19.

[2] JOHN. A New Introduction to Moral Education [M]. Cassell Educational Limited, 1990, 223.

[3] Ryle. Can Virtue BeTaught? [M]. London: 1972, 442-444.

[4] Hart D, Atkins R, Ford D. Family influences on theformation of moral identity in adolescence: Longitudinal analyses. Journal of Moral Education, 1999.

[5] Hardy S A. Identity, reasoning, and emotion: An em-pirical comparison of three sources of moral motivation. Motiv Emot, 2006.

[6] Ayer. A J. Language, Truth, and Logic [M]. PenguinBooks Ltd, 1971. 137.

[7] A. H. Maslow. Motivation and Personality [M]. Second Edition. New York: Harper&Row, 1954, 100.

[8] Damon W. The moral development of children. Scientific American, 1999.

[9] Richard Dawkins. The Selfish Gene [M]. New Edition. Oxford University Press, 1989, 4.

[10] Aquino K, Reed A. The self-Importance of moral identity. Journal of Personality and Social Psychology, 2002.

[11] 新宮弘識, 上杉賢士. ゆたかな心　-新しい道徳》《ゆたかな心　-新しい道徳-教師用指導書（1-6 册）[M]. 日本: 光文出版社, 平成 16 年.

[12] 松下良平. 知ることの力一心情主義の道徳教育を超えて [M]. 東京: 勁草書房, 2004.

[13] 金井肇. 道徳授業の基本構造理論 [M]. 東京: 明治図書, 1996. 27.

[14] 金井肇. 明るく楽しい構造化方式の道徳授業（小学校・高学

年編）[M]．東京：明治図書，1996．6-7．

[15] 金井肇．こうすれば心が育つ [M]．東京：小学館，2003．53．

[16] 押谷由夫．道徳教育新時代・生きる喜びを子どもたちに [M]．東京：国土社，1994．80-81．

[17] 荒木紀幸．ジレンマ資料による道徳授業の改革—コールバーグ理論からの提案 [M]．東京：明治図書，1994．100-105．

[18] 梅根悟監修．世界教育史大系 39・道徳教育史 II [M]．東京：講談社，1981．

[19] 青木孝頼．道徳価値の一般化 [M]．東京：明治図書出版株式会社，1996．

[20] 田浦武雄．道徳と教育 [M]．東京：福村出版株式会社，1975．

[21] 德永正直、堤正史、宫岛秀光．道德教育论——从对话到对话的教育 [M]．中西屋出版社，2003．

[22] 文部省．小学校学習指導要領解説・道徳編 [M]．東京：大蔵省印刷局，1999．13．

[23] 深澤久．道徳授業原論 [M]．株式会社日本標準．2004

[24] 道徳教育改善研究会．平成 20 年度小学校新学習指導要領ポインと授業づくり—道徳．[M]．株式会社東洋館出版社．2009．

（四）外文论文类

[1] A. H. Maslow. A Theory of Human Motivation [J]. Psy-chological Review 1943, 05.

[2] Deacon、Wesley. From biology to consciousness to morality [J]. Zygon: Journal of Religion and Science, 2003.

[3] J. Greene、J. Haidt. How (and where) does moral judgment work?. Trends in Cognitive Science [J]. 2002.

[4] Michael Oakeshott. Education: The Engagement and Its Frustrationin [A]. R. F. Dearden, P. H. Hirst and P. S. Peters (eds). Education and the Development of Reason [C]. London: Routledge & Kegan Paul, 1972. 19-49.

[5] Moll J, de Oliveira-Souza R, Eslinger PJ. Morals and the human brain: a working model [C]. Neuroreport: 3 March 2003, 299-305.

[6] Ronald Lipitt. Improving the Socialization and Process [C]. John A

. Caausen（ed.）. Socialization and Society ［C］. Boston：Little Brown and Company，1973，336.

［7］W. D. Casebeer，Moral cognition and its neural constituents. Nature Reviews. Neuroscience ［J］. 2003.

［8］J. Haidt，The emotional dog and its rational tail：Asocial intuitionist approach to moral judgment. PsychologicalReview ［J］. 2001.

［9］饒従満. 日本の道徳教育の方法的特徴［J］. 道徳教育，2001，(10)：107-108.

［10］綾井桜子. 小学校道徳教育における指導法に関する問題一道徳的反省の観点から一.

［11］日本女子大学大学院人間社会研究科紀要，第 13 号，2007，(3).

［12］船木祝. 価値多様化の時代における道徳教育一コールバーグとその批判一. 日本文化女子大学紀要. 人文・社会科学研究 ，第 15 号. 2007，(1).

［13］杉本均、李霞. 中国と日本の道徳教育に見られる児童・生徒主体性一その理念と実践に関わって一. 京都大学大学院教育学研究科紀要 ，第 52 号，2006，(3).

［14］日本文化の特徴

［EB/OL］. http：www. geocities. jp/tillich37/sasaki. idol1. html. 2012-11-20.